ユートピアの
アクチュアリティ

政治的想像力の復権

菊池理夫／有賀 誠／田上孝一 編著
Kikuchi Masao　Ariga Makoto　Tagami Koichi

晃洋書房

目　　次

序　章　ポストコロナのユートピアと暴力 ················· *1*

菊 池 理 夫

は じ め に　(*1*)
　　　──ユートピアと危機──
1　ユートピアと暴力　(*2*)
2　近代化と暴力　(*6*)
　　　──イギリス──
3　近代化と暴力　(*16*)
　　　──アメリカ──

お わ り に　(*21*)
　　　──ポストコロナのユートピア──

第Ⅰ部　ユートピアの思想史

第1章　古代ギリシアのユートピア思想 ·················29
　　　──クセノポンを中心に──

近 藤 和 貴

は じ め に　(*29*)
1　プラトンとアリストテレスのユートピア論　(*31*)
2　クセノポンのスパルタ・ペルシア論　(*34*)
3　クセノポンのアテナイ論　(*39*)
お わ り に　(*42*)

第2章　モアとルネサンス・ユートピア ·················*45*

菊 池 理 夫

は じ め に　(*45*)
　　　──『ユートピア』と『太陽の都』──
1　『ユートピア』とレトリックの伝統　(*47*)

　　　2　『太陽の都』と魔術的伝統　　*(54)*

　おわりに　*(57)*
　　　　　——近代国家と資本主義を超える海賊ユートピア——

第3章　科学によるユートピア……………………………………59
　　　　　——イギリス社会主義の誕生——
　　　　　　　　　　　　　　　　　　　　　　　　　　結 城 剛 志

　は じ め に　*(59)*
　　　1　科学によるユートピアの登場　　*(59)*
　　　2　ユートピア批判としての科学　　*(62)*
　　　3　オウエンの社会主義　　*(64)*
　　　4　ユートピアのかたち　　*(74)*
　おわりに　　*(75)*

第4章　初期ドイツ社会主義 ……………………………………79
　　　　　——19世紀ドイツの手工業職人ヴァイトリングの〈社会的デモクラシー〉——
　　　　　　　　　　　　　　　　　　　　　　　　　　石 塚 正 英

　は じ め に　*(79)*
　　　1　1848年革命の現実　　*(80)*
　　　2　人民統治の欺瞞　　*(81)*
　　　3　ヴァイトリングのユートピア実践　　*(84)*
　　　4　サン＝シモン型とフーリエ型のユートピア実践　　*(88)*
　　　5　〈労働者共和国〉の歴史的意義　　*(90)*
　　　6　交換銀行論の系譜　　*(92)*
　　　　　　——プルードン・ヴァイトリング・ゲゼル——

　お わ り に　*(94)*

第5章　初期フランス社会主義とユートピア………………………97
　　　　　——サン＝シモンとフーリエ——
　　　　　　　　　　　　　　　　　　　　　　　　　　杉 本 隆 司

　は じ め に　*(97)*
　　　1　「ユートピア社会主義」という概念　　*(98)*

2　産業主義のユートピア　　(102)
　　　──H. サン゠シモン──

3　文明批判のユートピア　　(109)
　　　──C. フーリエ──

おわりに　(113)

第6章　マルクスとユートピア………………………………117
　　　　　　　　　　　　　　　　　　　　　　　田上孝一

はじめに　(117)
1　非科学としての科学的社会主義　　(118)
2　エンゲルスによる無責任な未来社会構想　　(123)
3　利潤分配制市場社会主義　　(127)
4　初期著作に見られる理想的な人間関係　　(129)
5　後期著作に見られる理想的な人間関係　　(131)
おわりに　(134)

第7章　日本のユートピア…………………………………137
　　　　　──縄文から人新世まで──
　　　　　　　　　　　　　　　　　　　　　　　菊池理夫

はじめに　(137)
　　　　──東洋にユートピアはあるのか──
1　縄文社会は「常世」なのか　　(140)
2　一向一揆は「千年王国」運動なのか　　(144)
3　江戸時代に「桃源郷」はあるのか　　(146)
4　明治国家は「大同」の実現をめざしたものなのか　　(152)
おわりに　(156)

第Ⅱ部　現代のユートピア

第8章　キリスト教思想のユートピア的モメント ……………… 163
——A.バディウとS.ジジェクのキリスト教的転回——

有賀　誠

はじめに　(163)

1　宗教の終焉？　(165)
　　——R.ドーキンスの宗教批判——

2　「出来事」としてのキリスト　(170)
　　——A.バディウ——

3　キリスト教と「政治的なもの」　(176)
　　——S.ジジェク——

おわりに　(182)

第9章　文学とユートピア ………………………………………… 185
——ドイツ文学を中心に——

渡辺幸子

はじめに　(185)

1　ユートピア文学と空想旅行記　(186)

2　ドイツのユートピア　(187)

3　可能性のユートピア　(189)

4　SFのユートピア　(191)

おわりに　(193)
　　——内なるユートピアの芸術性——

第10章　政策とユートピア ………………………………………… 197
——ベーシック・インカム——

奥田　恒

はじめに　(197)

1　本章の狙いと意義　(198)

2　ベーシック・インカムの概要　(200)

　　3　イデオロギーとベーシック・インカム諸構想　*(202)*

　　4　社会経済的変化とベーシック・インカム　*(209)*

　おわりに　*(212)*

第11章　法とユートピア ……………………………………………215
　　　　──クロッカーのディストピア憲法論とタシュネットのユートピア憲法論──

　　　　　　　　　　　　　　　　　　　　　　　　　見崎史拓

　はじめに　*(215)*

　　1　共通の基盤　*(216)*
　　　　──法解釈におけるヴィジョンの分離不可能性──

　　2　ディストピア憲法論　*(219)*
　　　　──法の中の『1984年』──

　　3　ユートピア憲法論　*(222)*
　　　　──革新派の長期的理想──

　　4　検　　討　*(225)*

　おわりに　*(228)*

第12章　リベラリズムとユートピア ………………………………… 231
　　　　──ロールズ，ノージック，コーエン──

　　　　　　　　　　　　　　　　　　　　　　　　　田中将人

　はじめに　*(231)*
　　　　──リベラリズムとユートピアはいかなる関係でありえるか──

　　1　ユートピア／ディストピアの四類型　*(232)*

　　2　ユートピアと〈反転化問題〉　*(235)*

　　3　ユートピアと〈自閉化問題〉　*(238)*

　　4　ユートピアとリベラリズム　*(243)*

　おわりに　*(245)*

あとがき　*(247)*

人名索引　*(251)*

序　章　ポストコロナのユートピアと暴力

菊 池 理 夫

は じ め に
——ユートピアと危機——

　日本の学界やマスコミでは，保守系はもちろん左派系でも，ユートピアが論じられることは少なくなった．一般的にユートピアは「社会主義」と同一視され，1989年のソ連解体後，「ユートピアの終わり」は当然であると思われている．1979年フランスの哲学者 J.=F. リオタールは，啓蒙主義，マルクス主義，ユートピアのような人間の進歩や解放を主張するモダン（近代）の「大きな物語」が終わる「ポストモダンの条件」を提示した（リオタール 1986）．ソ連解体後の1992年に，アメリカの政治学者 F. フクヤマは，西洋の自由民主主義や資本主義に挑戦したファシズムやマルクス主義が敗北した「歴史の終わり」を主張した（フクヤマ 1992）．「歴史の終わり」は「ユートピアの終わり」でもあるが，リオタールと違って，フクヤマは西洋近代の体制が永遠不滅の現実になったことを主張する．

　しかし，このような「ユートピアの終わり」を信じる人が理解していないのは，その勝利した西洋の体制とは，ソ連の社会主義というディストピア（悪しきユートピア）を終わらせ，個人の最大限の自由や自由市場の万能性を説くアメリカのネオリベラリズム（以下ネオリベと略記）であり，それが現在ディストピアになっていることである．不況を知らない永遠の経済発展というネオリベの主張は，リーマン・ショックによってユートピア（「大きな物語」）に過ぎないことが明らかにされた．また個人の欲望を自由に，無限に追求することで，すべての人間が豊かになるというその主張は，一部の者にだけ富が集中する結果となっている．さらに大気や水質の汚染，熱帯林の破壊，異常気象の頻発という

環境問題をネオリベが加速している．現在の世界的なコロナ感染症もこのような環境破壊から生じ（中国も現在では市場主義），グローバル市場のもとで拡大したのであり，このショックを利用してネオリベは貧富の格差をますます拡大していくおそれがある．

　このような地球規模の危機が生じているのに，ネオリベが支配する現在の体制を疑わず，それとは根本的に異なる体制（ユートピアと呼ぶかどうか別として）を望む動きが日本では若い世代でも少ない．例えば，リーマン・ショック以後，アメリカでは若い世代では資本主義への批判が強まり，民主社会主義を唱えるバーニー・サンダースが大統領候補者としてかなりの支持を得ていたのに，日本では若い人ほど自民党の支持が高く，ネオリベが説く「自由」に何の疑問も持たない人が多い．しかし，このことは若い世代の問題ではなく，依然としてコミュニティの解体を進歩とし，個人の自由や少数者の自由しか重視しない日本の正統派の人文・社会科学の問題でもある．現在のネオリベに代わるべき社会を構想することが「ユートピアの終わり」のもとでほとんど消滅している．本書は個人の自由の追求だけではないユートピアを再興するための試みである．

　以下の本章では，まずユートピアが必ず暴力支配になるという議論への批判を通して，ユートピアを再興するための私のユートピアの定義を明らかにしたい．つぎに西洋近代の，とくに英米の自由主義や個人主義，さらにそれから発展した現在のネオリベも，暴力の問題と無縁ではなく，現在の「人新世」というディストピアと関連することを論じたい．以上の考察から，最後に現在のユートピアとは何かを考えることによって，「ユートピアの終わり」の議論を終わりにすることが本論の意図である．

1　ユートピアと暴力

　1947年のK. R. ポパーの講演「ユートピアと暴力」では，「最良と考えるべき種類の国家」の実現を「歴史過程の目的」とし，それが「設計図または青写真」に基づいて実現される主張が「ユートピア主義」である（ポパー 1980：659-660）．ユートピア主義者は，「自分と同じユートピア目的を共有せぬ，また自分と同じユートピア宗教を信仰しない」者たちに「暴力」を振るう（ポパー 1980：662）．「ユートピアと暴力」の問題では，H. アレントは別の興味深い指摘をしている．彼女の『人間の条件』（1958年）によれば，古代のプラトンは「活

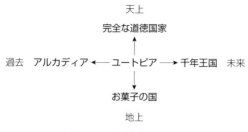

図1　理想社会の分類
出所：筆者作成.

動を制作に置き代えようとし」，ユートピア的な「政体を作るための青写真を考案した最初の人」であるが，このような制作には「暴力」が「必ず伴う」（アレント 1994：355，357-358）．近代以後では「暴力」それ自体が賛美され，人間は「理性的動物」であるよりも「工作人」となった．ユートピアの実現をめざす近代の革命では，アメリカ革命を除いて，何よりも「新しい政治体を「作る」唯一の手段としての暴力の賛美」がある（アレント 1994：358-359）．

　私がまず問題としたいのは，ポパーもアレントも，ユートピアという言葉を創造したモアの『ユートピア』（1516年）を論じていないことである．社会科学一般において，ユートピア論として現在でも影響力を持つK. マンハイムの『イデオロギーとユートピア』でも，モアの『ユートピア』をふれずに，最初に「トマス・ミュンツァーと再洗礼派」が取り上げられている．マンハイムによれば，「ユートピア的意識の第一の形態」は，「再洗礼派の熱狂的至福千年説」であり，ミュンツァーと再洗礼派において，ユートピアが「特定の社会層と結びついた行動主義へと転回」する革命的なものになった（マンハイム 1971：328）．ポパーが批判した暴力的なユートピア主義（「ユートピア宗教」）とは，むしろミュンツァーに認められる千年王国思想である．それがアレントのいう「近代の革命」の始まりでもある．

　私はルネサンス期の理想社会を5つの類型に区別し，モアの描くユートピア社会とはその類型の一つであると考えている（図1参照）．第1に「アルカディア」は古代ギリシャからの伝統であり，過去のある時期を理想化した，平和で「牧歌的な」社会をさす．第2に「千年王国」はキリスト教の黙示的伝統に基づき，この地上にキリストが再臨し，最後の審判までの千年間支配するというものである．第3に「お菓子の国」は，「アルカディア」の民衆版であり，豊饒な自然のもと民衆の欲望が充足される現実逃避の夢である．第4に「完全な

道徳国家」は支配者の道徳的完全性に基づき，被支配者も従順に服従する調和
に満ちた社会である．

　図1にあるように時間的には「アルカディア」と「千年王国」は過去と未来
に位置して対照的であり，空間的には「お菓子の国」と「完全な道徳国家」は
自然や世界に対して超越的であるか否かで対照的である．「ユートピア」とは
この4つのものの中間に位置する．「ユートピア」は「いま，ここ」のどこか
に存在するもの（むしろ，フィクションとして不在のもの）であり，決して過去に存
在した理想社会でもなく，未来において実現する理想社会でもない．また，道
徳的に完全な社会でもなく，犯罪も戦争も存在し，そういう意味では現実の社
会とは変わらない強制力も存在する「政治社会」である．その意味で「ユート
ピア」はこの理想社会の5類型のなかで最も現実的であり，ユートピア作品の
著者自身でなくとも，それを実現しようと実践する者がいるほど現実的でもあ
る．

　ここではとくに「ユートピア」と「千年王国」の関係を論じたい．モアの
『ユートピア』出版の翌年1517年のM. ルターの宗教改革から，1524年にドイ
ツ農民戦争と呼ばれる大反乱が生じた．その指導者であるミュンツァーはザク
セン諸侯への『御前説教』において，「現世の欲望」にふける聖職者と，「哀れ
で無知」ではあるが，神に選ばれた民衆とを対比させ，「未来の改革がきわめ
てさし迫って」いるために，敵対する聖職者を「容赦なく絞め殺すこと」を訴
えている（ミュンツァー 1985：87, 93, 103）．F. エンゲルスは『ドイツ農民戦争』
（1850年）で，ドイツ農民戦争をドイツ人民の「革命」と呼び，原始キリスト教
の「平等状態を回復する」として評価した（エンゲルス 1950：39, 73）．「平民的
革命家」であるミュンツァーは「神の国，すなわち預言された千年王国をただ
ちに地上に建設することを要求した」が，この「神の国」とは「階級的差別も，
私有財産も，……国家権力ももはや存しないような社会状態」である（エンゲ
ルス 1950：90, 98）．エンゲルスは，ユートピア社会主義を論じた『空想から科
学へ』（1882年）では，再洗礼派とミュンツァーを，イギリス革命の平等派，フ
ランス革命のバブーフとならんで，「未成熟な階級の革命的叛乱」を起こした
者と位置づけ，「理想的社会状態」の「空想的描写」が現れているものとする
（エンゲルス 1966：54）．

　このようにエンゲルスにとって，ドイツ農民戦争とミュンツァーの千年王国
思想は，近い未来に平等な社会を実現しようとするユートピア社会主義の革命

的実践であり，その理論である．ただし，14世紀末から16世紀までの「平等主義的千年王国」運動を論じた N. コーンによれば，ミュンツァーは「貧民の物質的福祉」にまったく無関心であり，彼を「階級闘争」の大英雄とすることには問題がある．しかし，ミュンツァーは「終末論的幻想にとりつかれた預言者」であり，そこから社会不満を利用してその幻想を現実化しようとした点で，マルクス主義者が彼を社会主義者と主張したのは「健全な直観」であった（コーン 1978：261）．コーンは序章において近世の千年王国運動は20世紀の「大きな革命運動の真の先駆であった」とも述べている（コーン 1978：6）．エンゲルスが千年王国運動を「革命理論」として，ユートピア社会主義の先駆であると評価し，実際に20世紀になってロシアでマルクス主義者による社会主義革命が成功した．そういう意味では，ソ連の社会主義は世俗化された千年王国の実現としてのユートピアあるいはディストピアである．

　モアの『ユートピア』はこのような千年王国運動や思想とは無縁である．モアは若いころ聖職者になろうとしたこともあったが，神秘主義や終末論に関心を持ったことはなく，『ユートピア』の記述には千年王国思想を思わせるような記述はない．それどころかユートピア社会においては，「武器をとり騒乱を起こして論争するような」熱狂的な布教はキリスト教徒であっても禁じられている（モア 1978：221-222）．モアの「ユートピア」は，千年王国のように，未来に暴力によってでも実現されることを意図するものではない．しかし，このことはユートピア自体が暴力と無縁であることを意味しない．モアの「ユートピア」は何の対立もない社会ではなく，強制労働をする犯罪者としての奴隷も存在し，死刑もあり，外国との戦争に備えた軍事教練もし，実際に戦争もする．

　このことは一般的にいえば理想社会がその内部においてその理想状態をどのように維持し，その外部の非理想的社会に対してどのように対処すべきであるかの問題である．「ユートピア」は，この問題を思想実験として提出し，現実的な解決策をとるが，そのことを理想と考え，現実化しようとするのではない．しかし，ルネサンス期のユートピア作品のなかには千年王国の影響を受けたものも登場し，社会を実際に変革しようとする者も出てくる．しかし，未来に実現をめざすユートピア作品が明確に生じるのは，18世紀フランスの啓蒙期の進歩思想からである．その先駆けは L. S. メルシエの『紀元二四四〇年』（1771年）であり，来るべきフランス革命を予兆するかのような数多くのユートピア作品が当時書かれている（ダーントン 2005：178）．

　私はユートピアを「不在の現実的理想（社会）」と定義する（菊池 2013：376ff.）.
また，ユートピアという言葉は『ユートピア』のような文学ジャンルの作品を
指すとともに，理論（思想・主義）としても使われ，また実践的な運動にも用い
られることから，三つのユートピアを区別する．つまり，「不在の理想的現実」
を「具体的な虚構空間や時間に描く思考実験」が「文学としてのユートピア」
であり，それを「現実空間に求め続けようとする行動実験」が「実践としての
ユートピア」であり，それを「現実空間を超えて実現させようとする制度実
験」が「理論としてのユートピア」である．このような私の定義で強調したい
のは，ユートピアの逆説的な性格である．この私の定義からは，特定の時間や
特定の空間にある実在の場所をユートピアとして理想化することは間違いであ
る．また，暴力によってでも完全な理想社会を未来に実現しようとすることは
ユートピアの実践ではない.

2　近代化と暴力
――イギリス――

　このようにユートピアと千年王国は区別できるとしても，アレントのいう近
代化の「ユートピアと暴力」の問題は残っている．ポパーの『推測と反駁』の
「ユートピアと暴力」の次章「われわれの時代の歴史――一楽天主義者の見解」
という講演（1956年）では，ヒトラーやスターリンによる全体主義に対して，
「奴隷制の廃止以降の時代，ジョン・スチュアート・ミル以降の時代……アメ
リカ革命以降の時代」の「自由世界」を擁護する（ポパー 1980：671-672）．それ
は彼がナチスから逃れて職を得た英米の「自由世界」であり，そこでは明白な
攻撃を受けない限り戦争はせず，「戦争は克服された」ものである（ポパー
1980：686）．ポパーは，アメリカ革命のときの奴隷の存在を無視し，奴隷制廃
止以降の英米の自由民主主義体制が「開かれた社会」として非暴力的であると
考えている.
　ポパーと同様に，オーストリア生まれであるが，英米で教え，ポパーの友人
でもある F. ハイエクは，1943年に『隷属への道』を公表し，英米の個人主義，
自由主義，資本主義を擁護した．彼によれば，「経済の自由なしに個人の自由
や政治の自由が存在したことはない」（ハイエク 2016：139）．また「古典哲学と
キリスト教の土壌から生まれたルネサンス期に開花し」た個人主義は「人間の

欲望を大きく膨らませ，それをすばらしい勢いで満足させていった」．その結果，20世紀はじめ西欧の労働者の生活水準が向上し，社会全体が進歩した（ハイエク 2016：141，144）．資本主義も自由な「競争システム」であり，「民主主義が実現しうるのはこのシステムにおいてのみである」．これに対して，ファシズムも共産主義も同じ社会主義の終着点にすぎず，民主社会主義であっても「実現不可能」であり，目指すものとは異なる結果となる「壮大なユートピア」である（ハイエク 2016：164，171）．

　しかし，ハイエクはポパーと違い，ユートピア自体を批判しない．「知識人と社会主義」（1949年）では，社会主義が知識人や若者に支持が高い理由として，「ユートピア思想に身を委ねるという勇気」をあげ，自由主義にはユートピアの要素が欠けていると指摘する（ハイエク 2010：20）．そのため，「自由主義のユートピア」，労働組合も含めて「強者による力の行使を容認しない真に急進的な自由主義」のユートピアが必要である．当時の「社会主義者の成功から真の自由主義者が学ぶべき最大の教訓は，夢想家（ユートピアン）になることを恐れぬ勇気をもつことだ」（ハイエク 2010：26）．ハイエクのいう「急進的な自由主義」は，まさに「力の行使」，暴力を否定するユートピアである．

　この点で興味深いのは，1908年に出版された『暴力論』で，G. ソレルは，彼の考える社会主義がユートピアではなく，自由主義がユートピアであると主張していることである．ソレルの社会主義は「革命的神話」であり，「決定的な闘争に参加する用意のある人民大衆の活動と感情と思想」を含み，「自発的意志の表現」である．これに対して，「ユートピアは知的働きの産物であり，理論家たちの産物である」（ソレル 2007：上63）．その点で「自由主義経済は最良の，ユートピアの実例である」が，今日では実現困難なものである（ソレル 2007：上65）．ソレルにとって，革命とは資本主義の秩序を生み出すために，多かれ少なかれ巧妙に働いているブルジョア的強制力に代わって，「議会主義的社会主義政党」の政治家が「強制力」を獲得することではなく，プロリタリアートの自発的「暴力」，具体的にはゼネストによって，労働者自身が権力を獲得することである（ソレル 2007：下60-61）．

　ソレルの暴力論は，レーニンやムッソリーニも評価したが，ソレルの意図とは異なり，実際には大衆の権力獲得よりも指導者の「強制力」の正当化として使われた．また自由主義経済が「理論家たちの産物」という意味でのユートピアではない．ただ，ここではソレルのいう「強制力」，一般的な意味での「暴

力」が近代化を進めた自由主義や資本主義には存在しないかどうかを，英米の
実際の歴史のなかで考えていきたい．またハイエクの哲学に基づくネオリベラ
が世界を支配し，ハイエクのいう「自由主義」がユートピアから現実となった
現在でも「力の行使」がないかを考えていきたい．

　ハイエクによれば，ルネサンス期に開花した「個人主義」の人間の「欲望」
から西洋の経済的発展が始まる．イギリスの場合，15世紀末から17世紀がルネ
サンスの時代であり，16世紀末エリザベス 1 世の時代のスペインに対する海戦
での勝利がその後の経済的発展や大英帝国の形成につながったと一般にいわれ
る．櫻井正一郎『女王陛下は海賊だった』によると，エリザベス女王が「公認
された略奪」という「私掠」から富と軍事力を得ていた．エリザベス時代，私
掠は「常備海軍の代わり」や「衰弱した交易の代わり」となり，「イギリスが
プロテスタントの国家になっていくのを助けた」(櫻井 2002：6)．当時女王の軍
艦とともに，私掠船を率いた海賊は，スペインやポルトガルから富を略奪し，
スペインとの海戦でも活躍し，愛国心に満ちた英雄として評価された．しかし，
「大英帝国を築いたのは……私掠に従事した人たちの実利主義であって，実利
を犠牲にした彼らの愛国心ではなかった」(櫻井 2002：47)．例えば，アルマダ
の海戦で活躍し，スペイン無敵艦隊を破った海軍提督 J. ホーキンズも F. ドレ
イクも私掠を行う海賊であった．「ホーキンズの奴隷貿易」や「ドレイクの海
賊行為」も，「女王と国家が施策によって主導した」のではなく，主導したの
は「ホーキンズの商魂」であり，「ドレイクの蓄財欲」であった (櫻井 2002：
72)．この私掠に対して投資したのが，ロンドン商人であった．彼らは正規の
交易以外にも私掠によって富を得て「東インド会社」や「ヴァージニア会社」
などを設立し，それぞれの地域に交易の設営地を設け，植民地を形成していく
(櫻井 2002：99-100)．

　カリブ海のトリニダードで生まれで，その独立後に初代首相となった E.
ウィリアムズは，オックスフォード大学の博士論文に加筆した『資本主義と奴
隷制』を1944年に出版し，奴隷貿易を軸としたカリブ海沿岸植民地，北米13植
民地，イギリス本国の三角貿易を始めて本格的に論じた．彼は1654年から1685
年までの間のイギリスの植民地には黒人奴隷に近い「白人奉公人」がいたこと
を指摘している．その白人奉公人には，半強制的に送られた者や，ピューリタ
ン革命のときに，O. クロムウェルによって投獄されたアイルランドやスコッ
トランドの囚人なども含まれ，黒人が白人奉公人よりも快適な境遇にあったと

いう証言もあった（ウィリアムズ 2020：28ff.）．ホーキンズによって始められた奴
隷貿易は，その後王立アフリカ会社によって独占されたが，1698年には自由貿
易になり，奴隷貿易は急激に発展した（ウィリアムズ 2020：56-57）．

　この奴隷貿易を要とする三角貿易によって利益を得た植民者と商人は，イギ
リスで一大政治勢力を構成し，「腐敗議会と買収選挙」に彼らの財力が力を
持った（ウィリアムズ 2020：156-157）．イギリスの産業革命の始まりとなったJ.
ワットが発明した蒸気機関に融資したのは西インド諸島の貿易で蓄積された資
本であった（ウィリアムズ 2020：172）．「海賊」に関する記述はないものの，マ
ルクスは『資本論』の「資本の原始的蓄積」において暴力行為が資本主義の起
源に存在することを指摘している（マルクス 2005a：501ff.）．ハイエクのいうよう
に，個人の「欲望」からイギリスの経済発展が始まったが，彼はそこに「暴
力」があったことを論じることはない．

　ただ，日本では英米の経済発展がこのような商業資本主義からではなく，
ピューリタンの禁欲的精神による産業資本主義からであるという見方が強い．
それはM. ウェーバーの『プロテスタンティズムと資本主義の精神』の影響を
受けた戦後の近代主義の経済史家，大塚久雄によって主張されたものである．
大塚自身プロテスタントであり，ピューリタンによる近代化を絶対的に正しい
ものと評価した．しかし，彼の議論はあまりにも理想化された近代化の主張で
ある．コミュニタリアン政治哲学者M. サンデルは，ウェーバーのいう「プロ
テスタンティズムの労働倫理」にむしろ現代社会の問題点である「能力主義」
の起源を考えている（サンデル 2021：62）．ここでは『プロテスタンティズムと
資本主義の精神』のなかにある政治的問題を考えていきたい．ウェーバーによ
れば，絶対的な神の救いに対する「予定説」という教説から，カルヴァン主義
者には，「内面的孤独化の感情」が生じ，カトリックやルター派に認められる
「教会や聖礼典による救済を完全に廃棄した」ことによって，「世界を呪術から
解放する」（ウェーバー 1991：156-157）．つまり，カルヴァン主義者は，この世界
や自然という外的なものをすべて否定して，個人の内面だけを信じる「個人主
義者」になった．予定説は「神への信頼を示す極端な排他性を生み出す原因」
となり，ピューリタンの文献では「人間の援助や人間の友情」をまったく信頼
しないことが勧められた（ウェーバー 1991：158）．結局は「ただ自分の救いのみ
を考える」のがピューリタンであって，このことはマキアヴェッリがフィレン
ツェの「市民の名誉」のために表現した「現世尊重の精神」と正反対である

（ウェーバー　1991：159）．しかし，「カルヴァニズムの政治的および経済的な合理主義」には「功利主義的」な性格があることも指摘される（ウェーバー　1991：167）．ウェーバーの記述からは，ピューリタンの個人主義が利己的であり，マキアヴェリのような「現世尊重の精神」がないという意味で反政治的なものであることが理解できる．ウェーバーが最後にピューリタンの「末人」を「精神のない専門人，心情のない享楽人」と呼んでいることは，私には何の不思議もない（ウェーバー　1991：366）．

ウェーバーの『宗教社会学』では，ピューリタンの政治に関して述べられているのはまず戦士としての強さである．彼はイスラム教の「初期の信仰戦士」とピューリタン革命期の「クロムウェルの騎兵隊」の強さの源泉が「現世的禁欲と，神意にかなった職業を通して規律化された救済追求にあった」と述べている（ウェーバー　1976：255）．ピューリタンは「政治的な権力機構」ではなく，「教会に属する宗教的練達者による現世支配を，神意にかなったもの」とみなし，その例としてニュー・イングランドの神政政治があげられている（ウェーバー　1976：280-282）．いずれも，強い信仰心をもった「練達者」が暴力的に世界を支配することがピューリタンの政治であって，近代の民主政治と異なる．ところが，日本の西洋政治思想史の研究者はプロテスタントが多く，英米のピューリタンによる近代化，とりわけ民主化を高く評価する．

私の亡き友人である政治思想研究の高野清弘は，カルヴァン派の信仰を個人的には維持していたためにかえって，日本の政治学者によるピューリタニズムの政治的評価を批判する．近代主義を代表する政治学者丸山眞男は，キリスト教徒ではないが，キリスト教の「超越絶対者」に直面する「個人」による近代化を評価し，日本においてはこのような絶対者がないことを問題とする．高野は，キリスト教自体がこの世界を否定する反政治的なものであり，また丸山の主張する抵抗権を生み出すようなプロテスタントの「主体的人格の確立」も，他者に自由を強制する主張であると批判する（高野　2009：116-117，122）．またプロテスタントの政治学者千葉眞がA. D. リンゼイに基づいてピューリタニズムから近代民主主義が生じたという主張も批判している（高野　2009：65-66）．高野にとって，ピューリタニズムの政治はきわめて抑圧的なものである（高野　2009：64）．

たしかに，イギリスの政治学者リンゼイは『民主主義の本質──イギリス・デモクラシーとピューリタニズム』（1929年）において，近代民主主義の起源を

ピューリタン革命のときの「パトニー討論」に求めた．1647年に平等派による普通選挙などを要求する「人民協定」をめぐって革命の主流派となる独立派がパトニーで公開の討論を行った．リンゼイが評価するのは，政治的平等性を要求する平等派ではなく，何よりも討論を重視した独立派を率いるO.クロムウェルである．クロムウェルは平等派と「同じ目的」を持ち，討論によって間違いを犯してもたがいに正しあうことができると信じていた（リンゼイ 1992：37-38）．討論によって各自の特殊な見解の偏狭さが排除され，公平な態度で「共同活動の原則」が発見されるのは，神がそのコミュニティの人間を通して語ると信じたからである（リンゼイ 1992：74）．

　民主主義において討論が重要であることには私も同意する．しかし，リンゼイによるピューリタンの民主主義論に賛同する日本の政治学者は，この討論がうまくいくために，討論者が「同じ目的」を持ち，「共同活動」をすることが必要であるという指摘を無視する．私はこのような討論に必要となる共通のものを「前提としての共通善」と呼んでいる．千葉眞は彼のラディカル・デモクラシー論では，「共通善の政治」を評価しているものの，ピューリタニズムの政治ではこのことが指摘されていない（千葉 1995）．一般に日本の政治学者の多くは「共通善の政治学」を評価せず，「共通善」がコミュニティの内部の者に対しても，その外部の者に対しても，必ず強制的になると考えている．私はこのように強制的になり，暴力を伴うものを「共通悪」と呼んで「共通善」から区別したい．フランスの哲学者J.マリタンは社会的動物にも存在する「公共善」と区別して，人間に固有の共通善を「受け取られ，伝達される善」としている（マリタン 1952：45）．つまり，共通善とはあくまでも水平に相互にコミュニケートされる善であって，垂直に強制される「公共善」とは異なる．日本の政治学者は高野を除いて，ピューリタニズムが「共通悪」となることを語らない．

　たしかに，ピューリタン革命では，革命派内部の対立はフランス革命ほど激しくなく，独立派は平等派と公開で討論し，その記録が現在まで残っている．しかし，クロムウェルは，パトニー討論後の国王処刑，水平派の軍隊からの追放，反乱したその主導者の処刑，議会の解散と，独裁政治を強めたことも事実である．このクロムウェルを支持したなかに「第五王国派」という千年王国主義者がいたことも付け加える必要がある．高野も指摘しているように，現在コミュニタリアン哲学者と呼ばれるM.ウォルツァーによれば，ピューリタンの

「聖なる国家」は近代の経済と政治を準備したものではあるが，それ自体自由主義でも，資本主義でもない（Walzer 1968：306）．彼によれば，ピューリタニズムはむしろ「抑圧と戦争の政治言語」で記述されるべきであり，ピューリタンはフランス革命のジャコバン派やロシア革命のボルシェヴィキの先駆である．彼らは何よりも「支配と自己支配」を求めた「革命的執政者の一団」であった（Walzer 1968：307, 310-311）．

　とくに問題であるのは，クロムウェルが同じ信仰を共有しない者に，完全に暴力的にふるまったことである．彼は，カトリック教徒のアイルランド人を大量に虐殺し，土地を略奪したが，それは宗教的理由からであるとともに，経済的理由からでもあった．アメリカの政治学者 W. R. ミード『神と黄金——イギリス・アメリカはなぜ近現代世界を支配できたのか』によれば，「神と黄金」によって英米が覇権国家となった．つまり「資本主義の巨大な力」を発展させていくことが，アングロ・サクソン人の宗教的定めとなったのである（ミード 2014：31-32）．ミードはその実例として，クロムウェルの反スペイン（反カトリック）の演説とレーガン大統領の反ソ連（反共）の演説がともに「悪の帝国」を倒す神のための戦争を続行して，すべての人間を圧制から解放する「自由」を約束した「深い類似点」があることを指摘する．しかし，その宗教的・政治的背景には，カトリック教徒のアイルランド人から土地を奪うという実利があった（ミード 2014：38ff.）．

　アメリカの国際政治思想の D. アーミテイジは，イギリスが商業的，海事的な「自由の帝国」とみなす思想が17世紀，18世紀に唱えられたことを論じている（アーミテイジ 2005）．19世紀のイギリスは政治的・経済的自由主義の国家であるといわれ，国内では自由な討論による議会政治（これ自体中世から続くもの）のもと，市民（ただし極めて限定されたエリート）が自由に経済活動をし，国家はきわめて限定された活動をする「夜警国家」である．しかし，大英帝国の植民地には政治的自由も，経済的自由もなかった．東インド会社が支配するインドを軸とする中国との三角貿易の維持のために，セポイの乱の弾圧やアヘン戦争のように実際にむきだしの暴力が用いられた．

　この点は植民地インドに関してマルクスがアメリカの新聞に書いた評論から考えていきたい．進歩主義者としてのマルクスは，「東洋的専制の堅固な基盤」であり，「カーストの差別や奴隷制といった汚点をかかえ」，自然環境に隷属して，自ら発展していく状態にないインドの村落共同体をイギリスが解体したこ

とを肯定する（マルクス 2005b：121-122）．しかし，同時に東インド会社のインド支配は自分たちの利益追求でしかないことも指摘する．イギリス本国では「上品な見かけをまとっている偽善と野蛮が，植民地ではむきだしになる」．実際に「賄賂だけでは欲望を満たせない」のか，インド人の土地の「極悪非道の略奪」をしている（マルクス 2005b：145-146）．セポイの乱について，セポイ兵の恐ろしい蛮行をマルクスは伝えるが，それはイギリス人自身がインド人から拷問によって税金を徴収するような行為してきた天罰である．イギリス兵の残虐行為はアヘン戦争のときにもあり，この戦争では「おもしろ半分に嫌悪すべき行為をおこなった」ことをイギリス人将校自身が証言している（マルクス 2005b：202-205）．マルクスは『資本論』において，イギリス本国で「偽善と野蛮」が同国人にもなされていることを，当時の証言を引用して述べている．当時イギリスの工場では，「児童略奪」，「児童の奴隷化」が行われ，残虐に扱われていた（マルクス 2005a：566-568）．さらに資本主義は「形式的には自由な労働の搾取」に依存していることも指摘する（マルクス 2005a：573）．社会思想史の植村邦彦によれば，この「形式的には自由な労働」とは，実質的な奴隷労働であり，このような「隠された奴隷制」が現在まで続いている（植村 2019）．

　ハイエクは，1960年という冷戦時代に，社会主義，マルクス主義を批判し，自由主義，資本主義の正当化を『自由の条件』で改めて主張した．しかし植民地の奴隷だけでなく，このような「強制力」，とりわけ労働者に対する「強制力」の問題を論じることなく，『隷属への道』と同様に，自由競争による資本主義の繁栄をいうだけである．ハイエクによれば，西洋では昔から「自由人と非自由人（奴隷）」が区別され，自由とは「他人の恣意的意志からの独立」である（ハイエク 1986：22）．この自由は「集団（国民）の自由」であるより「個人の自由」であり，しかもその「個人」とは「自分自身の目的」を他者から強制されない少数者である（ハイエク 1986：26, 36-37）．「自由社会」では，少数者の「意識的努力」による「新しい目的」が，やがて多数者の目的となる（ハイエク 1986：56）．結局，少数者が自由に自己の目的，経済的に豊かになることを追求することで，多数者もやがて豊かになるという現在の「トリクルダウン」のような理論によって，「自由社会」が正当化される．ハイエクによれば，「近代的自由」は17世紀のイギリス革命期の星室庁裁判所のような絶対主義の特権の廃止から始まるが（ハイエク 1987a：54），革命による暴力的変化や混乱に関して何もいうことはない．

　結局ハイエクの描く自由社会は理想化され，彼自身が主張した「自由主義の
ユートピア」であるより，むしろ「個人主義のユートピア」である．たしかに，
このユートピアは，とくに英米では第一次世界大戦後から大衆も経済的に豊か
になり，大衆社会を迎えたという「事実」に基づいている．しかし，白人以外
の問題が残るが，大衆は豊かになり，貧富の格差が縮小したというのは，あく
までも二度の世界大戦によるのであり（Cf. ピケティ 2014），自由競争が原因では
ない．しかも，このように豊かになった大衆社会自体をハイエクは批判する．
大衆が「高い物的厚生水準」に到達した信じ，彼らが自分たちの嗜好に合わな
いものを否定することが「われわれの時代の最大な悲劇」であり，そのことに
よって世界は衰えてゆく（ハイエク 1987a：188）．ハイエクのいう「個人」とは
結局はエリートであり，彼のいう「自由」もエリートの自由にすぎない．

　このような自由社会の最終的帰結から，『法と立法と自由』（1973年，1976年，
1979年）では，ハイエクは政治の役割も認めるようになる．政府は自生的秩序
に必要な「最低限のルール」を守らせるためのものである（ハイエク 1987b：61-
62）．より複雑である近代社会も，「構成員への命令」によってではなく，「自
生的秩序の形成につながるルール」の改良によって維持される（ハイエク
1987b：67）．ただし，このような「自生的秩序」であっても，「合理的な政策」
のための「理念的構造や目指すべき全体秩序の指導概念」としての「ユートピ
ア」が必要であることも指摘し，政治や理論の役割を認めている（ハイエク
1987b：86）．しかし，市場自体は政治権力と対立して生じた自生的秩序であり，
「商慣習法と港や市の実践」のなかに「開かれた社会」を可能にするルールが
あると主張する（ハイエク 1987b：108）．

　ハイエクによれば，このようにして成立した自生的秩序における「自由」と
は運命の力にある程度委ねることである（ハイエク 1987c：46）．そのため，市場
秩序において成功した個人はその成功を道徳的に正当化でき，「自らの努力と
決定」にかかっていると信じることが「市場秩序」あるいは「自由企業社会」
では重要である（ハイエク 1987c：106）．しかし，このことが一般大衆にとって
「唯一の自由企業の弁護」であると思われることは，「市場秩序の将来に暗雲を
投げかけている」（ハイエク 1987c：107）．ハイエクは，このことに対して，とく
に解決策を示すことはなく，「開かれた社会の精神」の道徳観が一般化したの
は西洋でも最近にすぎないために，大衆には自生的秩序は「人為的で不自然な
もの」と感じられ，彼らはいまでも「部族社会を支配する偏狭な心情」に支配

されているという大衆批判をいうだけである（ハイエク 1987c：199-200）．

　『法と立法と自由』の第3部の冒頭では，現在の先進国の民主主義に欠陥があり，「全体主義国家への発展は不可避なものになるという確信」が強まっていると主張される（ハイエク 1988：6）．それは現在の民主政治が多くの集団の支持に依存する「全能の政府」によって，「利益集団政治」になっていることである（ハイエク 1988：22）．ハイエクによれば，この問題は多数派の支配という民主主義の問題であり，多数派が権力を握れば，市場の自由競争が破壊される（ハイエク 1988：108-109）．多数者は部族社会から受け継いだ心情から自由競争を嫌い，「市場秩序を破壊する最大の脅威は個人企業の利己的行動ではなく，組織された集団の利己主義である」．そのような集団，「「同業者」の組合や団体」は，「個人主義的利己主義」を抑圧するために，「政府の援助」によって権力を得ていると，奇妙な議論を展開する（ハイエク 1988：124）．ハイエクは利益集団の影響をなくすために，「新しい理想が開花するような自発的活動に公共心が現れるべきであるとするなら，余暇を持つ少数の人々が不可欠である」として，「資産家」による「新しい立法院」を提案する（ハイエク 1988：158）．このような資産家が「個人主義的利己主義」からどのようにして自発的な「公共心」を持つようになるかを語ることはない．

　1980年代後半に書かれたハイエクの晩年の草稿『致命的な思いあがり』では，個人の自由の追求という欲望から出発した文明の進歩が，依然として大衆には理解されないことを問題とする．興味深いことに，彼にとって利他的にふるまうことの方が本能である．人間は最初小さな集団で暮らし，「共有された目的と認識」によって，「連帯と利他主義の本能……に決定的に依存していた」（ハイエク 2009：14）．そのような社会から現在の社会に進化するためには，「善き本能」でさえも抑制しなければならず，その制約は「憎悪される」（ハイエク 2009：16）．このような進化をハイエクが肯定するのは，競争に基づく「市場の秩序化原理」が効率的であり，「個人的利益」の追求が「公益」となって，豊かな社会となったからである（ハイエク 2009：23, 60）．結局，ハイエクの自由主義，資本主義の正当化は個人の欲望の追求が結果として豊かな社会を生み出したという帰結主義である．「富者がいなければ，つまり資本を蓄積した人たちがいなければ，そもそも存在しえたとして貧者はもっとはるかに貧しくなるであろう」（ハイエク 2009：185）．「共通の目的」を協力して追求することがなくても，人口が増大し，道徳体系や伝統が進化し，「競争的だが平和的にいそし

んでいる」（ハイエク 2009：204）．

　『致命的な思いあがり』は，社会主義の思いあがりを批判するものであるが，私にはむしろ個人主義の「思いあがり」を肯定する著作であると思われる．ここでは文明の進歩において政治権力や暴力が働いていたことも，現在の進歩した社会の問題も，それに対する政治の役割も語ることはなく，結局「個人」の力と運で，経済的に繁栄し，平和になった文明社会の帰結を語るだけである．政治思想研究者の山田優が『ハイエクの政治思想——市場秩序にひそむ人間の苦境』で論じるように，ハイエクには市場秩序に対する「楽観主義」と「悲観主義」があり，市場の万能性を説くようなネオリベではないとしても（山中 2007：91ff.），個人主義のユートピアを最後まで信じていた．また，政治思想研究者の萬田悦生『文明社会の政治原理——Ｆ・Ａ・ハイエクの政治思想』は，ハイエクにも社会を維持するための手段としての「共同善」（共通善）があり，それを「文明社会の政治原理」と考えている（萬田 2008：290ff.）．しかし，ハイエクは「共通の目的」を明確に否定し，基本的には政治によってではなく，「個人」の力による文明の進歩を主張し，目的としての共通善を追求する政治を認めることはない．

3　近代化と暴力
——アメリカ——

　ハイエクのこのような「個人主義のユートピア」を最も実現しているのはアメリカであろう．個人の努力によって，豊かになれるという「アメリカン・ドリーム」のもと，豊かな大衆社会を最初に実現し，現在でもGDPはトップであり，経済成長を続けている．またアメリカは自由と民主主義の国であり，情報も公開された開かれた社会であり，個人の権利を尊重する社会であると多くの人は信じている．しかし，同時にアメリカがきわめて暴力的な社会であることも多くの人が理解しているはずである．アメリカ研究の政治学者古谷旬は，彼が編纂した『権力と暴力』の序章において，「自覚的に追及されてきた自由社会の建設と維持という理想の追求」がむしろ「煩雑に暴力という手段」を呼び入れ，「自由」と「暴力」が現実のアメリカ社会では密接に結びついていることを指摘する（古谷・山田編 2007：3）．

　まず，アレントが暴力的ではなかったという「アメリカ革命」から考えてい

きたい．この革命はフランス革命のように革命派内部に大きな対立はなく，恐怖政治も独裁政治もなく，近代憲法の制定，議会制民主主義の確立，基本的人権の尊重のように，近代政治の原則を確立したことが評価されている．アレントによれば，各人が「政治へと積極的に統治に参加する」ための「政治的問題」である「統治の形態」と関連するアメリカ革命は，貧困問題という社会問題と関連するフランス革命のように暴力的でない（アレント 1995：104, 163ff.）．

しかし，アレントはアメリカに社会問題があったことも指摘している．それは黒人奴隷の存在であり，アメリカ革命では，そしてそれ以後も貧しき黒人奴隷の存在は「完全に無視され」ていた（アレント 1995：108）．ただし，貧困問題として無視されたとしても，植民地時代から続く奴隷に対する強制的暴力は存在していた．『権力と暴力』のもう一人の編者，アメリカ史の山田史郎によれば，虐待などで殺された黒人は75万人という推定がある．また，彼は先住民インディアンも戦争や虐殺によって75万人亡くなったという推定をあげている（古谷・山田編 2007：302）．このような黒人や先住民に対する人種差別に伴う残虐行為はアメリカの政治や経済の近代化の一面である．

　この点で，T. ジェファーソンが起草した「独立宣言」にある「すべての人は平等に造られ，創造主によって，一定の奪い難い天賦の諸権利が付与され」ていることに，先住民が含まれるかどうかを私は問題にしたことがある（菊池 2018：201-202）．この宣言の最後の方にすべての破壊を「戦争の法則」とする「苛酷なインディアン野蛮人」という記述がある（ジェファーソン 1970：201）．ジェファーソンは当時の植民者のなかでは黒人やインディアンに偏見はないが，英国軍とともに戦っていたとはいえ，「インディアン」を野蛮人と決めつけている．彼は黒人奴隷を所有していたし，第三代大統領になったときに，インディアンを借金づけにし，土地譲渡の交渉を有利にするように白人の業者に指示したという（藤永 1974：154-155）．ジェファーソンはともかく，それ以後のアメリカの歴史は黒人や先住民が「すべの人」に含まれなかったことを語っている．

　アメリカ史の専門家ではないが，藤永茂『アメリカ・インディアン悲史』によれば，「もともと新大陸の広大な土地は，最初から，不動産投資あるいは投機の有利な対象」であり，インディアンに対する土地の収奪や虐殺には，「神のおぼし召し」という「偽善性」があった（藤永 1974：32, 155-156）．とりわけ19世紀にジョージア州で金鉱が発見されたときにインディアンをミシシッピー

川の西側に強制移住させることになる「インディアン移住法」を制定したジャクソン大統領は「もともとは，悪質な土地投機屋，不動産屋として出発した」人間であった（藤永 1974：152）．白人男子の普通選挙を実施し，独立自営，機会均等，自由競争などを広めたジャクソン・デモクラシーには黒人やインディアンは当然のことに含まれていない．

　このようにインディアンから土地を奪い，殺戮していったあとで，西部に農地開拓を進めたアメリカは，1890年に最後のインディアンの抵抗を力で終わらせ，「フロンティアの消滅」を宣言した．さらに，1898年の米西戦争によって，アメリカはプエトリコを占有し，キューバーを属国化し，またフィリピンを植民地化するなど帝国主義化を進めていく．藤永は『アメリカ・インディアン悲史』で，最初にベトナムのソンミ虐殺事件をあげ，この事件は「アメリカ史における，孤立した特異点では決してない」と主張し，また最後の方でフィリピンの独立運動に対して10歳以上の子供まで虐殺した指揮官がインディアンを虐殺した人間であったことを指摘する（藤永 1974：6-8, 310-312）．フィリピン人の研究者 J. ゴウ「フィリピンと合衆国の帝国意識」によれば，アメリカがフィリピンでは「民主的後見指導」として「リベラルな植民地国家」になろうと，教育や議会を与えた「慈悲深い帝国主義のプロット」を実行した（ゴウ 2011：14, 27-29）．同じくフィリピン人の研究者 R. C. イレートは「日本との戦争，アメリカとの戦争」で，アメリカはスペインに対する独立戦争は記憶しても，アメリカとの戦争を忘れさせるために「戦争の集合的記録を作り変え」，革命運動の指導者アギナルドを「民衆の味方ではなく無慈悲な独裁者」にしたという（イレート 2011：88-89）．まさにアメリカは偽善的「自由の帝国」である．このように「新世界」に近代国家を作ったアメリカは自生的秩序ではなく，人為的な暴力国家であり，現在でも自由と民主主義の名で外部に対して自国の利益を追求している．

　ハイエクと並んでネオリベの創始者であるといわれる M. フリードマンは，このような自国の側面に触れず，しかもハイエクとは異なり，現実化された自由主義のユートピアの行く末に対して何ら疑問を抱いていない．1962年に出版されたフリードマンの『資本主義と自由』によれば，「自由競争による資本主義は，経済における自由を保障する制度であると同時に，政府における自由を実現する条件でもある」（フリードマン 2008：18）．しかし，アメリカでは経済的自由とともに，政治的自由があることに関して，奇妙な議論が展開される．フ

リードマンは，赤狩りにあった人間が中小企業，小売業，農業など競争の激し
い「理想に近い自由市場」に職を得たことを「市場が政治的自由の守護者」と
なったことであるという．例えばパン屋に就職した人間に対して，パンを買う
人は，共産党員か共和党員が，黒人か白人がパンを栽培したかを気にしない．
「この事実から，人格を持たない市場は経済活動を政治的意見や皮膚の色など
生産性とは無関係な理由による差別を排除する」（フリードマン 2008：59-60）．こ
の例は経済的自由とともに政治的自由があることの証明ではなく，政治的自由
が失われる「赤狩り」をフリードマンが肯定しているとしか思われない．また
市場が自由で平等であるとしても，それは売買に関してだけであり，労働市場
が自由で平等でないことはこの例からもわかるはずである．

　フリードマンは平等主義者に対しては，「誰かから取り上げて別の誰かにあ
げる」正義を主張すると批判し，自由と平等は真っ向から対立し，「平等主義
者であると同時に自由主義者である」ことは不可能であると主張する（フリー
ドマン 2008：353-354）．彼のいう自由主義は基本的には政府の「公共の利益」追
求に対する「自己の利益を追求する力」である．ただし，自己利益とは「狭量
な私利」ではなく，「財産や命を投げ出しても守りたい価値すべて」であると
主張され，また奇妙な例があげられる．ヒトラーに対するドイツ人の命がけの
抵抗を例にとり，フリードマンは，少数者が多数者の「物質的利益」に屈服し
ないことが「自由社会の良さ」であり，「資本主義社会は，共産主義的な社会
ほど物質至上主義に陥らない」と主張する（フリードマン 2008：363-364）．ナチ
ス社会が「自由社会」ではないし，少数者が「物質的な利益」を追求しないの
が自由社会だとしても，それが資本主義社会と同じであるという証明が何もな
い．

　フリードマンにとって，政治的にも，経済的にも自由主義に基づくアメリカ
の繁栄は暴力とは無関係である．しかし，このフリードマンが生み出したネオ
リベがまさに暴力によってグローバル支配をしているという指摘がある．カナ
ダ生まれのジャーナリスト，N. クラインの『ショック・ドクトリン』によれ
ば，アメリカの企業と政治家がフリードマンのネオリベの学説によって，人為
的・自然の「惨事」のショックを利用し，世界中に文字通り暴力的に「市場主
義」を押し付け，「民主主義」を弾圧して，自分たちの利益をあげることに専
念してきた．これを「災害便乗型資本主義」という．クラインによれば，フ
リードマンはチリの独裁者 A. ピノチェトの経済顧問になったときに，「大規模

なショックあるいは危機をいかに利用すべきか」を学んだ．実際にピノチェトの経済政策は，フリードマンの弟子たちが担当し，経済の自由化，民営化という「意表を突いた経済転換」をきわめてスピーディーに行った．しかもこの「経済的ショック療法」に加えて，ピノチェトは社会主義者に対して「すさまじい暴力が加えられるという形のショック療法」を行った（クライン 2011：7-8）．もともとピノチェト軍事政権は，合法的選挙で選ばれた S. アジェンデ社会主義政権を1973年にアメリカの支援でクーデターによって倒して成立した．アメリカは自由や民主主義のためではなく，自国の利益のために合法的政権を暴力で倒したのである．1980年からのレーガン政権はネオリベの経済政策とともに，ソ連に対する軍事力を強化する新保守主義（ネオコン）の対外政策によって，ソ連の解体をもたらした．ソ連の解体という「ユートピアの終わり」は，アメリカの「個人主義のユートピア」の世界支配を意味するのである．

このようなアメリカの「個人主義のユートピア」の最大の問題点は，その「個人」とは誰かということである．自由市場の自由競争は「方法論的個人主義」の「個人」が行うが，それは実際には会社の経営者であり，その雇用者が全員自由に競争に参加するのではない．作家でもあり，リバタリアンの思想家でもある笠井潔は個人がすべて独立した「企業人」となる「無政府＝無国家」を理想としている（笠井 2000：233, 254）．個人の徹底した自由を主張する立場は，当然自由を拘束する一切の集団の存在を否定しなければならないはずである．しかし，ネオリベによる「個人」の自由の主張は，集団のなかで自由にふるまうことができる人間だけの自由である．

D. トランプや彼の支持者の主張は，エリートを批判し，グローバル市場主義に対立する点で，ネオリベと対立するようであるが，結局「個人」の自由・繁栄を求める「個人主義のユートピア」である．それはウェーバーのいうピューリタンの「末人」である白人アングロサクソン・プロテスタントのユートピアであり，アメリカの黄金時代，公民権運動が始まる前の1950-60年代の回復を望むものである．アメリカの資本主義は白人が黒人や先住民を搾取した「人種資本主義」であるという見方がある（クライン 2018：116）．M. サンデルは「市場へのテクノクラシー的信頼」のようなエリートたちの能力主義への反発が前の大統領選挙でのトランプ勝利の原因であるとしているが（サンデル 2021：32-33），トランプ支持者が反資本主義にも，反市場主義にも向かわないのは，現在貧しい白人（「プア・ホワイト」）でも，白人が支配したかつての資本

主義の繁栄を望んでいるからであろう．

　また，トランプやその支持者が地球温暖化を認めないのも，環境問題の規制がアメリカの経済発展を阻害するからである．アメリカの福音派のなかで，2000年代に「気候変動と闘う行動と自由市場に干渉する環境規制とに反対する」保守派が強まり（Bean & Teles 2016：6），そのような保守派が環境主義者というアンチ・キリストと闘うトランプを支持した（Bean & Teles 2017：8）．もともと気候変動を引き起こしている「人新世」は，1950年以後のアメリカ大量消費社会が大加速させた（ボヌイユ／フレンズ 2018：181）．結局，イギリス・アメリカの近代化の「暴力」の歴史とは，「人新世の歴史」であり，それは「自然の存在を無視することで世界を変容させてきたという狂信的な近代主義の歴史ではなく，科学的・政治的に近代化を促進するという無意識の原動が生み出してきた歴史なのである」（ボヌイユ／フレンズ 2018：244）．

おわりに
——ポストコロナのユートピア——

　このように，近代以後の個人の利益追求による経済発展が現在のコロナの流行も含めた「人新世」というディストピアをもたらしたのであれば，当然，現在のユートピア，ポストコロナのユートピアは，近代化を進めた英米の「個人主義のユートピア」と正反対のものとなるべきである．現在のユートピアは，ネオリベのように個人主義でも，進歩主義でもなく，近代以後ハイエクのいう「個人」によって破壊された善き環境やコミュニティを回復するものである．それはアレントのいう「工作人」としての「個人」が新しいものを作り出すものではなく，ポパーが批判する「歴史過程の目的」としての未来に向けて実現する暴力的なものではない．このような現代のユートピアのいくつかを考えていきたい．

　N. クラインは『これがすべてを変える——資本主義 vs. 気候変動』において，ネオリベが支配的になってから，環境規制のような政策が否定され，地球温暖化のデータも否定する動きが強まり，富裕層は気候変動を利用した「ショック・ドクトリン」として，「資源の強奪と弾圧の嵐」を進めているという（クライン 2017：14）．彼女によれば，それに対抗するために，「力を行使する主体を企業からコミュニティへと転換」する必要がある（クライン 2017：33）．この

主張は,「平等主義的」で「コミュニタリアニズム的」な世界観をもつ人は,気候変動に関する科学的合意を受け入れるが,「階層的」で「個人主義的」世界観をもつ人は,科学的合意を認めない傾向があるという事実をふまえたものである(クライン 2017：50).「階層的」で「個人主義的」立場とは,ネオリベを唱えるか支持する人びとであり,実際に彼らによる化石燃料の採掘は,自然環境と伝統的コミュニティを崩壊させているのであるが,「土地との強い絆を持つコミュニティは,自分たちの生活のあり方を脅かす企業活動から常に身を守ってきた」(クライン 2017：416).

クラインは『ショック・ドクトリン』でも,ネオリベに対抗する最後の希望として,リゾート企業に土地を売却する政府に対して,タイの「モーケン族」という先住民が「過去の記憶」をもとに先祖伝来の土地を回復したことをあげていた(クライン 2011：677ff.).同様の主張は,災害時に同胞愛や連帯感に目覚めた住民がたがいに助け合うという「災害ユートピア」を主張するアメリカの作家 R. ソルニットにも認められる.彼女によれば,「災害の後では,人間は利他的で,コミュニタリアン[邦訳　共同体主義]」になり,「災害ユートピア」がどのようになるかは,災害時以前に「どのようなコミュニティが存在していたか」が大きい.クラインもソルニットも伝統的コミュニティがネオリベに対抗する力を認めている(ソルニット 2010：34, 40).

彼女たちがサンデルなどの哲学的コミュニタリアニズムには言及していないとしても,コミュニタリアンが平等主義や利他主義を主張し,ネオリベと対抗していることは英米では常識である.ところが彼女たちが伝統的コミュニティを評価していることを日本のリベラルやポストモダン左派はまったく無視し,それどころかネオリベとコミュニタリアニズムには親近性があるという間違った主張をしている.一般的に,日本の社会科学者は戦後の近代主義という進歩主義をいまでも信じ,近代以前の政治的価値である「コミュニティ」や「共通善」を否定する傾向がある.しかし,それらを否定し,個人の自由を絶対化するのであれば,ネオリベと変わらない主張となる.

アメリカのアナーキスト・人類学者,D. グレーバーは,2011年のオキュパイ運動の理論的指導者でもあり,その運動にも加わった.ネオリベのユートピアに対する直接民主主義的な抵抗運動である「オキュパイ運動は驚くほど非暴力的な運動」であり,人類史の大半において,支配の拒否は権力者と革命的に対立するよりも,「闘争,離反,新しいコミュニティの創造」という形態をと

る方が多いという（グレーバー 2015：173, 224）．この民主主義的プロセスが成功するかどうかは，「所属するコミュニティの性格，その文化的・政治的伝統，参加者の人数と経験値，そしてもちろんかれらが達成しようとしている目標」にかかっている（グレーバー 2015：246）．つまり，「新しいコミュニティ」を創造することが成功するかどうかは伝統的コミュニティの問題であり，共通の目標（私が「共通善」と呼ぶもの）の問題でもある．

　最後に取り上げたいのは，消費社会のグローバル化による世界的不平等や環境破壊などに対応して「脱成長」を説くフランスの社会科学哲学者，S. ラトゥーシュのユートピア論である．彼は『経済成長なき社会発展は可能か？』の日本語版序論で，日本は「西洋文明の模範的な学徒」であったが，「生産主義パラダイムと断絶した最初の経済覇権国」でもあったと評価している．というのも，日本には「古から続く東洋の文化が凶暴な西洋化によって完全に根絶されることなく残っており，そのような伝統文化が現在の経済危機を契機に復活する可能性があるからである」（ラトゥーシュ 2010：17）．彼にとって「脱成長」とは「共通善という観点からもう一つの成長について語ること」である．つまり，GDP の「際限なき成長」ではなく，「より良い生活の質を望むことである」（ラトゥーシュ 2010：109-110）．

　ラトゥーシュは「脱成長」の８つの「具体的なユートピア」として，まず「個人主義的な誇大妄想，道徳の拒否，快適なものへの嗜好，自己中心主義」から「真実への配慮，正義の感覚，責任，民主主義の尊重，差異の称賛，連帯の形成，既知に富んだ生活」のような価値の変換（「再評価する」）をあげる（ラトゥーシュ 2010：172）．その他に重要なものとして「労働時間の削減」のような「削減する」や「地域のニーズ充足」のために生産活動を「地域単位」で実現する「再ローカリゼーション」がある（ラトゥーシュ 2010：177-178）．この「再ローカリゼーション」は「地域に根差したエコロジカルな民主主義の創造」のためでもある（ラトゥーシュ 2010：186）．この脱成長のユートピアは，「凶暴な西洋化」が進歩と成長をもたらしたものとして，学問でも，一般でも信じられている戦後日本のあり方と根本的に対立するものである（cf. ラトゥーシュ 2010：12）．

　以上のことをふまえれば，現在のポストコロナのユートピアは何よりもネオリベのグローバル市場を批判し，小規模で，善き環境のもとで共通善を追求するコミュニティであると原理的にいえると思う．日本の場合でも，グローバル

市場の大競争のために東京一極への集中化が進むとともに，地域コミュニティが崩壊し，地域格差が拡大する現状のなかでは，密の状態ではなく，善き自然環境を保存して，地産地消の経済体制と住民参加の直接民主政治（コロナ感染の状況ではオンラインも可能）が現在のユートピアといえよう．

　ただし，現実の小規模で濃厚なコミュニティは，しばしば個人の権利やプライヴァシーを無視して，その共通善を，私の用語では「共通悪」を，強制することは起こりうる．過去から現在までの実践的ユートピアを研究したC. J. イラーズマスは，それが「共通善の探究」をするものであるが，個人のプライヴァシーや「遊び」を認める方が長続きすると主張する（Erasmus 1977）．私の理想的コミュニティも，すべてを共通善の追求のために捧げるものではなく，個人の権利やプライヴァシーの追求は認め，労働だけではなく「遊び」も重要なものとなる．また，善き環境を維持するのは小規模なコミュニティだけでは無理であり，他のコミュニティとも連携する開かれたものであることも必要である．

参照文献一覧

Bean, Lydia & Teles, Steven 2016 "God and Climate," *Democracy*, No. 40, https://democracyjournal.org/magazine/40/god-and-climate/

――― 2017 "Why don't Christian Conservatives Worry about Climate Change? God," *Washington Post*, June 2, https://www.washingtonpost.com/posteverything/wp/2017/06/02/why-dont-christian-conservatives-worry-about-crimate-channge-god/

Erasmus, Charles J. 1977 *In Search of the Common Good: Utopian Experiments Past and Future*, The Free Press.

Walzer, Michael 1968 *The Revolution of the Saints: A Study in the Origins of Radical Politics*, Atheneum.

アーミテイジ，デイヴィッド　2005『帝国の誕生――ブリテン帝国のイデオロギー的起源』平田雅博・岩井淳・大西晴樹・井藤早織訳，日本経済評論社．

アレント，ハンナ　1994『人間の条件』志水速雄訳，筑摩書房［ちくま学芸文庫］．

――― 1995『革命について』志水速雄訳，筑摩書房［ちくま学芸文庫］．

イレート，レイナルド・C．2011「日本との戦争，アメリカとの戦争――友と敵をめぐるフィリピン史の政争」藤原・永野編，2011．

ウィリアムズ，エリック　2020『資本主義と奴隷制』中山毅訳，筑摩書房［ちくま学芸文庫］．

ウェーバー，マックス　1991『プロテスタンティズムの倫理と資本主義の精神』大塚久雄

訳，岩波書店［ワイド版岩波文庫］.

─────　1976『宗教社会学』武藤一雄・薗田泉人・薗田坦訳，創文社.

植村邦彦　2019『隠された奴隷制』集英社［集英社新書］.

エンゲルス，フリードリッヒ　1950『ドイツ農民戦争』大内力訳，岩波書店［岩波文庫］.

─────　1946『空想より科学へ──社会主義の発展』大内兵衛訳，岩波書店［岩波文庫］.

笠井潔　2000『国家民営化論──ラディカルな自由社会を構想する』光文社［知恵の森文庫］.

菊池理夫　2013『ユートピア学の再構築のために──「リーマン・ショック」と「三・一一」を契機として』風行社.

─────　2018『社会契約論を問い直す──現代コミュニタリアニズムからの視座』ミネルヴァ書房.

クライン，ナオミ　2011『ショック・ドクトリン──惨事便乗型資本主義の正体を暴く』上・下，幾島幸子・村上由美子訳，岩波書店.

─────　2017『これがすべてを変える──資本主義 vs. 気候変動』上・下，幾島幸子・荒井雅子訳，岩波書店.

─────　2018『NO では足りない──トランプ・ショックに対処する方法』磯島幸子・荒井雅子訳，岩波書店.

グレーバー，デヴィッド　2015『デモクラシー・プロジェクト──オキュパイ運動・直接民主主義・集合的想像力』木下ちがや・江上賢一郎・原民樹訳，航思社.

ゴウ，ジュリアン　2011「フィリピンと合衆国の帝国意識」藤原・永野編，2011.

コーン，ノーマン　1978『千年王国の追求』江河徹訳，紀伊國屋書店.

櫻井正一郎　2002『女王陛下は海賊だった──私掠で戦ったイギリス』ミネルヴァ書房.

サンデル，マイケル　2021『実力も運のうち──能力主義は正義か？』鬼塚忍訳，早川書房.

ジェファーソン，トマス　1970「独立宣言」『世界の名著　33』高木八尺訳，中央公論社.

ソルニット，レベッカ　2010『災害ユートピア──なぜそのとき特別な共同体は立ち上がるのか』高槻園子訳，亜紀書房.

ソレル，ジョルジュ　2007『暴力論』上・下，今村仁司・塚原史訳，岩波書店［岩波文庫］.

高野清弘　2009『政治と宗教のはざまで──ホッブズ，アーレント，丸山眞男，フッカー』行路社.

ダーントン，ロバート　2005『禁じられたベストセラー──革命前のフランス人は何を読んでいたか』近藤朱蔵訳，新曜社.

千葉眞　1995『ラディカル・デモクラシーの地平──自由・平等・共通善』新評論.

ハイエク，フリードリッヒ　1986『自由の条件Ⅰ』（『ハイエク全集5』）気賀健三・古賀勝次郎訳，春秋社.

─────　1987a『自由の条件Ⅱ』（『ハイエク全集6』）気賀健三・古賀勝次郎訳，春秋社.

─────　1987b『法と立法と自由Ⅰ　ルールと秩序』（『ハイエク全集8』）矢島欽次・永吉俊彦訳，春秋社.

─────　1987c『法と立法と自由Ⅱ　社会正義の幻想』（『ハイエク全集9』）篠塚慎吾訳，

春秋社.

───── 1988『法と立法と自由Ⅲ　自由人の政治的秩序』(『ハイエク全集10』) 渡部茂訳, 春秋社.

───── 2009『致命的な思いあがり』(『ハイエク全集第Ⅱ期1』) 渡辺幹雄訳, 春秋社.

───── 2010「知識人と社会主義」『社会主義と戦争』(『ハイエク全集第Ⅱ期10』) 尾近祐幸訳, 春秋社.

───── 2016『隷属への道』村井章子訳, 日経BP社.

ピケティ, トマ　2014『21世紀の資本』山形浩生・守岡桜・森本正史訳, みすず書房.

フクヤマ, フランシス　1992『歴史の終わり』上・中・下, 渡辺昇一訳, 三笠書房 [知的生き方文庫].

藤永茂　1974『アメリカ・インディアン悲史』朝日新聞社.

藤原帰一・永野善子 (編著)　2011『アメリカの影のもとで──日本とフィリピン』法政大学出版局.

フリードマン, ミルトン　2008『資本主義と自由』村井章子訳, 日経PB社.

古谷旬・山田史郎編　2007『権力と暴力』(『シリーズ・アメリカ研究の越境　第二巻』), ミネルヴァ書房.

ポパー, カール・R.　1980『推測と反論──科学的知識の発展』藤本雄志／石垣嘉郎／森博訳, 法政大学出版局.

ボヌイユ, クリストフ／フレンズ, ジャン＝バティスト　2018『人新世とは何か──〈地球と人類の時代〉の思想史』野坂しおり訳, 青土社.

マリタン, ジャック　1952『公共福祉論──人格と共通善』大塚市助訳, エンデルレ社.

マルクス, カール　2005a『資本論第一巻　下』(『マルクス・コレクション　Ⅴ』) 今村仁司・三島憲一・鈴木直訳, 筑摩書房.

マルクス, カール　2005b「時局論　上」(『マルクス・コレクション　Ⅵ』) 村上晋一・小須田健・吉田達訳, 筑摩書房.

萬田悦生　2008『文明社会の政治原理── F・A・ハイエクの政治思想』慶應義塾大学出版会.

マンハイム　1971『イデオロギーとユートピア』[『世界の名著56』] 高橋徹・徳永恂訳, 中央公論社.

モア, トマス　1978 改版『ユートピア』中央公論社 [中公文庫].

ミード, ウォルター・ラッセル　2014『神と黄金──イギリス, アメリカはなぜ近現代世界を支配できたのか』上, 寺下滝郎訳, 青灯社.

ミュンツァー, トマス　1985『宗教改革著作集　第七巻　ミュンツァー』田中真造訳, 教文館.

ラトゥーシュ, セルジュ　2010『経済成長なき社会発展は可能か？──〈脱成長〉(デクロワサンス) と〈ポスト開発〉の経済学』中野佳裕訳, 作品社.

リオタール, ジャン＝フランソワ　1986『ポスト・モダンの条件』小林康夫訳, 書肆風の薔薇.

リンゼイ, A. D.　1992 増補『民主主義の本質──イギリス・デモクラシーとピュウリタニズム』永岡薫訳, 未来社.

山中優　2007『ハイエクの政治思想──市場秩序にひそむ人間の苦境』勁草書房.

第 I 部

ユートピアの思想史

第1章　古代ギリシアのユートピア思想
——クセノポンを中心に——

近藤和貴

はじめに

　本章の目的は，プラトン・アリストテレスとの比較のもとにクセノポンの
ユートピア思想の特徴を明らかにし，もって古代ギリシアのユートピア思想，
とりわけソクラテス学派のそれの見取り図を描くことである．

　従来の古代ユートピア研究には，ユートピア思想の起源とされ，トマス・モ
アをはじめとする後世のユートピア思想に絶大な影響を与えたプラトンに特権
的な地位が与えられ，プラトンを批判しつつ独自の理想国家論を提示したアリ
ストテレスが補足的に論じられる，という傾向があった．しかし，この二人と
同じようにソクラテス学派に属するクセノポンも，同時期に理想国家論を展開
し，古代から19世紀に至るまで高い評価を受け続けてきた（Dorion 2017：55-56）．
こうした事実を考慮すると，現代におけるクセノポン軽視の風潮は不当なもの
であり，彼の議論を無視することは古代ユートピア思想の重要な側面を見落と
すことにつながってしまう．逆に言えば，クセノポンの思想との比較が可能に
なるならば，プラトン・アリストテレスの思想理解をも深めることができるだ
ろう．

　古代ギリシアのユートピア思想を論じる際には，ユートピアという言葉を作
り出したモアの『ユートピア』以前にユートピア思想は存在したのか，という
問題を避けることはできない．この問題に関して，ユートピア思想一般を定義
した菊池理夫は，その定義の古代ギリシアへの適用を試みている（菊池 2013：
325-329）．菊池によれば，ユートピアとは「不在の現実的理想」である．その
表現方法は文学・実践・理論に分類可能だが，全体として他の類似の理想国家

論（完全な道徳国家・アルカディア・お菓子の国・千年王国）から区別される．ユート
ピアは，現実に存在する，あるいは存在したものではなく，その実現を目指さ
れるものとも限らない．しかし，そこでは「より具体的な社会が生活の細部ま
で描かれ，また社会制度全体に対する関心が強く，その点でほかの『理想社会
論』よりもより『現実的』なものである」．古代ギリシアに関して菊池は，プ
ラトン『国家』が「完全な道徳国家」に近く理論としてのユートピアに属する
と留保し，さらにアリストテレスの『政治学』が理想の程度の低いユートピア
に属する可能性に言及しながらも，この時代にもユートピア思想が存在してい
たことを否定しない．菊池はクセノポンに直接触れることはないが，この定義
をクセノポンに適用することは十分可能である．眼前の国家に対する批判的視
点を持ち，半ば想像の世界に「政府の理想形態，理想のリーダー，そして善き
社会」の具体像を示してみせるという手法は，プラトンと同程度にクセノポン
にも見出せるからである（Due 2000 : 97）．

　ただし，古代ギリシアのユートピア思想，とくにクセノポンのそれの全体像
を把握するには，この定義を些か拡張する必要がある．なぜなら，プラトンの
『国家』に描かれる理想の背景にソクラテス裁判とアテナイの政治的混乱への
批判的視座があるように，また，アリストテレスの理想国家論が158もの既存
の国制の詳細な分析から導き出されたものであるように，ギリシアのユートピ
ア思想は——モアの『ユートピア』もそうであるが——時代状況への直接的な
批判と地続きであり，とりわけクセノポンの場合はユートピアと現実社会への
批判・評価を分離することが困難だからである．実際，クセノポンは，『キュ
ロスの教育』のように，前6世紀のペルシア王を理想化した文学的ユートピア
を描く一方で，スパルタの国制に賛辞を送ることを通じて，また同時代のアテ
ナイに具体的な改革案を提示することを通じて自身の理想的な国家像を表現し
てもいる．様々な表現形式の中で多角的な視点で論じられるクセノポンの議論
を総合的に理解するために，ここでは，菊池の定義を踏まえながらも，ユート
ピアを「現実的理想」の描写，あるいは広く「理想国家論」として論じていく
ことにする．

　以下ではまず，プラトン・アリストテレスを中心とした古代ギリシアにおけ
る主要なユートピア思想の概略を示す（1）．次に，これらと比較しながら，
クセノポンのユートピア論を，スパルタ・ペルシア論（2），およびアテナイ
論（3）にわけて論じる．これらの議論を通じて，クセノポンのユートピア論

の特徴が，実在の国家に即して語られていること，軍事国家・軍事リーダーに重きを置いていること，そして，民族的・文化的に多元的であることを示す．

1　プラトンとアリストテレスのユートピア論

　古代ユートピア思想を網羅的に論じた J. ファーガソンは，その著作をホメロスから始めている（Ferguson 1975：9-15）．しかし，ギリシア哲学を人間事象へと本格的に向け変え，魂における徳の探求を善き政治の構想へと結びつけたソクラテスの業績は計り知れないほど大きい．実際，後世のユートピア論の具体的参照枠となったのは，ソクラテスの思想を直接受け継いだプラトンと，プラトンの弟子のアリストテレスであった．

　ソクラテスとの対話を中心とするプラトン（前427-347）の思想形成がペロポネソス戦争（前431-404）とそれに伴う数多くの政治的混乱を背景になされたことを忘れるべきではない．ユートピア論を構築する端緒となったこの時期の体験について，プラトンは後年，『第7書簡』で振り返っている（プラトン 1975：108-112）．それによると，当時のアテナイのデモクラシーには以前から多くの批判がなされていた．しかし，ペロポネソス戦争での敗戦を契機に成立した30人政権は，反対派の粛清や財産没収などを行ったため「それ以前の国家体制の方を黄金であると思わしめる」結果になった．その後，短期間のうちにデモクラシーに復帰すると，今度は新しい体制の下でソクラテスが訴えられ，処刑されてしまった．法律習慣が支離滅裂に引き回される有様を目の当たりにしたプラトンは，ついに眩暈を覚え，現状ではどんな国制も悪政下に置かれていると認識せざるを得なかった．ここからプラトンは，直接的な政治活動から一線を画し，哲学によって理想の政治を構想するようになる．

　プラトンのユートピア論における主著は『国家（ポリテイア）』であり，それを貫くテーマは「正義とは何か」である．ソクラテスをはじめとする登場人物たちは，個人に関わる正義の探求を試みるがアポリアに陥ってしまったため，言論の上で理想国家を構築することでその中に大文字の正義を見出そうとする．

　『国家』で構築される理想国家の最大の特徴は，哲学者による統治である．統治者となるべき哲学者は厳格かつ段階的な教育システムの中で徐々に選抜されていく．教育の出発点は軍人の育成である．そこには主に，敬虔と勇気を養うために検閲を施された詩を核とした幼少期の音楽・文芸と，身体の健康およ

び魂における気概の涵養を目指した体育が含まれる．20歳以降，軍事を担ういわゆる補助者から選抜された者は，30歳までに算術，幾何学，天文学，音楽理論を学ぶ．30〜35歳までに，彼・彼女たちは，さらなる吟味を経つつ，問答法によって善のイデアを直接把握する．その後，実践経験を積み，優れた実績を残した者が交代で国家の統治にあずかる．ソクラテスによれば，このような「哲学者たちが国々において王となって統治するのでない限り……国々にとって不幸のやむときはない」（プラトン 1979：405）．

　こうした理想国家の制度面での特徴は，第一に，階層制が整えられていることである．この階層は，統治者（守護者），戦士（補助者），生産者の三つからなり，統治者が知恵，戦士が勇気，生産者が節度という徳をそれぞれそなえている．さらに，各々の階層が割り当てられた職務に専念するという事実の中に，正義が存するとみなされる．これが正義と言えるのは，能力・資質に基づいて各人に階層が割り当てられているため，自らの仕事に専念することがすなわち各人による国家への最大の貢献になるからである．したがって，理想国家において人々は，家系や性別に関係なく，能力によって所属する階層が変更される可能性を持つ．

　第二の特徴は，主に統治者階級で実践される共産制である．この制度には，私的なものに執着し心を奪われるのではなく，国家全体の事柄に奉仕する者を作り出す，という意図が込められている．そのため，公と私の区別を可能な限り廃止し，国家を一つにすることが目指される．この目的に沿って，理想国家では私有財産が禁止され，食事を共同で行い，さらには家族が廃止される．生殖は国家が優生学的に調整した籤に基づいて行われ，子供は国家が引き取って養育し，家族間のつながりが芽生えないように配慮される．こうして個人の，ではなく，国家の幸福が実現されるように制度構築がなされる．

　『国家』で高らかに掲げられた哲学者による統治という理想は，晩年の『法律』では後退していく．『法律』では，クレタ島に建設予定の植民地のための提案という形で『国家』より具体的かつ現実的な国家像が提示される．ここでもプラトンは一人の優秀者による統治が理想であるという見解を堅持しているようにみえる（プラトン 1994：244）．しかし，そのような資質を備えた人物の得難さから，プラトンは哲学者という人の支配にかわって，法の支配を擁護するに至る．これに加えて，立法の目的を徳としながらも，卓越した人物が王として直接統治に携わらず立法者の地位にとどまること，国制が君主制と民主制の

混合であること，さらには『国家』と比べて階層が緩やかであり，基本的に自由民と奴隷・在留外国人の区別しかないことなどは理想主義の後退と評価できるだろう．他方で，国家の位置や海からの距離，市民の数，財産所有の在り方，教育，刑法，そして法を維持するための夜の評議会などの細かな記述は，モアをはじめ後代のユートピア論に思考の枠組みを提供した（菊池 2013：96-109）．

　プラトンの弟子であるアリストテレスは，ソクラテス以来の徳の探求を受け継ぎ，有徳な生活を可能にする善き統治のあり方を探求している．彼は『ニコマコス倫理学』で徳を中庸とみなしたうえで，幸福を「卓越性（徳）に即した魂の活動」と定義した（アリストテレス 2002：29-30）．同書の末尾で彼は，そうした徳を涵養するために不可欠なものとして国家共同体を挙げ，倫理学を政治学への導入と位置付ける．

　理想国家の内容に関しては，アリストテレスはプラトンを厳しく批判している．アリストテレスによれば，国家は多くの異なる人間や要素から成るのであるから，プラトンのように「一つになる方向」を推し進めるとそもそも国家ではなくなってしまう．彼が特に批判するのは，『国家』における妻子と財産の共有制である．プラトンは家族を廃止し，市民がすべての子供の親になる，と言う．しかし，「最大の人数の人に共通なものは最小の配慮しかのぞめない」（アリストテレス 2001：53）ので，公共のものとなった子供たちが配慮され，愛されることも少なくなる．アリストテレスが財産の共有制を批判するのも，同様の理由からである．人々は自分のものをこそ愛し，それを活用して効果を上げ，また他の人々を助ける喜びを得ることができる．共有制はこれらを不可能にしてしまう．

　では，アリストテレスのユートピア論はどのようなものか．彼は，最大多数の国家と人間にとってという条件付きの最善の国制と，そのような条件の付かない理論上の最善の国制の二つを論じている．前者を議論するにあたって，アリストテレスは，国制をある意味国家の生き方であるとみなし，倫理学で論じた中庸をその善きあり方の基準とする．アリストテレスによれば，どんな国制にも存在する，非常に富裕な人々・中間の人々・非常に貧しい人々という三つの部分のうち，最善の国制では中間の人々が支配するのが善い．両極端の人々は傲慢か非行のゆえに理知に従わず，また富める者は支配することだけ，貧しき者は支配されることだけしか知らないため，彼らは主人と奴隷しかいない国家を作り上げてしまう．中間の人々は，理知に従い，彼ら同士が平等で同質で

あるため共同体が友愛に満ちたものになる．アリストテレスの観察するところでは，中間の人々が多い市民の間には最も争いが少ない．まさに「多くのものは，中間の人々に最良のものとして宿る」（アリストテレス 2001：211）のである．

　条件付きでない最善の国制は，議論が途中で終わっており，特に統治機構について不明な点が多い．しかし，プラトン『法律』に倣ったであろう細かな記述から，アリストテレスの理想の一端はうかがえる．まず，国家は経済や軍事面でのメリットを享受すべく海を利用できる場所に建設されるべきである．人口に関して，国家は，「自足な生活の要求を満たすために許されるかぎり多く，一目で見渡すことができる程度に多い人口」（アリストテレス 2001：356）をそなえるべきである．アリストテレスは，国家に必要な要素を列挙し，農業や技術は奴隷を中心に，若者には軍事を，壮年の者には審議と裁判を，そして老人には神事を割り当てていく．市民は共同で食事をし，出産に配慮した年齢で結婚し子供を作る．子供たちは年齢別に公教育を受ける．アリストテレスの記述はこの教育論の半ばで中断している．しかし，彼の記述からは，音楽が重視される教育の目的が，理想国家それ自体と同じく，徳の涵養に向けられていることが読み取れる．

　プラトンとアリストテレスのユートピア論の間には，共有制の評価や中間層の位置づけなどに大きな相違がみられる．しかし両者は，ソクラテス学派として，徳を導くための想像上の国家を構想するという点で共通している．

2　クセノポンのスパルタ・ペルシア論

　プラトン・アリストテレスと比べた時，クセノポンはどのようなユートピア論を構想しているのだろうか．まずは，彼のスパルタ・ペルシア論を検討しよう．

　クセノポンは，人生の長い期間にわたってスパルタ・ペルシアと深いかかわりを持ち，直接的な知識を元に両国制を論じている．アテナイで生まれ育ちソクラテスの弟子でもあったクセノポンは，前401年に，友人に誘われ，ペルシア王アルタクセルクセス2世の弟小キュロスの軍隊に参加した．当初敵対勢力討伐のためと称して軍隊を増強していた小キュロスは，王への反乱を起こすが，討ち死にしてしまう．この時，ギリシア人傭兵部隊の指揮官に選ばれたクセノポンは，異国の地で敵軍に囲まれた部隊を率いて退却に成功する（クセノポン

1993). この部隊は最終的にスパルタの指揮下に入り，コロネイアの戦い（前394年）でアテナイと戦った．おそらくこれが主たる理由でクセノポンはアテナイから追放処分を受け，スパルタ領スキルスで隠遁生活を送ることになる．

　このようにソクラテスのいた母国アテナイに背を向けたクセノポンはスパルタ・ペルシア贔屓であるようにみえる．実際，クセノポンが民主的なアテナイよりも，階層的で軍事に力点を置く両国についてより多く論じ，称賛していることは事実である．では，クセノポンは，スパルタとペルシアをどのように描写し，そこにどのような理想を見出しているのだろうか．

　まず，スパルタについては，その国制について最も詳しく，さらに国制に対するクセノポンの評価が前面に出ている『ラケダイモン人の国制』（以下『国制』）を中心に論じることとする．『国制』は，人口の少ないスパルタがギリシアで「最も強力かつ最も有名な国家と見なされ」（クセノポン 2000：80）ている原因を，他の国とは反対の考えを持つリュクルゴスの法に求め，それに基づくスパルタの習慣を叙述，論評したものである．「強力」という表現からうかがえるように，リュクルゴスの法はスパルタに軍事的な意味での繁栄をもたらすものであった．

　クセノポンの記述は，出産と結婚生活から始まる（クセノポン 2000：80-82）．リュクルゴスの法は，主に国家のために丈夫な子をもうけるにはどうするべきかという視点で定められている．他のギリシア人国家が娘たちに静かに毛織物をするように要求しているのに対し，スパルタでは女性も男性と同様に身体を鍛えることを要求し，体力と走力を競う競技会も開催される．結婚は，丈夫な子を産めるような身体の絶頂期に行うように定められ，場合によっては夫以外の男性から子を設けることも認められる．

　子供を教育するシステムも，善き軍人に必要とされる徳，とりわけ勇気と欲望に対する自制を涵養するために構築されている（クセノポン 2000：82-88）．リュクルゴスは，子供の私的な養育を許す他国の例に反し，集団主義的な年齢別の教育システムを制定した．まず，少年に関しては，少年監督官に子供の監督を任せ監視と処罰の権限を与えた．スパルタでは子供を軟弱にすることは許されず，裸足で歩くこと，年中一着の服で過ごすこと，空腹に耐えることが習慣として定められた．空腹に耐えかねた時には盗むことが奨励されたが，これは軍事的能力の育成のためであり，見つかると処罰された．青年になると，思慮が働く一方で，傲慢になり快楽への欲求が強くなるので，その抑制が求めら

れる．リュクルゴスは，青年に労苦を与えて暇を与えず快楽にうつつを抜かすことのないようにし，また，慎み深くなるように衣服の下に手を入れてうつむいて歩くように定めた．成年期の者は，国家にとって有用性が高いことから，重要役職をめぐる勇気の競争をさせ，有用な人材が選抜されるように仕向けた．老年期の者は，長老政治に参与し，精神に関する競技の判定を担う（クセノポン 2000：96）．しかし，リュクルゴスの法の特徴は，やはり，成年期以降，老年期にあっても狩猟を推奨し，兵役に就くことを求めた点であろう．

　生活様式も，安楽を避け，国家に奉仕する勇敢な人間を育成すべく考えられている（クセノポン 2000：89-93）．スパルタ人は，共同で質素な食事をとる．人々が安楽をむさぼることがないように，そして，贅沢な食事を求めて破滅することがないようにするためである．食卓では世代の異なる人々が同席するので，年少者に慎ましさが生まれるだけでなく，年長者の体験談から年少者が学ぶことができる．財産についての規定も同様に，贅沢を避け，私的な欲求を助長しないように工夫されている．たとえば，リュクルゴスは他人が所有する奴隷，狩猟犬，馬の使用を可能とした．スパルタでは完全な共産制がしかれているわけではないが，財産所有の格差を縮小し，多く持つことのメリットが少なくなるような制度が作られている．財産に関して最も特徴的なのは金銭についての規定であろう．リュクルゴスは，自由人に金儲けを禁じ，「国家に自由をもたらす活動」（クセノポン 2000：92）のみに従事することを求めた．スパルタ人の間では，豊かになることがないように平等が徹底され，金銀の所有者が罰せられただけでなく，不正な金儲けができないように大きな貨幣を作って隠匿を防止した．スパルタでは金銭の所有に苦痛がともなうのである．

　他のギリシア国家と正反対の特徴を持つこうした教育や生活様式は，つまるところ軍事力の増強に向けられている（クセノポン 2000：95-96, 98-104）．リュクルゴスは，軍隊の編成，野営の仕方，軍事訓練の仕方などを定めるだけでなく，「恥辱の生よりも名誉の死を選ぶようにさせた」（クセノポン 2000：95）．リュクルゴスは，人々を勇敢にするために，臆病者が不幸になるように仕向けた．スパルタでは，臆病者は競技の際にのけ者となり，道や席を譲らなければならず妻をめとることもできない．彼らは勇敢な者から鞭で打たれさえする．このような法と習慣によってスパルタ人は軽蔑されたみじめな生よりも戦場での死を選ぶようになる．

　このように，スパルタでは「きわめて古くからの」（クセノポン 2000：97）法

によって集団主義的かつ軍事に特化した特異な国制が構築された．クセノポンは著作の所々に自らのコメントをさしはさみ，リュクルゴスによって作り出された諸制度に賛辞を送っている．スパルタの国制は，クセノポンのみならず他の哲学者にも強いインパクトを与えた．特に，女性の訓練や共同食事，年齢別の公教育制度などは，プラトン『国家』への直接的な影響を推測させるものである．

　ペルシアに関しても，ペルシア領内で現地人との直接的な交流のあったクセノポンは，自らの知見を著作に書き記した．『キュロスの教育』はその集大成である．クセノポンによれば，人間が人間を支配することは極めて困難であるのに，キュロスは「多くの人間，多くの都城，多くの種族」（クセノポン 2004：5）を支配した優れた王であり，賢明な方法を用いれば人間による人間の支配が不可能でも困難でもないことを示した．『キュロスの教育』ではそのキュロスの生まれ，性格，教育などクセノポンが知り理解したことが詳述されている．クセノポンの記述は，史実に基づきながらも，キュロスの死の描写など重要な点でそこから逸脱している．彼は理想化したペルシアやその支配者をギリシア人の手本とすることを目指していたと思われる．この点で，『キュロスの教育』はユートピア思想の表現である．

　クセノポンは，まずキュロスを育てたペルシアの教育システムを叙述していく．ペルシアの教育システムは，スパルタに似た，あるいはクセノポンがスパルタに似せて描写した，年齢別の教育システムとなっている（Ferguson 1975：59-60）．スパルタと同様，ペルシア人男性は4つの年齢層に区別され，各層に割り当てられた指導者の下で，公への配慮，そして節度と軍事鍛錬を重視した教育を受ける．ペルシア人は，少年期に基礎的な訓練をしながら節度と服従を学び，青年期に狩猟を通じてそれらを完成させ，壮年期には軍事の中心となるだけでなく役人としても活躍し，老年期には戦争から身を引いて裁判に従事する．ペルシアの教育に特有のものとして，少年たちが通う正義の学校が挙げられる．少年たちは，彼らのいざこざについて指導者が下す判決を通じて，あるいは時には自ら判決を下す経験を通じて正邪の別を学んでいく．キュロスは，こうした教育によって正義を「完全に理解」（クセノポン 2004：23-24）したと述懐している．

　このような教育を受けたキュロスは，やがてオリエント世界を手中に収める大国を建設するに至る．クセノポンは，彼の偉大な功績を彼の資質に紐づける

ことで理想的なリーダー像を描いている．キュロスが持つリーダーの特質として顕著なのは，まずもって軍事的な資質である．キュロスは，幼少期に高度な軍事教育を受けただけでなく，知識欲，向上心，勇敢さなどを少年期にすでに示していた．指揮官になってからは，優れた戦術家であり敵の虚をつく奇襲にも長けていたが，クセノポンは，食料や武器の調達，軍隊の編成など細部にわたってキュロスが行った工夫に言及している．キュロスは，とりわけて支配術にも長けていた．彼は自らの知恵や勇敢さを見せるだけでなく，飲食や贅沢品に対しては節度を，そして労苦に対しては忍耐をも示すことで，兵士たちを驚嘆させ，自ら進んで服従するようにさせることができた．

　キュロスは友の接し方においても徳をそなえていた．彼は，部下を友人と同様に親切に扱うように，そして善事をともに喜び災厄をともに苦しんで困難を取り除くように心がけた（クセノポン 2004：55-56, 351）．キュロスは，食事の席で自らの食事を部下に分け与えるだけでなく，貴族と平民の区別なく有能な者の功績を評価して褒賞を与えた．敵に対しても寛容であり，敗れた敵将を許し，味方に組み込むことにも巧みであった．彼の寛容な態度は，彼の軍隊が多様性をもち，様々な地域へと支配を拡大するのに役立った．クセノポンによるとペルシアの小部隊を率いて遠征に出発したキュロスは，最終的には名前を挙げられているだけでも20近い言語の異なる民族を支配することができた（クセノポン 2004：6-8）．キュロスはまさに，友を利し敵を害する理想の指導者として描かれている．

　プラトン・アリストテレスと比較したとき，クセノポンは現存した国家に即して，軍事的要素の強い国制，あるいはリーダーを理想としているようにみえる．しかしながら，一種のユートピアとして描かれているようにみえるスパルタもペルシアも，クセノポンは手放しで称賛しているわけではない．スパルタに関してクセノポンは，『国制』第14章で，当時のスパルタがリュクルゴスの法を順守せず堕落してしまったことを批判している．これはリュクルゴスの法そのものへの批判ではないが，P. クリステセンは『ヘレニカ』を参照しながら，ペルシア戦争以後のスパルタの覇権国家からの凋落は，『国制』で称賛されたスパルタらしさが原因であると指摘している（Christesen 2017：387-397）．スパルタ人は，上の者がいる場合服従し欲望を自制するが，上からの締め付けがない支配者の座につくと，下の者の幸福に配慮せず自らの利益を追求して反発を招いてしまう．『キュロスの教育』でも，同様に，キュロスの死後のペル

シア人の堕落が批判されている．これは生前のキュロスの偉大さを際立たせていると解することもできるが，プラトンが『法律』で論難するようにキュロスが後継者の教育に失敗したとみなすこともできる（プラトン 1994：199-203）．さらに，M. タミオラキは，生前においてもキュロスは，狡猾なペテン師として描かれており，バビュロン占領後には僭主化する傾向があると主張している（Tamiolaki 2017：190）．キュロスは自己の安全を気にして周囲を警戒するようになり，権力を誇示して他者をコントロールしようと試みた．

　クセノポンは，スパルタ・ペルシアと深く，ときには友好的な関係を持ったが，両国に対して盲目的な賛辞を送ったわけではない．もちろん，欠点があるからといってユートピアでなくなるわけではない．しかし，彼の理想国家論の全体像を把握するためには，彼が直接関係を持ったもう一つの都市，祖国アテナイについての議論を検討する必要がある．

3　クセノポンのアテナイ論

　ペルシアに渡り，スパルタ軍とともに祖国アテナイと戦って追放処分を受けたものの，クセノポンは反アテナイ主義者であったわけではない．プラトンと同じように，アテナイに生まれ育ったクセノポンは，アテナイの哲学者ソクラテスの弟子であり，彼に学び，著作活動の中心テーマはソクラテスであった．『家政論』，『メモラビリア（ソクラテスの思い出）』，『陪審団に対するソクラテスの弁明』，『饗宴』といった著作で彼はソクラテスの言動を記録し，哲学者としての姿を称賛することを通じて，彼の徳への関心，そして善き生と善き政治の探求を継承した．確かにソクラテスが説く徳の追求はエリート主義的であり，デモクラシー批判と受け取れる部分もある．知恵や技術を有する者ではなく，籤に当たった者が公職に登用されるというデモクラシーの実践は，彼の批判の的でもあった（クセノポン 2011：15）．しかし，C. タプリンが言うように，ソクラテスはデモクラシーを批判したが，デモクラシーを全否定したわけではなかった（Tuplin 2017：355-358）．彼はアテナイに住み続け，その権威に従った．クセノポンも，国外には出たものの，ソクラテスと同様，アテナイそのもの，デモクラシーそのものに否定的であったわけではない．

　実際，クセノポンは，アテナイ・スパルタ間の関係改善にともない，前362年頃に追放が解かれ，この時期にアテナイとの関係を修復している．彼がアテ

ナイを訪れたかどうかは議論の余地があるが，彼はスパルタで教育を受けさせていた二人の息子をアテナイの騎兵隊に参加させている．そのうちの一人，グリュロスはマンティネイアの戦い（前362年）で英雄的な死を遂げ，イソクラテスやアリストテレスらが彼を称える作品を著している．クセノポン自身は，晩年に著した一連の小作品のうち，『騎兵隊長について』と『ポロイ』の二作品をアテナイへの政策提言に捧げている．以下では，国制論に直接関係する『ポロイ』を取り上げる．

　『ポロイ』は，元々「方策」や「道」を意味する．本書が通常『政府の財源』と訳されることからわかるように，政治経済的な文脈では，政策や財源を意味する．したがって，クセノポンは，本書でアテナイの財政政策についての助言をしていることになる．彼の助言は時局に即した現実的なものであるものの，その根本には徳に基づく理想の国制論があるため，ここから彼のユートピア思想を読み取ることができる．

　クセノポンの助言の具体的内容を理解するには，助言がなされた歴史的文脈を把握しておく必要がある．ペロポネソス戦争（前431-404）終結後，ギリシアの国際情勢は混迷の度を深めていた．ペロポネソス戦争でアテナイを破り覇権を握ったスパルタは，アテナイ・テバイ・コリントスなどの反スパルタ連合国との抗争を続け，ついにはレウクトラの戦い（前371）でテバイに敗れ覇権国の座を譲り渡すことになる．その後，今度はスパルタとアテナイが同盟を組んで対抗したため，テバイはマンティネイアの戦いを機に弱体化していく．この間，アテナイは第二次アテナイ同盟を結び覇権国に対抗していたが，同盟諸市の離反が相次ぎ，同盟都市戦争（前357-355）へと突入してしまう．クセノポンの提言は，相次ぐ戦争を戦い，同盟都市戦争直後の疲弊したアテナイに対してその再建のためになされたものである．

　クセノポンは，当時のアテナイの指導者に対する批判から『ポロイ』を始めている．彼らは正義を認識していると称しているが，民衆の貧しさゆえに，他国に対して不正を働かざるを得ないと言っている．実際に，当時のアテナイは，スパルタやテバイなどの覇権国に対抗しながらも，自らも拡張政策をとっていたため，他のギリシア人はアテナイに対して「疑惑」（クセノポン 2000：108）を抱いていた．クセノポンは財政政策を改善することで，民衆を豊かにし，アテナイを対外的に正しい国家にすることができると考えている．

　クセノポンが言及するアテナイの財源には農業や大理石の採掘なども含まれ

るが，とくに彼が力を入れて論じているのは外国人の扱いと銀山の開発の二点である．まず，前者に関してクセノポンは，商業の活性化と税収確保のために，外国人の待遇を改善すべきであると主張する（クセノポン 2000：110-114）．国家に多くの貢献をしつつ納税もしている在留外国人に対しては，在留外国人監督官という役職を設けて管理体制を整え，住環境を整備し，さらに騎兵隊への参加権を認めることによって名誉を与える．アテナイを訪問する商人に関しても，優れた市場監督官に賞金を与えて商環境の整備を促すとともに，宿・住居・店舗を確保し，さらには国家に貢献した外国商人に劇場で最前列に座れるなどの名誉が与えられるべきである．このような措置によって，外国人の好意を得ることができるので，多くの外国人がアテナイへの居住や，アテナイとの交易を望むようになる．

『ポロイ』で最も長く議論されるのが銀山の開発である（クセノポン 2000：114-124）．アテナイは領内に銀山を保有しているため，その開発によって莫大な収入を得ることができる．クセノポンによれば，銀は平和時にも戦時にも有用であるだけでなく，アテナイが持つ銀山の埋蔵量も多い．彼は，国有奴隷による採掘と，リスク分散のために十の部族がそれぞれ手分けして新鉱山発掘に取り組むべきであると提案している．こうした銀山の開発により，アテナイは他国との関係にかかわらず，自国の資源で豊かになることができる．

『ポロイ』からうかがえるクセノポンの国制論は，プラトンとアリストテレスのユートピア論から大きく異なっている．第一は，外国人の位置付けである．プラトンにしろ，アリストテレスにしろ，政治の目的は徳の涵養であり，その主たる対象は市民である．外国人の存在は，国内で培ってきた徳についての価値観を破壊する恐れのあるものとして，警戒の対象である．プラトンが『法律』（プラトン 1994：224-227）において，アリストテレスが『政治学』（アリストテレス 2001：358-360）において，国家の必要のために外国との交易を容認しながらも，港の位置に注意を払い，中心部から遠ざけようとしたのはこのためである．クセノポンにはこのような警戒心はみられない．若くして海外に渡り，外国人とのつながりも深かったクセノポンは，彼らとの交流から生まれるメリットの方を評価している．

第二は，商業の評価である．プラトン『国家』では，経済活動は社会の最下層の人々が担うものである．上層階級の守護者は，経済活動に従事しないばかりか，私有財産の共有化に顕著であるように，物質的な欲求を抑制し公に奉仕

することが求められる．アリストテレスは貨幣を媒介として儲けを生み出す商業を自然に反するものとみなして否定的に論じており，彼の徳論の中にも金銭獲得それ自体が入る余地はない．『ポロイ』は著作の性質上実践的な提案を主要テーマとしているという理由もあるが，クセノポンが国家財政のために商業を促進し，富の獲得を肯定的に語っていることは確かである．

最後に，『ポロイ』の提言は，これまで論じてきたクセノポン自身の議論とも異なる特徴を持つ．スパルタとペルシアに対する賛辞からは，クセノポンが軍国主義者で，対内的には抑圧的，対外的には拡張的な国家を肯定しているようにみえる．クセノポンの軍人としてのキャリアを考えれば，これは当然と思えるかもしれない．しかし，『ポロイ』においてクセノポンは，軍事や指導者の質の重要性を説きながらも，財政政策を正義と結びつけることを主張している．彼が求めているのは軍事的拡張や無制限の豊かさではなく，豊かさによって可能となる不正義の抑制である．

このようにアテナイの現状批判と提言からは，国制論一般につながる，クセノポンの確固とした理念がうかがえる．『ポロイ』では，外国人に門戸を開き，商業を促進するという財政政策が，正義という徳に基づくべきであるというクセノポン特有の有徳国家論が展開されている．

おわりに

本章では，ユートピアを理想国家論と幅広くとらえ，プラトン・アリストテレスを基準にクセノポンと比較することで，古代ギリシアの，とりわけソクラテス学派のユートピア思想を論じてきた．クセノポンのユートピア思想を理解するには，著作のジャンルと視点が多様であるため，諸著作から総合的に理解し最大公約数を導く必要がある．その大まかな特徴は，第一に，実在した国家の描写や評価から成り立っていることである．彼の議論は理想化や取捨選択がなされているとはいえ，プラトン・アリストテレスと比べると，空想的というより歴史的に存在した国家に即したものであった．第二は，軍事面，軍事的リーダーの重視である．この特徴は，勇気よりも知性を，戦争よりも内政を重視するプラトン・アリストテレスとは対照的ではあるが，クセノポンは軍国主義的な拡張政策を必ずしも肯定しているわけではない．第三は，多角的な視点である．プラトンとアリストテレスはアテナイで学びポリスの政治学を論じて

いる．クセノポンはアテナイを論じてもアテナイ中心主義者ではないし，ギリシア人であってもギリシア人を超える視点を持つ．

　最後の点はクセノポンの現代的意義と直結している．『キュロスの教育』にプラトン『国家』に比肩するユートピアを見出したB. デューは，クセノポンの偏見のない多民族的な視点にこそ現代における可能性があると主張する（Due 2000：101-102）．しかし，むしろその視点はクセノポンのユートピア論全体にあてはまるだろう．ソクラテスから善き生の探求と徳を目指した政治という理想を受け継ぎつつも，クセノポンの視点は常に外国や他者に開かれていた．これはソクラテス思想の一つの展開例である．古代ギリシアのユートピア思想は，クセノポンを加えて初めてその全体的な見取り図を描くことができる．

参照文献一覧

Christesen, Paul 2017 "Xenophon's View on Sparta" in *The Cambridge Companion to Xenophon.* Michael A. Flower（ed.）（Cambridge University Press）.

Due, Bodil 2000 "The Utopia of Xenophon" in *Proceedings of the Danish Institute at Athens III.* Signe Isager and Inge Nielsen（eds.）（Aarhus University Press）.

Dorion, Louis-André 2017 "Xenophon and Greek Philosophy" in *The Cambridge Companion to Xenophon.*

Ferguson, John 1975 *Utopias of The Classical World*（Thames and Hudson）.

Tamiolaki, Melina 2017 "Xenophon's Cyropaedia: Tentative Answers to an Enigma" in *The Cambridge Companion to Xenophon.*

Tuplin, Christopher 2017 "Xenophon and Athens" in *The Cambridge Companion to Xenophon.*

アリストテレス　2001『政治学』牛田徳子訳，京都大学学術出版会.
―――　2002『ニコマコス倫理学』朴一徳訳，京都大学学術出版会.
菊池理夫　2013『ユートピア学の再構築のために――「リーマン・ショック」と「三・一一」を契機として』風行社.
クセノポン　1993『アナバシス――敵中横断6000キロ』松平千秋訳，岩波書店.
―――　2000『小品集』松本仁助訳，京都大学学術出版会.
―――　2004『キュロスの教育』松本仁助訳，京都大学学術出版会.
―――　2011『ソクラテス言行録1』内山勝利訳，京都大学学術出版会.
プラトン　1975「書簡集」長坂公一訳，『プラトン全集14』岩波書店.
―――　1979『国家（上）』藤沢令夫訳，岩波書店.
―――　1994『法律（上）』森進一他訳，岩波書店.

第2章　モアとルネサンス・ユートピア

菊 池 理 夫

は じ め に
―― 『ユートピア』と『太陽の都』――

　ジャンルとしてのユートピア文学は T. モア『ユートピア』（1516年）から始まり，『ユートピア』の影響からルネサンス期に数多くのユートピア作品が書かれるようになる．この時期のユートピア作品について，私はすでに『ユートピア』から F. ベーコンの『ニュー・アトランティス』（1627年）までの作品をルネサンス・ユートピアの定義を求めて比較研究した（菊池 2013：140ff.）．本章では，ルネサンス・ユートピア文学の始まりである『ユートピア』と終わりに位置する T. カンパネッラ『太陽の都』（1602年）を対照させてルネサンス・ユートピアとは何なのかを再考したい．

　ロシア革命の指導者 V. I. レーニンは1918年10月革命年の一周記念計画のために「プロパガンダの記念計画」を提案し，クレムリンの近くに建てられたオベリスクには，モアとカンパネッラの名前があった（Stites 1989：90）．20世紀のはじめには，『ユートピア』とカンパネッラの『太陽の都』（1602年）が共産主義の実現を目指したユートピア作品の代表的なものであったといえる．しかし，ソ連消滅後の21世紀の現在，二つの作品には何のアクチュアリティがあるのか．過去の社会主義者が評価したのとは異なる意義がこの二つのユートピア作品にあるのだろうか．このようなことを本章では論じていきたい．

　私が序章でしたユートピアと他の理想社会論の区別やユートピア内部の分類，「文学としてのユートピア」「理論としてのユートピア」「実践としてのユートピア」の区分が一般的にも，本書の他の章でも区別されずに使われている．そのため，社会科学で一般に使われるユートピア理論は『ユートピア』から始

まっていないことをここで改めて指摘したい．F. エンゲルスやK. マンハイムはドイツ農民戦争 (1524-1525年) の指導者であるT. ミュンツァーからユートピアを論じ，またK. ポパーやH. アレントは暴力によって実現する人為的な社会であるユートピアの起源にプラトン哲学を置き，彼らのユートピア理論を展開する．また彼らにとってユートピア実践がユートピアそのものであり，肯定するにしろ，否定するにしろ，ユートピアが革命運動としての千年王国運動と同じものになる．千年王国をユートピアの一部であると限定するのであればまだしも，その内容が暴力革命によって共産主義を実現させようとするような理論や実践は，ユートピア理論や実践ではなく，千年王国の理論や実践である．

　中国における千年王国を論じた三石善吉によれば，ユートピアと千年王国は区別され，「抑圧されたる臣民の反抗の教義」が千年王国であり，知識人が現実の堕落した政治を理想の政治から批判し，君主による政治的な改革を期待するものがユートピアである (三石 1991：4-5)．彼は千年王国の系譜をカンパネッラから毛沢東まであげるが (三石 1991：38)，ユートピアの系譜については何も論じない．『ユートピア』を書いたモアは知識人であっても，それが「君主」による改革を期待したものではない．また『太陽の都』は千年王国的だとしても「『ユートピア』と『太陽の都』の違いは，ユートピアと千年王国の違いからではなく，ルネサンス時代の二つの文化の違いからであり，それがユートピア理論やユートピア実践に関する違いとなっていることを本章では明らかにしていきたい．

　社会科学で一般的に理解 (誤解？) されるユートピア理論はモアの『ユートピア』から始まっていないが，ユートピアとは何かという意味でのユートピア理論は，『ユートピア』から始まっている．つまり，『ユートピア』にはユートピアそのものに対する批評性があり，現代的にいえば，ディストピアの元祖としての要素も『ユートピア』にはある．『太陽の都』にはこの要素がない．また『ユートピア』には未来に実現されるというユートピア実践の要素がなく，『太陽の都』にはユートピア実践の要素がある．一般的には，T. ミュンツァーが近代の千年王国の系譜の始まりに置かれるように，一般的な意味でのユートピア実践は，ルネサンスではなく，M. ルターの宗教改革 (1517年) と関係し，17世紀のイギリスのピューリタン革命はその延長上にある．その革命よりもそこから生まれたユートピアの実践として，奇妙に思われるかもしれないが，「海賊ユートピア」を最後に取り上げたい．序章でイギリスの近代国家や資本

主義の起源に海賊行為があることを指摘したが，実は近代国家や資本主義を乗り越えようとした「海賊」がある.

1　『ユートピア』とレトリックの伝統

『ユートピア』が生まれた16世紀初頭は時代的には初期近代であり，文化史ではルネサンス時代である. 時代はある時点で根本的に変化することはないが，1492年という年に起きた二つの出来事が西洋の近代国家成立を象徴的に語っている. それはイベリア半島からのイスラム教徒の追放，いわゆるレコンキスタ（国土回復運動）の完成とスペイン王国が支援したコロンブスの「新世界」発見という二つの事件である. ともに新たに統一されたスペイン国家と関係し，その後キリスト教ヨーロッパ諸国がイスラム諸国をおさえ，世界中に侵略していく時代の幕あけとなった事件であるが，二つとも『ユートピア』の成立と関係している.

　まず，イベリア半島から古代ギリシア・ローマ研究が盛んであったイスラム教徒が追放されたことはイタリア以外でも，古代ギリシア・ローマ研究が活発になる傾向を強めることになった. モアは法律家であり，外交の仕事もした実務家でもあったが，「アルプス越え（北方）ルネサンス人文主義（ヒューマニスト）」の代表的な人物である D. エラスムスと実際に親交を持ち，ラテン語の共訳で 2 世紀ギリシアの風刺作家ルキアノスの『対話集』を出版するほど，ルネサンス人文主義者として活躍した. 「アルプス越え人文主義」は，キリスト教古典（古代ギリシア語の新約聖書も含む）の研究も積極的に行ない，それを応用した宗教や社会の改革を主張したために「キリスト教人文主義」とも呼ばれた. さらにイタリア人文主義者にはギリシア・ローマ古典研究を現実の政治に適応し，共和主義を主張する「政治的（civic）人文主義者」と呼ばれる傾向もあり，実務家であったモアは「政治的人文主義者」でもあった. 『ユートピア』にはエラスムスを始めとする当時の「アルプス越え人文主義」の代表的な人物たちが推薦の書簡を書いているように，この人文主義の代表的作品の一つでもあった. この人文主義者の中心的な学問は，古典古代から哲学と対立する弁論術（レトリック）であり，実践的な知を重視するものである（菊池 1987）.

　つぎに「新世界発見」であるが，『ユートピア』は，新大陸の名前のもとになったアメリゴ・ヴェスプッチの航海を共にしたラファエル・ヒュトロダエウ

スが実際に「新世界」で見聞したユートピア社会について語るという形式を取る．アメリゴ・ヴェスプッチの『四回の航海』は1507年にラテン語で出版され，新世界では倫理的には快楽主義（エピクロス派）であり，財産の共有制が行われているという記述があり，モアが読んだことは間違いない．ただ，『四回の航路』は完全なフィクションかもしれず，ヴェスプッチはルネサンス人文主義者であり，モアと同様に想像上で「新世界」を現実にあり得るものとして描いたかもしれない（菊池 2013：122ff.）．ただいずれにしろ，『ユートピア』は「新世界」の情報を最も早く取り入れた架空の旅行記という作品でもある．

　このような現実世界と異なる「古典古代」と「新世界」という二つの世界から触発されて構想されたのが『ユートピア』という作品である．モア個人にとっても，『ユートピア』の第一巻の冒頭にもあるが，イギリスとカスティリア公国との外交交渉の一団として，フランダースに派遣され，その仕事が一段落した時に，第二部のユートピア社会を構想した．つまり，自由な時間と異国の地という時間的にも，空間的にも日常性から離れたなかで現実とは隔絶した世界を構想できたのである．このことはもっと大きな観点からいえば，『ユートピア』は16世紀初め，中世から近代に移行する時期のヨーロッパ，まだ新しい方向性は見えない過度期に書かれた「物語（フィクション）」であることを意味している．この点で，『ユートピア』が近代の春の，あるいは中世の秋の出来事なのか，モアが近代人か中世人かなどと問うことはあまり意味がない．いつの時代も過度期であるかもしれないが，とりわけ16世紀初頭はヨーロッパだけでなく，世界が大転換していく大過度期にあり，現在もそのような時代であるとしたら，『ユートピア』のアクチュアリティは，むしろ現実社会とはまったく異なる社会（「異界」）を現実にあるかのように構想した物語にある．この点で『ユートピア』が資本主義を批判し，それを克服する社会主義を描いた進歩的な先駆的作品であるという理解は，もはやなくなったと思われるが，間違った見方である．16世紀初めは資本主義や貨幣経済は始まっていたとしても，それが社会全体の原理ではまだなく，それを克服する社会主義・共産主義が未来に実現できるとモアは予言したのであれば恐るべきことである．またユートピア人が勤勉に労働し，資本を蓄えたことに近代資本主義精神の萌芽があるとか，ユートピア人が植民地を作って，戦争することなどからイギリス帝国主義の萌芽があるとかのような解釈もあったが，これもそのような近代精神をモアが持てるはずがない．さらに，ユートピア社会がソ連の体制と類似することか

ら，監視社会あるいは全体主義社会を描いたとものとして，『ユートピア』を批判する理解や，極端な解釈ではそのような抑圧的社会をモアが意図して書き，批判したという理解も，あまりに現代に引き付けすぎた『ユートピア』解釈である．

　『ユートピア』は，一方的に理想社会を提出している作品ではなく，全体が対談（正確には鼎談）の形式を取り，そのなかでラファエル・ヒュトロダエウスという架空の旅行家が文中のモアにユートピア島について語る物語である．それは決してユートピアを一方的に称賛している作品ではなく，むしろユートピアに対する「アイロニー」としての作品である（菊池 1987：2章）．「ユートピア」という言葉自体，ギリシア語から造語された「善い場所」と「どこにもない場所」の両方の意味を持つ掛詞であり，ヒュトロダエウスもギリシア語では「バカ話の大家」の意味である．またモアのラテン語読みモルスはエラスムスによれば，「痴愚」の意味にもなる（エラスムス／モア 2015：21）．その点で，彼が語るユートピア社会のすべてが作者であるモアの理想かどうか，真面目か冗談か決められない作品である．『ユートピア』は哲学的作品ではなく，レトリックの作品，とりわけエラスムスの『痴愚神礼讃』と並ぶルネサンスを代表するルキアノス的風刺作品である．その点で『ユートピア』はラテン語で書かれ，ギリシア語もわかる当時の政治的人文主義者に対して書かれ，「楽しさに劣らず有益な黄金の小著」（『ユートピア』の正確なタイトルの一部）を目指したものである．

　ただしユートピア記述の目的は『ユートピア』の第1巻ではっきりと語られている．ヒュトロダエウスは，旅行記にはありふれた「怪物談義」ではなく，めずらしい「健全かつ英明な制度をもった市民たち」に関する「われわれの都市，部族，民族，王国がその誤りを矯正するために模範たりうるような少なからぬ事例」について語った（モア 1993：62-63）．私はここに中世の「旅行譚」から区別される「ユートピア文学」の起源をみる．つまり怪物のような世界の驚異ではなく，自分達よりも優れた制度を持った社会と市民について語る政治小説としてのユートピアの誕生である．ヒュトロダエウスによれば私有財産制や貨幣制が廃止されない限り，正義や民衆の幸福はなく，その実例として「新世界」に財産共有制を採用するユートピア人の社会がある．聞き手のモアは共有制については懐疑的であるが，ユートピア島のすべてを知りたいという好奇心を示して第2巻のユートピア島の記述になる（モア 1993：110ff.）．

　共有制に関しては，『ユートピア』のなかでも，プラトンの『国家』や原始キリスト教にもあったことが語られ，「新世界」や他に古代スパルタ人の共有制などもモアは知っていたと思われるが，問題とすべきなのはなぜ共有制が当時の社会の「誤りを矯正する……模範」と考えられたかである．その誤りの例としては，第1巻で，イギリスの羊毛が高く輸出されることから農民の共同耕地が牧草地に囲い込まれ，「金持ち」の地主から土地を追われ，都会に出て乞食か窃盗をするしかなくなり，「羊が人を食う」というヒュトロダエウスが批判した「囲い込み」がある（モア 1993：74-75）．ヒュトロダエウスは第2巻の最後の方で当時のヨーロッパでは王侯貴族たちが貧しい民衆を牛馬以上に酷使する状態を「公共社会という名と権利を利用して私利を貪る金持ちの共謀」であると批判する（モア 1993：241）．公共性を追求すべきである国家（「公共のもの」）が「金持ち」の私利私欲追求の道具になっているが，その根本的解決のために，貨幣が廃止された共有制があることをヒュトロダエウスは主張するのである．

　K. マルクスは『資本論』第一巻で「民衆に対する暴力的な土地収奪」の「原初的資本蓄積」の例として『ユートピア』の「羊が人間を食う」に言及しているが，マルクスも論じているように，この「囲い込み」はイギリス国教会成立時の修道院解散没収や18世紀の産業革命のときの「第二次囲い込み」と比べれば，それほど土地所有の変動は大きくなく，資本主義や貨幣経済が本格化する以前の出来事である（マルクス 2005：510ff.）．その点で，モアの囲い込み批判は，農業が基盤である封建制社会が崩れていく象徴として強調されたものであり，私利私欲の追求を批判することは時代の変化（進歩？）を否定するものである．またその解決策としての共有制をモアが信じたかどうかは別の話である．『ユートピア』のなかで，ヒュトロダエウスの主張に対して，文中のモアは宮廷では彼のような絶対的に正しい普遍的な「観念的な哲学」は受け入れられず，社会の現実生活によりあった政治的な哲学が必要であると主張する（モア 1993：105-106）．文中のモアによれば，間違った意見や慣習を根本から否定し，新奇な考えを押しつけようとしても，現実の政治の世界では受け入れられることがなく，少なくとも現状を悪化させないための実践的な哲学が必要である．「万事がうまくゆくということは，すべてのひとが善人でないかぎり不可能ですし，そういう状態は長年月待っても実現できる」ことはないからである（モア 1993：106-107）．

　私はここに「哲学の知」と「レトリックの知」の対立を見る．ヒュトロダエ

ウスは旅行家でもあるが，プラトンに例えられる純粋な哲学者の立場である．これに対して対話者のモア，歴史上のモアは，共有制の実現を求めたことは一度もなく，そう意味ではもちろん革命家ではなく，現実的政治家である．『ユートピア』は普遍主義的な政治哲学の本ではなく，革命的変化を要求する政治綱領でもなく，ある仮定のもとで現実の国家とは対照的な国家における市民の生活を具体的に記述することによって，より善い政治社会を読者（モア自身と同じようなルネサンス人文主義者）に探究させる思考実験の物語（政治小説）である．つまり，異時間・異空間（古典古代や新世界）の情報を背景に，現実の世界に対する疑いとそれに対する批判から，現実とは根本的に異なる社会を具体的に（現実的に）描いた虚構の実例がユートピア社会である．

　『ユートピア』本文に，ユートピア人の制度の目的は明瞭に述べられている．それは「全市民に対して，公共の必要という点から許されるかぎり最大限の時間を，肉体労役分から解放し，精神の自由と教養のために確保する」ことである（モア 1993：141）．また彼らの倫理学の基本である快楽主義は「自然の掟に従って生活をすることを「徳」と定義して」，「自然」の要求に従った「共通の絆」を結び，「相互扶助」を進めるものである（モア 1993：168）．つまり，「精神の自由と教養」はその後の功利主義者のように個人の快楽のためにあるのではなく，「相互扶助」のためにあるのである．ユートピア社会の基本的制度，共和政・共有制はこの目的のためにある．ただユートピア国は市民の生き方の目的が定められ，すべての人間が原則として農業に従事し，1日6時間とはいえ農業に従事し，それ以外にも嫌な労働を強制される犯罪者（奴隷）が存在し，また財産や食事などが共同であることは，現代の自由主義国家から見たときは個人の自由を認めない全体主義国家であると思われるかもしれない．とりわけ，ユートピア人は家も私的所有ではなく，「プライバシーというものがな」く，「みんなの目が見ている」から労働するか不名誉でない娯楽するかのいずれしか出来ないという記述からは（モア 1993：127，152），現代の「監視社会」を想像する人がいるかもしれない．

　しかし，まず注意してほしいのは，これはもちろん新しいテクノロジーを使った政治権力による監視ではなく，あくまで「相互扶助」のための市民相互の監視であり，しかも，その監視者には死者，先祖も含まれているのである．ユートピア人は「死者は生者のあいだを，生者の言行の監視人として歩きまわっている」ことを信じている（モア 1993：226）．ユートピア社会はいわば

「生者と死者のコミュニティ」という側面もあり，現代社会のように個人が現在の快楽や利益を追求することを当然のこととする社会ではない．またユートピア社会の目的はあくまでも市民相互を助け合うための「精神の自由と教養」にあり，「公共の必要」や肉体労働の強制にあるのではない．M.フーコーのいうような労働させ，犯罪を予防するための監視する権力ではなく，市民自らが完成に向かって「精神の自由と教養」を高めるための相互の監視である．ユートピアでは自由と強制が調和されたものとして描かれている．モアの『ユートピア』に関する最初の私の論文でもふれたように（菊池 2013：87），若干例をあげると，① 職業選択は自由であるが，「自然の性向」で父親の職業に就く（モア 1993：134）．② 労働，睡眠，食事以外は自由時間で「自分の好みに従い」何かをするが，たいていは早朝の「公開講義」に出席する（モア 1993：135）．③ 共同食事は強制されないが，自宅で食事することは行儀が悪く，会堂での食事の方が美味で豊富であるので誰も進んでそうしない（モア 1993：147）．

　住民に「教養と人間的洗練」と宗教的寛容を与え，ユートピア国を建国したユートプス王が存在したが（モア 1993：121, 221），その後王政が存在しているかどうか何も論じられていない．ユーピアの政治体制は基本的には混合政体の共和政治であり，民会という総会と実際の政治行政を行う「都市頭領」と「長老会議」があるが，これは世襲制ではなく，「学者グループ」から選出される．モア自身も貴族出身ではなく，法律家から最終的には大法官という国王を除く最高の権力者になるであり，「精神の自由と教養」を獲得した「人文主義者」が政治・行政家になることを当然と考えているのである．当時イギリスでも近代国家へ向かうための王権の強化がなされていたが，モアは王政を否定しないものの，王権の絶対化に対しては否定的な政治的人文主義者であった．モアは1518年に出版した『警句集』に王と元老院（イギリスでは議会にあたるだろう）の統治を比較する「最善政体」では，数の故に元老院が優れたものであるという．「元老院は民より選ばれしが，王は出生により位に就く／一方は誠実なる協議により，他方は盲目なる偶然による／元老院議員は民により自らがかく選ばれしと思い，王は己がために民ありと思い，当然のごとく支配する」（モア 1987：28）．モアはヘンリー7世治世の時に，下院で不当な助成金に反対したために，国王の逆鱗に触れたこともあるが（菊池 1987：105），イギリスでは議会での自由な発言自体は保証されていたのであり，そういう意味では王権絶対主義ではなく，中世的な立憲主義がモアの基本の政治思想である（菊池 1987：3

章).

ユートピア国ではすでに述べたように個人の自由は出来る限り尊重され，あたかも現代のユートピアの役職者の「ほとんど唯一の任務」は，怠け者がいないか，逆に長時間労働し過ぎがないかを監視することであるといい，現代的にいえばパターナリステック・リバタリアン的な側面もある．しかし，ユートピア国は個人の自由の尊重が目的ではなく，市民の人格が完成することが目的である完成主義（卓越主義）共和主義国家である．実際にユートピア国には死刑があり，犯罪者を奴隷にし，また人口が増えれば植民地を作り，自衛だけでなく，友邦国の解放のための戦争もするという現在の主流派である反完成主義リベラリズムからみれば権力国家としての側面がある．この点で指摘したいのは，モアはルネサンス人文主義者として，古代ギリシア・ローマに現実に存在した制度をモデルとしているとともに，文中のモアがいうように，「すべてのひとが善人でないかぎり」，個人の自由だけで社会が営まれることはないことを自覚しているのである．序章でもいったように，ユートピアは「現実的理想」であり，現実の条件を踏まえたうえでの解決策である．例えば，「奴隷」の問題は，人が嫌がる労働を誰がするかの解答であり，古代人のように戦争の捕虜や借財によってほぼ永続的に奴隷になるのでなく，現在のように懲役刑を受けるような犯罪者や志願した外国人労働者である（モア 1993：188-189）．

このようなユートピア社会が合理的に人為的に計画された設計図に基づく青写真であるという批判もある．たしかに，序章で述べたように「ユートピア」は「アルカディア」や「お菓子の国」のような自然の楽園ではないが，まったく人為的な社会でもない．私はすでに『ユートピア』では「自然＋人為としての自然」が評価されていることを指摘した（菊池 1987：144）．たしかに，ユートピア人はすでに述べたように「自然の掟」に従って生活することをモットーとし，太陽や月などの自然信仰があり，自然についての観察が高く評価されているように，自然の賛美に満ちている（モア 1993：163, 168, 218）．しかし，「自然の掟」に従うことは個人の欲望に従った生き方ではなく，『太陽の都』と違って，自然学の研究から実用的なものが生み出されるわけでもなく，何よりも占星術は偽りのものと断定されていて，大部分の信仰は自然神ではない一神教に向かっているといわれている（モア 1993：163, 218）．たしかにユートピア国はユートプス王が人工的に島国にし，「森」も人工的に「根こそぎに……移植される」（モア 1993：162）が，『太陽の都』のように自然にならって計画化さ

れた「都市」はない．都市の住民も子供のころは農村で農業に従事するように
農業社会でもある（モア 1993：133）．つまり，近代化が産業化，都市化，自由
化であるとするならば，ユートピア社会は近代社会を目指しているのではない．
むしろ西洋でも20世紀後半に評価されたレトリックと共和主義という価値を
『ユートピア』から学ぶべきである．

2　『太陽の都』と魔術的伝統

　厚見恵一郎によれば，モアの影響を受けたイタリアのルネサンス・ユートピ
アは反アリストテレス主義，反キケロ主義であり，プラトン主義のものが多く，
その代表作が『太陽の都』である．当時のイタリアは君主制が強まり，また対
抗宗教改革のなかで政治的人文主義は勢力を弱め，また人文主義者ではない，
下層階級の出身の者がユートピア文学を書き，15世紀のキケロ的人文主義や16
世紀のアリストテレス主義を批判して「プラトン的ユートピア思想」を展開し，
モア以上に平等な社会を目指した（厚見 2018：30ff.）．カンパネッラも下層階級
出身の修道士であり，実際に南イタリアからスペイン勢力を排除しようとする
革命運動にも加わり，獄中で『太陽の都』を書いた．
　モアは古典古代の哲学者の特定の誰かを支持しているわけではなく，むしろ
哲学よりもレトリックの伝統から『ユートピア』は書かれている．その点で
「反アリストテレス主義」でも「親プラトン主義」でもない．ただ「反キケロ
主義」に関しては，エラスムスやモアはいわゆる修辞や文体（レトリック）だけ
で内容をともなわないキケロ主義は批判しているのであり，その意味であれば
彼らも「反キケロ主義」である．私が厚見の議論で問題としたいのは，カンパ
ネッラのプラトン主義（「プラトン的ユートピア思想」）である．これはむしろ魔術
的伝統と結びついたプラトン主義というべきである．
　もともとルネサンスには，近代盛期では失われていく二つの大きな古代から
の伝統，レトリックと魔術の復興という側面があり，ルネサンス哲学はフィレ
ンツェ・アカデミーに代表されるように，ネオプラトン主義やヘルメス主義の
ような魔術の伝統と深く関連している．理想社会論の一つにイタリア・ルネサ
ンスの「都市計画論」がある．これはモアの『ユートピア』以前から書かれて
いるものであり，代表的な作品である L. B. アルベルティの『建築論』では，
プラトンの例にならって，自然に見出された「法則」，とくに「均整」による

建造物や都市を計画している（アルベルティ 1982：100, 282ff.）．私はすでに『太陽の都』がこのような幾何学的な都市計画を持っていることを指摘し，『ユートピア』にはこのような意味での都市計画がないことを指摘した（菊池 2013：148）．この点がまさにルネサンス魔術の根本的思想，自然の模倣，マクロコスモスとミクロコスモスの対応と関係する問題である．

　『太陽の都』と『ユートピア』を比較していきたい．『太陽の都』は形式的には『ユートピア』と類似する．ある騎士が世界一周をした航海士ジュノヴァ人にその見聞を聞き，赤道直下にある「太陽の都」について語るという対話形式である．ただ，『ユートピア』とは異なり，聞き手は基本的にはジュノヴァ人の話を聞くだけで論争もなく，語り手も見聞した「太陽の都」だけを当然のように理想的社会であるとして述べるだけで，当時の現実に対する批判もそれほどない．一日4時間労働の共有制に関しては「利己心」を否定し，「公共への愛」，「愛国心」のためである（カンパネッラ 1992：24）．政治指導者には「太陽」と呼ばれる「形而上学者」としての聖職者と三人の副統治者，「力」「知恵」「愛」がいる（カンパネッラ 1992：17）．この指導者たちの決め方はとくに書かれていないが，優れた学識者がなるので，プラトンのいう哲人王であり，終身職ではある．しかし，太陽の都の市民は女子も含めて20歳以上全員が「大集会」に参加するので共和政体であると思われる．太陽の都では盗みや殺人などはないといいながら（カンパネッラ 1992：26），実際には死刑や奴隷や戦争もあり，「現実的理想」を語っているところもある．

　『ユートピア』と異なる『太陽の都』の最大の特徴は自然を模倣して，あるいは宇宙に対応して形成された「都市」であり，その原理は当時の自然学，つまり占星術や錬金術のような「魔術」の応用になっていることである．しかも，魔術とは当時の科学技術の応用の実践学でもあり，進歩・発展するものでもあった．まず「太陽の都」自体，7つの環状地区に分かれた円形であり，その中心に円形の宮殿がある（カンパネッラ 1992：12-14）．これはガリレオの太陽中心の地動説をとるカンパネッラにとって，宇宙（マクロコスモス）の模倣であり，指導者が「太陽」と呼ばれるのも当然である．すべての市民は7歳から「自然の諸学」を学び，とくに「太陽」は「数学，自然学，占星術」の知識があり，

　世界の「必然」「運命」「調和」，神及び万物にそなわる「力」と「知恵」

と「愛」，もろもろの存在者の階層秩序，それらの存在者が天空・地上・海洋それぞれの事物とあいだにもつ照応関係，などを知り，しかも「予言者たち」や占星術をも深く研究しなければなりません（カンパネッラ 1992：27，29）．

　このように「自然学」はこの世界の「運命」を知り，世界に「調和」をもたらすために必要な知識であり，政治指導者はその知識によって世界を変革していく魔術師でもある．

　さて，ジュノヴァ人によれば，現代はこの400年で過去5000年にまさる「羅針盤，印刷術，鉄砲」などが発明されたが，これは「太陽の都」の市民によると彼らの占星術では，「新しい大君主国」が興き，世界を「浄化し，それから建設する」予兆である．「太陽の都」では「空を飛ぶ方法」や惑星の運行の音を聴く聴音器などが発明されている（カンパネッラ 1992：102-103）．『ユートピア』と異なって家族も共有制であり，性交の時間も「占星学者」と「医学者」によって決められるように，生殖も自然学の支配下にあり，「個体の維持ではなく種族の維持」が目的である（カンパネッラ 1992：40，45）．彼らの医術や薬学も人間の「若返りの秘法」もでき，まれに200歳まで生きることができるようになっている（カンパネッラ 1992：71）．このように『ユートピア』と比較すると，「太陽の都」は「自然哲学」（「魔術」）によって支配されているが，さらにそこには終末論である「千年王国」を信じる進歩思想もある．「この世界の革新，あるいはむしろ終末」を太陽の都の市民は待ち望み，占星術から女性による力が強まり，「全世界を変え革新する」ことが間近であることをジュノヴァ人が知ったことで『太陽の都』は終わっている（カンパネッラ 1992：90，104-105）．

　そういう意味では，『太陽の都』は『ユートピア』と違い，実際に近い未来に革命がおこることを予言した千年王国的な作品である．ルネサンス魔術，とくに古代エジプトから由来すると信じられたヘルメス主義が近代科学を準備したことを精力的に論じた F. イエイツは，ルター派の神学者であるが，幻の秘密結社である薔薇十字運動の宣言『友愛団の名声』『友愛団の告白』，さらに錬金術に関する著作『クリスチアン・ロイゼンの化学の結婚』の著者ともいわれる J. V. アンドレイアの『クリスティアノポリス』（1619年）と F. ベーコンの未完の『ニュー・アトランティス』（1627年）とともに，『太陽の都』はルネサンス魔術と結びついたユートピア論としている（イエイツ 1968）．この点も私はす

でに論じているが，ベーコンはおそらく『太陽の都』や『クリスティアノポリ
ス』を読み，ルネサンス魔術を実験科学による技術的進歩と結びつけ，ソロモ
ン館という科学技術研究所の発明によって社会が進歩していく『ニュー・アト
ランティス』という作品を書いた（菊池 2013：5章）．ベーコンは学問の進歩，
技術の発展を説く哲学者として18世紀フランスの啓蒙思想家に影響を与え，
『ユートピア』のような空間願望のユートピアから未来に実現される時間願望
のユートピア作品が登場してくる．そういう意味では，いまだに社会科学で支
配的な進歩的な革命思想としてのユートピアは，実践としては宗教改革から，
作品としては『ユートピア』よりも『太陽の都』から始まるといえるであろう．

おわりに
——近代国家と資本主義を超える海賊ユートピア——

　ルネサンス・ユートピア作品を代表する『ユートピア』と『太陽の都』のア
クチュアリティは共産主義の理想社会を描いたことよりも，私には近代の行き
詰まりから西洋でも20世紀の後半から再評価された共和主義，レトリック，魔
術のようなものの現代的意義を探ることにある．もちろん，このことは当然
ユートピア概念・理論の見直しにもつながるはずである．ユートピア実践とし
て，その後の市民革命やその前後での極左的な動き，イギリス革命の時のディ
ガーズやフランス革命の時のバブーフの陰謀等がユートピア運動としてよく取
り上げられるが，ここでは紙幅も尽きたので，イギリス革命から生まれた「海
賊ユートピア」を少し論じたい．
　二人のフランスの経済学者，R. デュランと J.=F. ベルニュは『海賊と資本主
義——国家の周縁から絶えず世界を刷新したるものたち』において，主として
G. ドゥルーズと F. ガタリの議論を用いて，イギリスだけでなく，ヨーロッパ
人の資本主義は「脱テリトリー化」としての海賊と関連するが，東インド会社
のような「政府公認の会社の支配下に入らず」，「利益独占を含む国家＝会社側
とは別の流通経路を開拓し」て，「海賊ユートピア黄金時代」を形成した海賊
もいたことを論じている（デュラン／ベルニュ 2014：68）．そのなかでピューリタ
ン革命のさいに，ランターズ運動の革命家たちの多くは新天地を求め，イギリ
スを離れ，彼らはリベラルであるが共同生活に重きを置き，彼らが理想とする
のはモアやカンパネッラの思想である（デュラン／ベルニュ 2014：159-160）．「驚

くべきことに彼らの掟には，「すべての人間は生まれながらに自由であり，空気を吸うような，必要なものを手に入れる権利を持つ」という文言まであった．実際に彼らは奴隷船を襲っては奴隷を解放し，自分たちの仲間にした．権力と利益の分配も平等であった（デュラン／ベルニュ 2014：161）．

　もちろん，海賊ユートピアが存在したとしても短命であり，自由と権利だけでユートピアが持続できるかという問題は残るが，ルネサンス・ユートピアは近代主義や社会主義の観点からではなく，別の見方が必要であることを「海賊ユートピア」は語っている．つまり近代国家及び現代国家を相対化するための新たな視点，新たな構想の必要性である．現在，転換期であるとするならば，新たなルネサンスや新たなユートピアが必要である．

参照文献一覧

Stites, Richard 1989 *Revolutionary Dreams: Utopians Vision and Experimental Life in the Russian Revolutions* (Oxford University Press).

厚見恵一郎　2018「ルネサンス・イタリアにおける反キケロ主義とユートピア」『ユートピアの再構築――『ユートピア』出版500年に寄せて』石崎嘉彦・菊池理夫編著，晃洋書房．

アルベルティ，レオン・バティスタ　1982『建築論』相川浩訳，中央公論美術出版．

イエイツ，F. A.　1986『薔薇十字の覚醒』山下和夫訳，工作舎．

エラスムス／モア　2015『エラスムス＝トマス・モア往復書簡』沓掛良彦・高田康成訳，岩波書店［岩波文庫］．

カンパネッラ，フラ・トマゾ　1992『太陽の都』近藤恒一訳，岩波書店［岩波文庫］．

菊池理夫　1987『ユートピアの政治学――レトリック・トピカ・魔術』新曜社．

─────　2013『ユートピア学の再構築のために――「リーマン・ショック」と「三・一一」を契機として』風行社．

デュラン，ロドルフ／ベルニュ，ジャン＝フィリッペ　2014『海賊と資本主義――国家の周縁から絶えず世界を刷新したるものたち』永田千奈訳，阪急コミュニケーションズ．

マルクス，カール　2005『資本論 第一巻下』（『マルクス・コレクションⅤ』）筑摩書房．

三石善吉　1991『中国の千年王国』東京大学出版会．

モア，トマス　1987「警句集」（抄），菊池理夫訳，澤田昭夫監修『ユートピアと権力と死』荒武出版．

─────　1993　改版『ユートピア』澤田昭夫訳，中央公論社［中公文庫］．

第3章　科学によるユートピア
――イギリス社会主義の誕生――

結城 剛志

はじめに

　本章では，産業革命期の急速な科学の発展にともない現れた R. オウエン
（1771-1858）の社会主義を取り上げ，ユートピアと呼ばれた社会主義の科学性
をめぐる言説に着目しながら解説する．

1　科学によるユートピアの登場

　ユートピアのアクチュアリティを語るうえで，イギリス社会主義の伝統を外
すことはできない．もともとユートピアの語が生まれたのは T. モアの『ユー
トピア』（1516）であり，羊が「人間さえもさかんに喰殺している」（モア 1994：
26）の表現で有名な『ユートピア』は，はじめから資本主義批判のメッセージ
を含んでいたといえる．だが，資本主義を克服する具体的な道筋がそこに示さ
れていたわけではない．その意味で，モアのユートピアは文字どおりの「ユー
トピア」，つまり彼岸に描いた「どこにもない場所」であったといってよい．
そのユートピアの世俗的な実現形態を具体的に論じたのは，19世紀初頭に登場
したイギリスの社会主義である．モアがユートピアを語る方法として旅行記風
の物語を用い読者の想像力を喚起したのにたいして，イギリスの社会主義は
ユートピアを世俗化する方法として科学による推論や実証を選んだ．つまり，
「まだここにない世界」を描くユートピアとしての社会主義は，はじめから科
学的な社会主義として誕生したのである．
　しかし，その科学に裏づけられた社会主義は，イギリス社会主義の生みの親

たるオウエンから遅れて現れた K. マルクスと F. エンゲルスによって「ユートピア社会主義」，つまり科学的な裏づけが弱い社会主義であると評価された．そして，マルクスとエンゲルスによって，当時最先端の社会科学であった経済学をベースにした総合社会科学に基礎づけられた科学的な社会主義が構想されたことで，ユートピアに留まっていた社会主義は完全に世俗化できる理念であることが示されたといってよい．

　マルクスとエンゲルスによって，「ユートピア的」と呼ばれた社会主義者たちは，当然のことながら，自ら「ユートピア社会主義者」であることを自称していたわけではない．むしろ，自分たちの提供する新しい社会システムは，モアが文学的に語ったユートピアと異なり，科学的な分析や経験に裏づけられていることを強調していた．つまり19世紀の論壇においては「ユートピアが空想的なものである」との否定的な意味をもってすでに解釈されていたのであり，「ユートピア＝空想的」との否定的な意味をマルクスとエンゲルスが新たに与えたのではない．そうではなく，科学を自認する新しい時代の社会主義者たちにたいして，その科学は適切な方法に依拠しない不十分なものに留まり，それゆえに，提供される社会ヴィジョンがユートピアになってしまっていることを指摘したのである．

　したがって，ユートピア社会主義者とマルクスとエンゲルスとの間にある争点は「ユートピアか科学か」ではなく，現代社会を分析する科学的な方法はどうあるべきかであり，その分析結果から提示される新しい社会ヴィジョンの妥当性や望ましさが問題とされるべきであったといえる．もっともマルクスが名を上げる頃には，ほとんどのユートピア社会主義者の大衆運動が現実的な破綻に直面していたため，理論的・思想的な論争は不十分なものに留まったといえ，この点は残念である．

　いま21世紀になり，あらためてユートピアのアクチュアリティを再検討しなければならない一つの理由は，19世紀のユートピアと科学との間の論争が，ユートピアの現実的な破綻と科学の現実的な勝利または成功，という二つの現実によって裏づけられてしまい，それらの失敗と成功のロジカルな理由が徹底的に検証されなかったことにある．したがって，検証されるべき論点は，ユートピア社会主義批判の内容，科学的社会主義の科学性，そして，論理を超越して説明してしまった現実の社会主義の内実であり，それらの検討を通じてユートピアと科学を分かつものはなにかを明らかにすることであろう．

　マルクスのユートピア社会主義批判は徹底的であり，その内容は多岐にわたる．とはいえ，最も重要な批判は社会の総合的な認識にある．端的にいえば，ユートピア社会主義者は，現代社会を市場社会の延長上に捉える平板な社会認識に留まり，資本主義的な内実を捉え損ねたと批判された．

　じっさい，社会主義は資本主義の対義語になっていない．社会の対義語は個人であるし，資本に対義語はない．強いていえば，非資本であろうか．社会主義の用語と概念は，イギリス社会主義の文脈では，オウエンの分析に基づき個人主義や利己主義の観点からおさえられた当時の社会システムに対置する概念として様々なレーベルが提出されるなかで，1820年代に用語や意味が次第に確定していったものである．

　「社会主義」の初出は，オウエン主義者が発行する月刊誌『協同組合雑誌』（1827年11月号）だといわれている．この雑誌に「協同」と題するブライトン協同組合友愛基金協会からの寄稿が掲載され，「すべての商品の実質価値は，その生産に直接間接に投下された労働量で決まる」との文にたいする編集部の注のなかで次のように言及されている．

　　しかし，この点に関する近代経済学者（あるいはミルやマルサス）と共有主義者や社会主義者（the Communionists or Socialists）との間の主要な争点は，この資本が個人のものである場合と，共同のものである場合とで，どちらがより有益なのか，である．（*The Co-operative Magazine, and Monthly Herald* 1827：509）

　つまり，「近代経済学者」たる J. ミルと T. R. マルサスに対抗するオウエン主義者は「共有主義者や社会主義者」との呼称のもとに自己規定され，両者の間にある争点は「資本が個人のものである場合と，共同のものである場合とで，どちらがより有益なのか」であると論じられている．このような主張が，投下労働量に応じた公平な交換を実現する「労働証券」の構想とともに現われている点は興味深い．宗教的な文脈で使われることの多いコミュニオニストという呼称はいかにもこなれていないし，この名称がオウエン主義者の間に普及することもなかったものの，資本の共同所有を重視する立場が現われている．この後普及するようになる「社会主義」の名称は，明らかに個人主義または利己主義にたいする反意語として用いられている．つまり社会主義は，反資本主義の思想としてではなく，反個人主義の思想として生まれたのである．

2　ユートピア批判としての科学

　ユートピア社会主義が科学を標榜しつつも，規範的な評価を含んだ分析に
なっているのにたいして，マルクスは現代社会に「資本主義」の名称を与え，
その概念を確定していった．「新しい唯物論」に基づいて，科学的な方法を徹
底するアプローチをとったといえよう．マルクスの方法論的な科学性は『資本
論』第 1 巻（1867年）の第 1 版序文に示されている．

> 　たとえ一社会がその運動の自然法則を探りだしたとしても，——そして近
> 代社会の経済的運動法則を明らかにすることはこの著作の最終目的でもあ
> る——，その社会は自然的な発展の諸段階を跳び越えることも法令で取り
> 除くこともできない．しかし，その社会は，分娩の苦痛を短くし緩和する
> ことはできるのである．（マルクス 1972 : 25）

　マルクスの主著『資本論』の目的は，ユートピア社会主義たちがそうしたよ
うに，資本主義の諸課題を克服する具体的な社会システムを描くことにはない．
むしろ政策や法令の提案を禁欲して，資本主義の分析を深めることにある．そ
して，資本主義が抱えるさまざまな法則や傾向を摘出することで，資本主義の
発展傾向を占うこと，つまり予測にもある．
　たとえばマルクスは『資本論』における演繹的な推論体系を通じて，資本構
成の高度化に反映される生産力の上昇，つまり機械化と技術革新によって生産
に必要な人手を減らし効率化を追求していくことで，資本主義は個々の企業と
社会全体の成長の元となる利潤率を傾向的に低下させていくことを示した．こ
の「利潤率の傾向的低下の法則」による資本主義批判はロジカルな，つまり科
学的なものである．『資本論』第 1 巻刊行後のイギリス経済は1870年代から長
期不況に陥り，重層的な利害対立を市場で調整することは到底できず，ヨー
ロッパの資本主義世界は第一次世界大戦に突入していく．それにたいして，20
世紀初頭に登場したソ連邦が，戦争と資本主義の問題を同時に解決し，資本主
義に代替する社会主義システムの模範となったことで，ユートピア社会主義批
判と資本主義批判のロジカルな帰結を占う問題は放念された．
　こうして資本主義のその後の歴史的な展開は，マルクスの理論的な予測の正
しさを裏づけたものと当時の人びとの目には映ったであろう．現代では，この

法則が，理論的または実証的に成り立つのかが論争となっているものの，科学的説明の正しさを歴史が証明したことで，科学そのものの検証がいったん宙づりにされてしまったといえよう（Carchedi and Roberts 2018）．

資本主義の合理性は，個別的な利潤追求，利得追求によって結果的に促される経済成長が，直接的・間接的に人びとの幸福の増大に寄与する点に求められる．ところがマルクスの予測は，その利潤追求そのものが，利潤獲得のための努力によって裏切られる，という皮肉なものであった．資本主義が発展とともにその存立の基盤を掘り崩すとの陰うつな予測は，D. リカードウの差額地代論，マルサスの過剰人口論，J. S. ミルの定常状態論といった，同時代を代表する経済学者にもみられた見解である．

しかし，資本主義は二度の大戦を経て再生し，戦後の約30年間の高度成長は経済学に脳天気ともいえるほどの楽観的な色彩を与えつつ，同時に社会主義的要素を多分に取り込む社会民主主義的な修正を受けたのであって，ソ連邦のような社会システムを代替する一大システムのみが正答と考えることはできなくなった．2世紀をまたぐ長い歴史を経てユートピアをめぐる評価は二転三転してきたといってよいが，20世紀に科学的な社会主義を体現したと思われたソ連邦は社会主義的な内容をほとんど示すことなくその歴史を閉じたといってよいだろう．こうしてマルクス主義的な社会主義の科学性にはケチがつき，再びユートピアの論壇に押し戻されたといえよう．

そのさい演繹法は，19世紀の経済学者に愛された科学的方法であった．マルクスは「新しい唯物論」と弁証法によって，科学を記述する方法自身を刷新しようとしたといえるため，方法に関する考察は群を抜いて複雑であるものの，資本主義を構成する最も本質的な要素「商品」の2要因の分析から「価値」をエンジンとする推論によってシステム全体を記述するスタイルは，あえて分類すれば演繹法のグループに入れられるだろう．そしてオウエンは実務経験に基づく知見に依拠しながらも演繹的な説明方法にこだわっていたし，J. ベンサムの薫陶を受けた盟友 W. トンプソンはより方法論的に徹底していた．

したがって，イギリス社会主義の生成期における評価は，オウエン主義者が挑戦したいくつかの社会実験の失敗という結果からではなく，オウエン自身のロジック，立論そのものが俎上に載せられるべきである．そのうえで，オウエン主義の実践との対話，同時代の論争が踏まえられるべきであろう．

3　オウエンの社会主義

　本章で扱うユートピアは，イギリス社会主義の父であり，協同組合運動の精神的な父であるともいわれ，かつユートピア社会主義との評価でも有名なオウエンの社会主義である．

　オウエンの立身出世物語は華々しい．いくつかの商店で丁稚奉公を務め，紡績事業を起業した後，紡績大工場の経営者として抜擢された．オウエンは優れた商人でもあったが，商店経営で身を立てる道を選ばず，当時の成長産業であった綿糸紡績にいち早く身を投じ，原材料の選定，より細い糸の開発といった面で手腕を発揮して，経営者としての成功を収めた．まさに産業革命期のサクセスストーリーを歩んだ人物である．しかし，これだけの話であればただの立身出世物語であり，なんのユートピアも提示されえない．

　オウエンの慧眼は，自身が統治する工場の観察から工場労働者の悲惨な境遇を見いだし，それを放置することなく改善することで，労働者の意欲や能力を高めることができるということに気づき，さらに労働者の状態は労働者個人の問題に帰着させることのできない社会的問題であることを見抜いた点にある．

　オウエンの社会主義は，さしあたりイギリスの社会主義であるとはいえ，資本主義世界にたいするインパクトは極めて大きく，労働時間の制限，児童労働の禁止，高い賃金，さまざまな福利厚生の施設や制度といった社会改良を通じて人びとの生活の改善に貢献してきた．また，生産者と消費者の利益を結びつけ，人びとが安心して暮らせるような生活物資を供給する協同組合運動の発展にも寄与してきたのである．現代資本主義はオウエンの社会主義を反映する内容をなしており，実質的には資本主義と社会主義は不整合なかたちで折り合いをつけながら共存している．

　オウエンの人物を知るための資料には，彼が書いたものだけでなく，講演録や議事録，オウエンと交流のあった人びとの証言等々があり，比較的良好な状態で残される幸運にも恵まれて関連資料が豊富にあり，その活動も多方面にわたっていることから，全体像を理解するのはかえって容易ではない．とはいえ，オウエンの社会主義の骨子を知るだけであれば，社会主義的な内容を論じた主要著作に当たれば概要は理解できる．

　まずは開明的な工場経営者としての自覚に目覚め，社会主義者としてのデ

ビュー作ともなった「社会にかんする新見解」(1813-1814年) である．そしてオ
ウエンの社会主義構想を最も具体的に論じた『ラナーク州への報告』(1821年)
があり，同時期に書かれた「現下窮乏原因の一解明」(1821年)，「社会制度論」
(1826-1827年刊，1821年執筆) が補強している．1810年代から20年代の間にオウエ
ンの社会主義の全貌はほぼ明らかにされたといえる．その後，7巻本になる大
著『新道徳世界の書』(1836-1844年) にてオウエン思想が集約されるものの，そ
の内容は新たな思想の展開を多分に含むものとなっている．最後に，亡くなる
直前まで執筆し未完となった『オウエン自叙伝』(1857-1858年) である．
　オウエンの社会主義の特徴は，(1)幸福追求的な功利主義，(2)環境決定論に基
礎づけられた人間の成長可能性と教育の役割の重視 (性格形成論)，(3)幸福を阻
害する個人主義的な諸制度にたいする批判，(4)科学主義または経験主義にある．

▶幸福追求的な功利主義

　はじめに，功利主義の有名な命題をオウエンのテキストのうちに確認しておこう．

　　統治の目的は，統治される人たちと統治する人たちを幸福にすることであ
　　る．／そこで，最大多数の最大幸福を実際に生み出す統治が，最良の統治
　　である．(オウエン 1980a：167，／は改行を表す，以下同様.)

「最大多数の最大幸福」(できるだけ多くの人びとに最大の幸福をもたらすこと) は，
いうまでもなくイギリスの生んだ偉大な法哲学者ベンサムによって定式化され
た善悪の判定基準である．オウエンはこの命題を受け入れたうえで，三つの解
釈を付け加えている．まず，社会には「統治される人たちと統治する人たち」
がおり，その両者を幸福にすること．次に，幸福を実現する能動的な主体は
「統治する人たち」であること．最後に「最大多数」とは99％の人びと，つま
り事実上，社会の全構成員を指すこと，である．
　さらに「社会にかんする新見解」には次の言及がみられる．

　　その原理とは，明瞭に理解され，誰でも実践しうる自分自身の幸福であり，
　　自分自身の幸福は，社会の幸福を促進するはずの行為によってのみ達成さ
　　れうるということである．(オウエン 1980a：107)

　　人間は，幸福を得たいという欲望をもって生まれてくること．この欲望は，
　　人間のあらゆる行為の第一原因であり，一生の間持続し，俗に利己心と呼

ばれるものである．（オウエン 1980a：155）

　まず注目したいのは「原理」である．演繹的な科学にとって，「普遍的に明らかとなった事実」，「本質的と思われる」（オウエン 1980a：155）事実に立脚することが肝心であり，人間の行動を推論するための「第一原因」が必要である．それは「幸福を得たいという欲望」，つまり「利己心」であるといわれている．人間が幸福追求の欲求をもって生まれてくることが自明であれば，人びとはみな利己心に基づいて行動すべきであり，利己心に基づいて行動できるような社会的条件を整備すべきである．そして「社会の幸福を促進するはずの行為によってのみ達成されうる」として，個人の幸福は社会の幸福に条件づけられるといわれている．

　また，「現下窮乏原因の一解明」にはこう述べられている．

　　社会の正しい目的は，人間の肉体的・道徳的・知的な性格の改善にある．それも，経験する苦痛を最小に，よろこびを最大にするのにもっとも便利なやり方で，彼の欲望一切を満たすようにである．（オウエン 1980b：201）

　社会の目的は「人間の肉体的・道徳的・知的な性格の改善」，つまり人間の成長可能性の追求であり，その改善は「苦痛を最小に，よろこびを最大にするやり方」，功利計算に基づく方法によって実現されるべきであることが指摘されている．

　　大衆の自由の唯一の確乎たる基礎は，欲望の完全な充足に，──廉直な習慣に，──知性に，その必然的結果としての全住民の幸福に，みいだされるものなのである．（オウエン 1980b：212）

　この一文にも欲望の充足が人間の自由の基礎であり，「全住民の幸福」実現の条件であることが示されている．つまり，オウエンの社会主義にとって，個人の欲求充足は必須であり，同時にそれは社会の全構成員の欲求充足と矛盾するものであってはならない，ということである．

　みられるように，社会主義の大方のイメージに反して，オウエン主義の基底にあるのは，幸福追求的な功利主義 utilitarianism である．つまり社会主義とは，まずなによりも功利 utility を求めるものである．功利は，経済学の用語では，効用または使用価値である．功利を追求して，幸福を最大化する．これ

が社会主義の原理であり，目標である．しかし，資本主義的市場のもとでは，経済学の想定に反して，効用は最大化されえない．経済学は，効用を最大化しうる想定や条件のもとで理論化を行っているが，それは決して世俗化しえないユートピアである（ホジソン 2004）．

　もちろん，このようないい方には語弊がある．経済学における効用の最大化は所与の財の選択の結果に過ぎない．それにたいして，オウエンの主張は，個人主義的市場のもとで提供される財の効用がそもそも小さい，という指摘である．誤解を避けるために，以降は効用の実質化の語を当てよう．

　たとえば，おいしいご飯とおいしくないご飯が選択肢にある場合に，個人主義的市場の予算制約下では，それぞれのご飯の効用が価格に反映されて，予算制約の厳しい人，つまり相対的に貧しい人はおいしくないご飯の選択を余儀なくされよう．これは所得によって消費選択の自由が制限され，稀少性によっておいしいご飯の供給量が制限される個人主義的市場のもとで起きる．しかし産業革命以降の科学的発展によって解放された生産力のもとでは，本来そのような制約は生じない．むしろ廃棄するくらいにモノが溢れている．オウエンは，潤沢なのに貧困がまかり通る，この世界の不思議に疑問を投げかける．

　したがって，オウエンにとっての問題は経済成長によって貧困を解消することにはない．それは偽問題である．むしろ，ありあまる富をどのように享受するか，が問題である．常においしいご飯が食卓に届くようにするにはどうしたらよいのか．お金がないという理由で自らの選択を諦める必要はない．選択の問題に解消されない幸福の追求がなされるべきである．じっさい，現代資本主義において浪費される資源は莫大である．現代の富豪の富は一国の富にも匹敵する．人びとが貧しくならなければならない理由はどこにもないのである．

　つまり，産業革命によって欲求充足の手段は十分に確保されたにもかかわらず，労働者階級の貧困，不遇，不自由が解消されず，それによって社会全体の幸福が阻害されてしまうのは，個人主義的に行われる分配と調整の仕組み，つまり市場に瑕疵があるためである．その点を直視せず，仮構の市場の効率性を現実の市場に投影するだけの経済学にたいして，オウエンは厳しい批判を投げかける．

　① 経済学者たちは，これまで，自分たちの主題を完全に誤解してきた．かれらは，社会の唯一の目的は富の蓄積であり，人びとは必要とするすべ

てのものをどうしても富の増大に比例して入手せざるをえないだろうと，あらゆる場合に考えてきた．② かれらはつねに，あたかも人間は苦悩し，理解し，あるいは享受する能力を持たない，生命のない機械であるかのように推論し，またしたがって，人類の大多数を生産の単なる道具とし，また，かれの諸能力のうちのある小部分だけが不自然かつ非常に有害なかたちで開発されて，各個人の肉体的および精神的一般諸力を低下させるような諸施策を，推賞してきたのである．③ こうして，かれらは大衆に，少しずつ誤りを重ねさせ，遂にこれ以上は進めないところにまで来たのである．なぜなら，人びとが，有益に分配もしくは消費する方法を知っているより以上に，さらに多くの量を容易に生産できるという事実は，あまりに明白になっているからである．現時点における人類の主要な苦悩は，もしこの表現が許されるなら，無知の過剰を伴う富の過剰から生じているのである．（オウエン 1980c：246-247，番号①〜③は引用者による）

　① 経済学者は，市場での競争と「富の蓄積」，利潤やもうけに現れる功利の追求を前提し，② 人間を「生命のない機械」（功利計算機）と仮定し，また生産要素（労働）としてだけ評価することで，幸福追求を阻害してきた．③ しかし富はすでに過剰に存在している．経済学者はその潤沢な富を「有益に分配もしくは消費する方法」を知らないだけである．
　オウエンの効用の探求は徹底的かつ独創的である．

　（社会主義では）すべてのものはその内的価値により評価され，ただ単に費用あるいは稀少性だけで貴重に考えられるものは無くなり，どんな種類の流行も存在しなくなるであろう．衣服にかんして言えば，文明諸国の勤労の非常に大きな部分が，いま，はなはだ無益かつ有害に費消されているのであるが，この共同社会の成員たちは，着用者の健康に最も適した最良の材料と形態とをひとたび確定すれば，その後は，他所ならば流行するかもしれないような気まぐれな，風変りな，高価な変種を取り入れる気を起こさなくなるであろう．かれらは，このように無益な装飾の製造に費やされる時間を社交や知的な営みの楽しみ，および健康な娯楽に使用するという，合理的方向を採用するであろう．食，衣，住およびその他の物資にかんして，かれらは，自分たちの恒久的安楽に最も役だつものを熟慮するであろう……（オウエン 1980c：237-238，括弧内は引用者による，以下同様）

　第一文では，モノの評価基準の変更が求められ，費用（貨幣価格）と稀少性に代わって，内在的価値（投下労働量と効用）で評価されるべきことが主張されている．稀少性と効用は代替的な概念ではなく，生産過程で使用される労働量が最小になるような技術を選択しつつ（余暇の最大化），潤沢な効用の供給によって，稀少性をなくしていくことが目指されている．そして，衣服のような任意の財について，最も効用の高い財がありうるという普遍主義的な希望が示されている．流行が大量生産と大量消費による浪費「文明病」を引き起こすことへの対抗から，多様な選択による楽しみの途は閉ざされているものの，多種多様な商品が本当に消費者の利益となるのかは再考されてよい．もっとも，健康，娯楽，安楽の観点から，効用の高い財が社会的に選択されていくことは「合理的方向」といえよう．

　流行とともに批判され，オウエンが経営する店舗から排除されたのは「粗悪品」である．

> （社会主義には）粗悪品を制作あるいは製造したり，あるいは，欺瞞的策略によって，生活必要品，慰安品あるいは奢侈品のいかなるものの質をも低下させる誘因は，存在しないであろう．（オウエン 1970：94）

　オウエンは，市場が人びとの利害を調整しない資本主義の歴史的現実に向き合うなかで，市場に供給される商品には，企業の利潤が優先され，混ぜ物や粗悪品の販売が省みられず，消費者の利得追求が阻害されること，それによって労働者とその家族の健康が害されることを問題にした．現代でも，虚偽記載，原材料や産地の偽装，健康被害や安全配慮を怠った商品が後を絶たない．オウエンは，混ぜ物や偽物を排除し原価販売を推奨することで，労働者家族の生活を改善したのである．こうして，オウエン主義に立脚する協同組合運動は，誠実な商品の選択に留まらず，モノを作る過程へのコミットを強めていったのである．なお，功利主義的な発想は，マルクス主義やその他の社会主義にも継承・共有されていたと思われる．国有化に矮小化されがちなマルクス主義の命題「生産手段の共有」は，消費者が生産過程にコミットするチャンネルを開き，効用の実質化を担保するためのものであった．また，ミクロ経済学の祖であるL. ワルラスが社会主義者であったことは，この点の自覚を示唆している．現代の主流となっているミクロ経済学では，市場経済のもとで消費者の効用が，資本主義的な利潤追求によって阻害されることなく最大化されうると想定され

ているのは，それが資本主義的市場の理論ではなく，市場一般の理論であるからだということもできよう．

▶性格形成論

　功利主義に基づく幸福追求にとって，オウエンは二つの社会的な条件が必要だと考えた．一つ目は，人間の成長である．オウエンが工場経営者として名を馳せた18世紀から19世紀への世紀の転換期において，労働者階級は悲惨な状態に置かれていた．学校で教育を受ける機会はほとんどなかったとはいえ，いまでいう小学校を卒業する頃には働きに出るのが一般的であり，家庭で育てられない救貧院出身者も少なくなかった．識字等の学習に困難を抱えながら，寿命も短く，深酒，窃盗，不衛生のような悪習と貧困がはびこっていた．オウエンの慧眼は，このような労働者の不道徳が，労働者が生まれながらに身に宿す本性だとは考えなかったことにある．労働者も，教養のある上流階級と同じ人間のはずである．同じ人間が生まれの相違によって，立派な紳士になったり，無知な労働貧民になったりするのはなぜか．両者がともに人間であるならば，労働者の不道徳の原因は，労働者本人にあるのではなく，その人間性を育む環境にあるはずである．オウエンは，環境決定論に基礎づけられた人間の成長可能性を論じ，教育の役割を重視した．功利主義とともにオウエン思想の根幹にあるのは，徹底した自己責任論批判であり，労働者階級の貧困や悪徳の責任を労働者自身に求めない「無・責任論」（土方 2003：47）である．むしろ，貴族，議員，宗教者，学者，地主と資本家といった上流階級の人びとにたいして，労働者を教育する責任を果たすよう，強く求めたのである．

　オウエンの「性格形成論」は次の命題に端的に示されている．

　　この誤り（自己責任論）は，もはやこれ以後長く存続することはできない．なぜならば，人間の性格は，ただ一つの例外もなく，常に環境によって形成されるということ，性格は，主に，これまで生きてきた人たちによってつくられるであろうし，またつくられていること，彼らは，人間の行動を支配し指導する力である思想と習慣を人間に与えるということは，日に日にますます明らかになるだろうから．人間はそれゆえに，自分で自分の性格を形成したことは決してないし，形成しうるということは，永久にありえない．（オウエン 1980a：144-145）

「人間の性格は……常に環境によって形成される」との命題は，もちろん先天的な差異や個性を認めないという意味ではない．むしろ，無知と貧困によって生まれもった力を発揮することができない労働者階級の情況を前にして，競争と賞罰によってむち打つことしかできない自己責任論にたいして，人間は環境を改善することで性格が変わり，成長する可能性があることを説いている．

> どのような一般的性格でも——最善の性格から最悪の性格まで，最も無知な性格から最も啓蒙された性格まで——どんな社会にも，世界全体にさえも，適切な手段を用いることによって与えることができる．そしてこの手段は，そのほとんどが，世事に影響力をもっている人たちの支配，統制下にある．(オウエン 1980a：105)

しかしオウエンの科学主義は「どのような一般的性格でも……適切な手段を用いることによって与えることができる」との文言にみられるように，科学的に論証された命題は直ちに一般化され，社会にも適用できるとの普遍主義的な解釈を招きがちである．そして，労働者階級の諸環境（労働，生活，学習）を改善できるのは「世事に影響力をもっている人たち」に限定される．

これらの論点は後のマルクスとエンゲルスによる批判をまつまでもなく，オウエンとオウエン主義者の間の対立の火種となっていた．オウエンの主要な支持者は上流階級ではなく，協同組合や労働組合に集う労働者階級である．オウエンとオウエン主義者との間の論争は稿をあらためて論じたい面白いテーマであるが，さしあたりオウエンは労働者階級の成長を願いつつも，「統治される人びと」が自ら問題を解決していくことには疑問を持ち続けていた．オウエンの社会主義が「ユートピア」（到達不可能な未来）と批判されるいわれがないとはいえなかった．

▶「個人的な制度」(Individual System) の批判

二つ目の社会的条件は，幸福を阻害する個人主義的な諸制度の是正である．功利主義の命題「最大多数の最大幸福」を実現するためには，二つの手順がいる．個人の幸福の最大化と，個人間の幸福の調整である．市場が個人間の利害調整をうまくやってくれていれば，あるいはその可能性を示していれば，おそらく社会主義は生まれなかった．資本主義のもとで生まれた巨大な生産力の果実を大多数の人びとが享受できず，大量廃棄をともなう過剰な商品供給と貧困

が併存してしまう．社会主義にとって，市場が個々の利得をうまく調整しない
ことは日々観察される事実であり，それゆえに代替されるべきシステムである
が，それだけでなく，オウエンは，個人主義を助長し幸福追求を阻害する諸制
度として，商業，貨幣，私的所有，結婚，宗教を見いだし，これらが利己的な
制度に堕していると喝破した．個人主義的な制度に対抗する「社会的な制度」
（Social System），これが社会主義の当初のコンセプトであった．
　たとえば「商業制度」は次のように批判される．

　　価格に基づく利潤は，ただ，需要が供給と等しいか，それより多いときに
　のみ獲ることができる．一方，社会の実質的利益は，供給が，あらゆる場
　合に，需要より多いことを必要とする．また，このなかに個人的な・相容
　れない利害にたいする全般的・協同的利害の巨大な・はかりしれない優越
　さがみいだされるであろう．供給は個人的な，抗争する利害の体制のもと
　では，有利に，需要より多いことはゆるされえないからである．（オウエン
　1980b：202-203）

　売れないから作らない，もうからないから売らない．これは私たちもよく知
る商売の常識である．しかし「社会の実質的利益」は，売れるかどうか，もう
かるかどうかで判断されるものではない．社会は売り切れないほどにモノを作
る能力を得てしまったのであり，過剰供給が可能な状況下では，もはや競争す
る意味がない．売れない商品を売る労働は無用である．「協同的利害」の優越
が理解されれば，「豊富の中に貧困をともなう社会」は「豊富を享受する社会」
に転換できるはずであろう．

　　大多数の人びとは，ほねのおれる，しばしば不健康で，気のすすまぬ労働
　をしながらも，あたりまえの生活必需品をほとんど入手できない．それな
　のに，一方では，それに比べれば，ごく少数の人びとが，おそらくその人
　びとにもなお有害な贅沢品を，ありあまるほど手に入れているのである．
　／この（個人主義的な）体制のもとでは，幸福の獲得ではなく，富の獲得が
　社会の主要目的とされる．それゆえ，それは誤謬に基礎をおく一つの体制
　であり，そのすべて帰着するところは不幸であり，不幸であるに相違ない
　のだ．（オウエン 1980b：201）

　労働の苦痛と貧困は社会主義にとって不要なものである．それにもかかわら

ず，社会は圧倒的な「働く人びとの貧困」に支えられ続けている．しかし「人間が，その性質上享受可能なすべての幸福を，永遠に捉えていることのできる方法は，一つしかない——すなわち，各人の利益のためにすべての人が結合し協力するというものである」（オウエン 1980c：228）．

こうして，オウエンの功利主義，性格形成論，個人的制度批判は「最大多数の最大幸福」の名のもとに，社会全体の幸福を見渡し，私的利害の対立によって全体の利益を損なわないようにする「協同思想」に結実する．

▶科学主義

最後に，社会主義は科学によって基礎づけられなければならないとする科学主義である．オウエンにとって，社会主義が天の国や彼岸に見いだされるユートピアではなく，十分に世俗的で現実的であることを説得し，実現可能な諸形態を構想していくためには，科学的な方法が必要であった．「原理」という用語が文献中に何度も出てくるように，オウエンは同時代の経済学者や哲学者に承認された功利主義的な命題に基づき，演繹的な方法で自らの主張を基礎づけようと努力していた．

> 人間は，その幸福を次第に増大するはずの環境を，数学的な正確さによって手にしうることを，明らかにするだろう．（オウエン 1980a：110）

オウエンは「数学的な正確さ」との表現を用いて，自身の見解の論理的な正しさを強調している．そして，経済学は功利主義と整合的な科学「人間の幸福の科学」でなければならない，とも主張されている．

> 経済科学は，人間の幸福の科学のもう一つ別の名称に過ぎないのであり，あるいは，そうであるべきものである．（オウエン 1980c：247）

しかし，アカデミックなトレーニングを受けていないオウエンにとって演繹法や数学といった方法は得意とはいえず，相手の土俵で相撲を取っているようなところがあった．むしろ，オウエンの自信を支えていたのは，工場経営者としての成功体験であり，労働者の待遇改善と子どもたちの教育によって成長を促すことが，少なくとも工場経営にとって有益であることを示した事実であった．それゆえに，実務家としての経験から獲得された豊富なエビデンス（データや証拠）を提示する実証主義的な方法を積極的に活用していたのである．

オウエンの自信のほどは次の言葉にあふれ出ている.

　　この諸原理は，実践に移され最大の成功をおさめてきたのだ…….　(オウエ
　　ン 1980a：111)

4　ユートピアのかたち

　オウエンが示したユートピアの具体的なかたちには，事実上，(1)ニューラ
ナーク紡績工場，(2)「一致と協同の村」構想，(3)労働交換所，(4)協同組合と労
働組合の 4 つがあるものの，本章ではオウエンの所説に議論を限定せざるをえ
ない.

　前節までに明らかにされたように，オウエンのユートピアは「最大多数の最
大幸福」を実現するための「社会的な制度」でなければならない. そして，産
業革命によって解放された生産力を享受しつつ，都市・人口・環境問題のよう
な近代化によって生じた弊害をも取り除く野心的なものである.

　これらのユートピアは「一致と協同の村」と呼ばれる自給自足的な共同体構
想に代表される. その内容を「現下窮乏原因の一解明」の解説にしたがって大
づかみに整理すると，要点は次の 4 点である.

　① 社会の目的は，富または利潤の獲得にはなく，むしろ人間の性格の改善
と幸福の獲得にあること. ② 個人的な制度のもとで抑圧されている生産力は
社会的な制度のもとで解放することができる. ③「科学的諸改良」(オウエン
1980b：206) の成果を衣食住に還元する具体的な計画. ④ 共同体の経済システ
ムの設計.

　こうして，産業革命によって獲得された生産力を前提として，共同体のメン
バーは「彼ら自身の消費を越える多量の剰余を，らくに創り出しうるであろ
う」(オウエン 1980b：210) と考えられ，同時に私的利害の対立をもたらす個人
的制度としての市場・貨幣・私的所有が廃止される.

　そのさい私的所有は，自己責任と私的利害の対立から生まれた制度であり，
「条件の不平等」の基礎となるものとして，念入りに批判されている.

　　しかし，自由な主体と責任という信念の必然的帰結の一つは，人類を個別
　　化することであったし──利己心を作りだすことであって，この利己心か
　　ら直接に，分裂と不幸との豊かな源泉である私的所有の制度が生じたので

ある．私的所有は，条件の不平等——多数のものを犠牲にして少数のもの
を益するよう意図した排他的諸制度を，生みだした．（オウエン　1980c：228）

　貨幣は「品物に含まれる労働の正確な量（内在的価値）を明示する」「紙幣あ
るいは領収証」等の「表示物」によって代替される（オウエン　1980b：210）．し
かし，内在的価値を表示する「紙幣」（労働証券）に基づくモノの交換はあくま
でも過渡的な措置であるといわれ，究極的には「欲しいものは何でもつかえ
る」状態に至ることで，この「表示物」さえも不要になると展望されている．
　「一致と協同の村」構想は面白いアイディアに溢れている．なかでも家事の
社会化にはオウエン主義がフェミニズムと連携していく萌芽がみられるし，特
定の年齢層の人びとが意思決定を行う仕組みで代議制よりも直接的な民主主義
を実現しようとしていた．ユートピア論の面白さは，発想の豊かさ，着想の斬
新さ，それに向かって真剣に取り組む熱意にある．諦めることを知らないオウ
エンのひたむきさが，冗談のような夢物語を現実のものとしてきたのである．

おわりに

　オウエンの「科学」は，まずなによりも観察に基づく．① 科学の発達によ
る生産力の飛躍的増大と，そのもとで働く人びとの不遇と不道徳の発見．
② 観察された事実から社会矛盾の原因分析へと考察を進め，労働者大衆が置
かれた社会環境の問題を性格形成論と個人的制度批判として概念化．③ 上流
階級に認められた価値（功利主義的命題）と科学的方法（演繹法）によって自らの
主張を基礎づけた．④ 科学は生産技術や経済分析だけでなく，社会設計にも
応用可能な方法であると考え，合理的かつ科学的な，それゆえに実現可能な
ユートピア社会の設計図を引いた．
　観察された事実に基づく直截な訴えは多くの人びとの心に届き，オウエン主
義の名のもとに大衆運動は社会を揺るがし，上流階級には賛否両論が巻き起
こった．オウエンの「科学によるユートピア」の主張は功を奏したといえよう．
　オウエン主義に反対する人びとも① 事実認識と③ 功利主義を否定すること
はできなかった．②についても，自己責任論に基づき，労働者自身の怠慢や競
争による刺激の必要を説くことはできても，世界初の幼稚園を作って子どもた
ちを受け入れ，国民教育の確立にも尽力したオウエンの献身は称賛されざるを

えなかった．ただし，政教分離を唱えるオウエンは国教会の厳しい抵抗に遭い，オウエン主義者の間に小さくない動揺を引き起こしたといえる．最も粗が目立ち，格好の批判対象となったのは④オウエンの社会設計であろう．なかでも看過できない批判は，共同体の自活可能性と市場社会との競合をめぐるものであった．

　オウエン主義はオウエンだけのものではない．むしろ，オウエンが描いた大きな夢に向かうさまざまルートが開発されたことで，少しずつ社会が動き，労働者階級の状態が改善されたのである．それを独り資本主義の成果だと考えてはならないし，自由競争的な市場の効用ではまったくない．むしろ市場の自由を抑圧し，人間の自由を取り戻そうとした試みの中に「社会」を再構築した．人間は「自然および社会の子」（オウエン　1961：39）である．この言葉にオウエン主義の真髄が示されている．他人の人生に責任を負わない自己責任論は厳しいが，気楽な思想である．オウエンは「最大多数の最大幸福」を掲げることで人びとを限りなく社会に包摂しようとしていた．

　最後に，オウエンのユートピアが私たちに語りかけるものはなにか．それは幸福（功利）を徹底的に追求せよ，とのメッセージではないだろうか．オウエンが社会主義的なユートピアを語れるようになった背景には，産業革命による生産力の解放，幸福追求を容認する人びとの意識の変化，そして産業革命の成果を資本主義が生かし切れていない事実がある．オウエンが没して160年余りが経ち，当時とは比べものにならないほど生産力は拡大してきた．しかしそれにもかかわらず，オウエンが指弾した諸問題は解決していないばかりか，かたちを変えて深刻さを増している．貧しく追い詰められた状況下で人びとは気持ちに余裕を持ったり，他人のことを思いやったりすることはなかなかできない．潤沢な社会に囲まれてはじめて人は他人を思いやる客観的条件を獲得するのである．

　　この諸原理を実践に移すことから得られる最も重要な利益は，この原理によって，各人を「すべての人びとに思いやりをもつ」ようにしむける最も力強い理由が生み出されるだろう，ということである．（オウエン　1980a：115）

参照文献一覧

Carchedi, Guglielmo and Roberts, Michael eds. 2018 *World in Crisis: A Global Analysis of Marx's Law of Profitability*（Haymarket Books）.

Co-operation. *The Co-operative Magazine, and Monthly Herald.* Vol. II. No. XI. November 1827, pp. 509–511.

オウエン，ロバアト　1961『オウエン自叙伝』五島茂訳，岩波書店［岩波文庫］.

─────　1970『ラナーク州への報告』永井義雄・鈴木幹久訳，未来社.

─────　1980a「社会にかんする新見解──あるいは，性格形成原理と，それを実践に移すことについてのエッセイ集」白井厚訳，『世界の名著』42，中央公論社.

─────　1980b「現下窮乏原因の一解明──先進文明社会にひろがる窮乏の原因とそれを除去する諸手段の一解明」五島茂訳，『世界の名著』42，中央公論社.

─────　1980c「社会制度論」永井義雄訳，『世界の名著』42，中央公論社.

土方直史　2003『ロバート・オウエン』研究社.

ホジソン，G. M.　2004『経済学とユートピア──社会経済システムの制度主義分析』若森章孝・小池渺・森岡孝二訳，ミネルヴァ書房.

マルクス，カール　1972『資本論』(1)岡崎次郎訳，大月書店［国民文庫］.

モア，トマス　1994『ユートピア』平井正穂訳，岩波書店［岩波文庫］.

第4章　初期ドイツ社会主義
―― 19世紀ドイツの手工業職人ヴァイトリング
の〈社会的デモクラシー〉――

石　塚　正　英

は じ め に

　社会思想史の文脈においてユートピアを問題にする場合，その意味合いにお
よそ以下の二類型を確認できる．第一類型は目標・観念のレベルで，それはさ
らに以下の二つに区分できる．一つは理想（期待されつつも時期尚早・可能性に留
まる）としてのユートピアで，いま一つは空想（期待されつつもリアリティ・アク
チュアリティに欠ける）としてのユートピアである．第二類型は方法・実践のレ
ベルで，それはさらに以下の二つに区分できる．一つは理論的なユートピア

（思想家や宗教家が抱く）で，いま一つは行動的な
ユートピア（移住民や実践家が抱く）である．こ
の区分方法でみると，本章で採り上げる対象は，
行動的なユートピアである．かつてエンゲルス
が『空想から科学への社会主義の発展』（1880
年）で述べたような空想的な種類でなく，むし
ろローレンツ・シュタインが『今日のフランス
における社会主義と共産主義』（1842年）で区分
した「一つの科学」「社会の科学，つまり社会
主義」である（シュタイン 1990：164-165）．
　本章で直接論じる19世紀ドイツの手工業職人
ヴィルヘルム・ヴァイトリング（Wilhelm
Weitling, 1808-71）は「社会的デモクラシー（So-

図4-1　ヴァイトリング

zialdemokratie)」という術語を用いた．それは行動的であり，かつ理想的な
ユートピアの一つである．その意味を以下の本論において詳述する．なお，本
章を執筆するにあたり，いちいち注記を付さないものの，拙著『革命職人ヴァ
イトリング──コミューンからアソシエーションへ』(社会評論社，2016年)を主
要な参考文献としている．

1　1848年革命の現実

　1848年革命（三月革命）に先立つ時期を，ドイツ史上で「三月前（Vormärz）」
と称する．その時期の革命家たちは，来たるべきドイツ革命は，部分的・政治
的なものでなく，トータルな，社会的なものでなければならないという発想を
抱いていた．彼らはみな，フランス的政治・社会情勢の高みに立って世界をな
がめようとしたからである．彼らの立つ頂からは，はるか下の方に封建ドイツ
が見おろせたのであった．だがドイツ革命の展望を考えるとき，手工業職人
ヴァイトリングは，ドイツの現状を一気にフランス以上の高みにおしあげよう
とした．またヘーゲル左派からでてきた思想家モーゼス・ヘスは，ドイツとフ
ランスの落差を十分洞察しえていたのだが，これをみじめなドイツが独力で登
りつめることは不可能と結論し，イギリスに始まるヨーロッパ革命の一環とし
て，ドイツをやはり一挙的に頂上までおしあげようとした．それに対し同じく
ヘーゲル左派からでてきたマルクスとエンゲルスは，ドイツの低地に降り立つ
ことをもって，革命路線の出発点とした．
　ヴァイトリングにとって不平等の延長，支配者の首のつけ換えでしかないブ
ルジョア革命が，現実にドイツの直接課題であったことから，マルクスにとっ
て，ドイツ解放の究極目標と段階的目標は区別すべきものとなってゆく．1843
年当時，彼はけっしてそれを明言していない．そのころの彼は，何よりも総体
的な革命が，政治的解放を越える人間的解放が気にかかっていた．ドイツ的み
じめさは社会革命によってしか克服されないことを強調していた．だが，いま
ドイツが歩む客観的な方向に直接立ちはだかっているものはブルジョア革命で
あるという認識から，彼は，ドイツを一気にフランス以上の高みにおしあげよ
うとするのは誤りだと結論する．そうした戦略展望は，エンゲルスとの協働に
よってしだいに強くなっていく．
　しかし，1848年に革命が勃発して分かった事実として，ドイツ・ブルジョア

ジーによる民主主義の拒否がある．19世紀中頃からユンカーとともにドイツ社会の支配者に成長していくドイツ・ブルジョアジーは，19世紀前半から，自らの経済的利益を効率よく増大させるのに民主主義ほど邪魔なものはほかにないと考えていた．労働階層とでなくユンカーとの同盟を強化しようとする彼らにとって，フランス革命の理念「自由・平等」は百害あって一利なしであった．彼らは自由主義は望んだが，それはたぶんに自由保守主義（Liberaler Konservatismus）としてのそれであって，民主主義的なそれではなかったのである．だから，ドイツにおいて民主主義を求めた人々はブルジョアジーでなく，下位中産階層（小ブルジョアジー），社会的属性からみれば小生産者・小所有者の中間諸層であった．それ故，彼らの求める民主主義は，言葉の表現上では見分けがつかないものの，その本質においてブルジョア民主主義とは大きく異なっていた．

けれども，革命勃発に先立ち，マルクスとエンゲルスは，1845年の『ドイツ・イデオロギー』から48年の『共産主義者宣言（共産党宣言）』にかけて，いわゆる科学的共産主義の諸理論を展開し，その中でヴァイトリング的な理念を木端微塵に粉砕していった．そして，来たるべきドイツ革命は，小生産者の理想実現のためでなく，近代賃金労働者の理想実現のために，民主主義のために闘われるべきとした．それはとんでもない勘違いであった．マルクス・エンゲルスによる一方的な期待に反して，1830年代40年代ヨーロッパ諸都市の手工業職人は，いまだ小生産者中心の社会，政治的平等と経済的平等とが分かち難く結合した社会，その結合こそが民主主義の内実であるような，そのような民主主義——本章では「社会的デモクラシー」という——を備えた労働者社会を求めていた．

2　人民統治の欺瞞

ヴァイトリングは社会的デモクラシーを考察にするにあたり，まずは共和主義者たちが好んで用いる「人民統治（Volksherrschaft）という言葉に，批判的な方向から概念規定を行う．

「人民統治とは何のことであろうか．——人民の統治，統治する人民のことである．この表現は往々あいまいであるから，それを望むままによびかえて差支えない．では人民とは何であるのか．——むろん言語・風俗・習慣によって

結びついた社会の全構成員のことである．さて統治するとは何であるか．――
統治するとは他者を自らの意思によって左右することである．この言葉につい
ての，より適切な概念はまずおそらく想定しえないであろう．しかしこの点に
関して，全人民が彼らを左右する統治者をもつことはあっても，彼ら自身が，
すなわちこの法外な数の集団が一人の統治者だということはありえないと考え
る．……万人が万人を統治する，これは概念の混乱である．……『人民統治』
の概念を適切とみるのであれば，万人もまた統治せねばならない．しかしこれ
はけっしてありえない．したがって，これもまたけっして人民の統治ではなく，
少数者の人民に対する偶然的な統治なのである」(Weitling 1972：87f, 91)．

　ヴァイトリングは，ブルジョア社会における人民統治が実は何を意味してい
るのか，ということを選挙のなかに見いだす．彼は多数決の原理を認めないし，
投票によって選ばれた代表など人民の代表ではなく，したがって人民の統治の
代表ではないという．圧倒的多数の人民は，投票の際その大半を死票にされて
しまい，結局は少数派に転落してしまうのである．彼にとって人民統治も多数
決の原理も富者のためのものである，財産共同体（Gütergemeinschaft）で採用す
べきものではありえない．共同体では統治の欠如こそありうることなのである．
共同体には政府などいらず，ただ管理機構があればそれでよいのである．とい
うのも財産共同体では「支配するものはいっさい存在せず，わずかに管理する
ものが，すなわち全体の調和，万人の生産と交換が存在するだけである」から
(Weitling 1972：87-91)．

　ヴァイトリングが「人民統治」概念としてえがくそのような内容，すなわち
万人が万人を統治するなどというのは概念の混乱であること，そして未来共同
社会では統治一般が欠如するのだということ，これは「自由な人民国家」にたい
するエンゲルスの批評と類似している．

　エンゲルスは1875年３月，ベーベル宛書簡で次のように記している．「自由
な人民国家が自由国家にかえられています．文法的にいうと，自由国家とは，
国家がその国民にたいして自由であるような国家，したがって専制政府をもつ
国家のことです．国家にかんするこうしたおしゃべりは，いっさいやめるべき
です．ことに，もはや本来の意味での国家ではなかったコミューン以後は，
なおさらそうです．プルードンを批判したマルクスの著作や，その後の『共産
主義者宣言』が，社会主義的社会秩序が実現されるとともに，国家はおのずか
ら解体し消滅する，とはっきりいっているにもかかわらず，われわれは『人民

国家』のことで，無政府主義者からあきあきするほど攻撃されてきました．け
れども，国家は，闘争において，革命において，敵を暴力的に抑圧するために
もちいられる一時的な制度にすぎないのですから，自由な人民国家についてう
んぬんするのは，まったくの無意味です．プロレタリアートがまだ国家を必要
とするあいだは，プロレタリアートは，それを自由のためにではなく，その敵
を抑圧するために必要とするのであって，自由についてかたりうるようになる
やいなや，国家としての国家は存在しなくなります．だから，われわれは，国
家というかわりに，どこでも共同体〔ゲマインウェーゼン〕ということばをつ
かうように提議したい．このことばは，フランス語の『コンミューン』に非常
によくあてはまる，むかしからのよいドイツ語です」(マルクス・エンゲルス
1963：73-74).

　エンゲルスのいわんとすることは，階級なき社会にあってこそ国家＝統治の
欠如を語れるし，自由について語れるが，いまだ労働者階級がブルジョアジー
を支配する階級であれば，ブルジョア国家と同様，たとえそれが人民国家
(Volksstaat) とよばれようが，そこには歴然とした国家＝統治が存在するので
あり，自由を奪う手段が存在しているのだ，ということである．そういう段階
での「自由な人民国家」観は，やはり概念の混乱なのである．ところで，エン
ゲルスがそのように述べたからといって，それはヴァイトリングの「人民統
治」批判と完全に一致しているわけではない．もちろん両者とも究極において
階級なき社会，統治の欠如を想定するからこそ，人民国家や人民統治の概念を
明確にしようとするのである．しかしここでエンゲルスは，プロレタリアート
が権力を奪取した際の労働者国家＝人民国家について論じているのであり，そ
れをプロレタリア独裁国家として，未来社会への過渡期として弁護するために
論じているのである．いっぽうヴァイトリングは，ブルジョアジーが権力の座
にある市民国家＝人民国家について論じているのであって，それを少数金持階
級の国家，破壊すべき国家として批判するために論じているのである．エンゲ
ルスは，たとえプロレタリアートが国家をうちたてたからといって，即座に支
配が消滅し，自由が出現するものではないという．だからその点を曖昧にする
なというのである．ところでヴァイトリングは，たとえ市民，つまりブルジョ
アジーとプロレタリアートが国家の主人公のように宣言されたからといって，
彼ら全体が統治にあずかるのではないという．さらにヴァイトリングは，来た
るべき共同社会を〔統治の欠如〕の状態とみるから，「人民統治」などという

ことはどのような段階にもありえないと考える．同じようにエンゲルスもまた，来たるべき共同社会を〔統治の欠如〕の状態とみるから，「自由な人民国家」などということはどのような段階にもありえないと考える．論ずる対象と目的とを異にしていたにせよ，以上の観点からみるかぎり，両者のいわんとすることは一致している．

　けれども，エンゲルスとヴァイトリングの間で，見過ごすことのできない概念区別がある．エンゲルスにおいて，民主主義はキヴィタス（ポリス）に始まる．プロレタリアート独裁国家にあろうともポリティカルなのがデモクラシーの特徴である．それに対して，ヴァイトリングの民主主義はソキエタス（コムニタス）に始まる．古今を通じてソーシャルなのがデモクラシーの特徴である．彼のタームで言う「社会的デモクラシー（Sozialdemokratie）」，それは議会制民主主義に包摂される20世紀の社会民主主義（Sozialdemokratie, Social democracy）とは，同名ながら別物であって，混同してはならない．

　ところで，19世紀社会主義が求めた理想的な社会は，ソキエタスすなわち政治のない社会である．18世紀以前から持ち越された中世村落共同体，農奴的貧困の共同，キリスト教的精神の共同たるコムニタス・コムニオは，近代に至って，一方ではロック的理念すなわち服従契約社会，擬制的共同社会，個人的市民社会，市民的政治社会たるキヴィタスへと完全に解消していった．だが他方では，いったんルソー的理念すなわち個と全体とにかかわる結合契約的協同，立法者と人民とにかかわる人民主権的社会たるキヴィタスへと分解しつつも，そうであるがゆえにやがてプルードンが唱えることになる〔アナルシ（無という秩序）〕的理念，すなわち全体（主権者たる人民＝一般意志）と個（国家の構成員たる人民）との間の同意であるルソー的結合契約を超える，同格の二者の間，個と個との契約たる水平契約に基づく協同つまりソキエタスへと転化していったのである．ヴァイトリングの社会的デモクラシーは，1848年革命後の移住先アメリカで，そのプルードンの〔アナルシ（無という秩序）〕と接点を持つことによって，実践の場を獲得するにいたる．

3　ヴァイトリングのユートピア実践

　1850年代に入ると，ヴァイトリングは移住先のアメリカ合衆国で週刊（のち月刊）の『労働者共和国（*Republik der Arbeiter*)』を創刊した．当時，合衆国々

内では，大陸の東から西へと向かう移住運
動，いわゆる西漸運動が空前のピークにさ
しかかっていた．西漸運動それ自体は植民
地時代からみられた．西部未開拓地の獲得
を目指して，また東部での宗教的・社会的
差別からの解放を目指して，ほとんど個々
の家族単位で，人々はこの移住運動に加
わったのである．ところが，1846〜48年の
アメリカ・メキシコ戦争と，これによるア
メリカのカリフォルニア占領，さらにはそ
の新領土カリフォルニアにおける金鉱発見
という事態をむかえると，西漸運動は，い
わゆるゴールド・ラッシュと称され，人々

図 4-2 『労働者共和国』

の移動は特別に激しさを増した．彼らは一括して "49年の人々 (Forty-Niners)"
と称された．また同じ頃，1848年革命に敗北してドイツから合衆国に移住して
きた人々——彼らは一括して "48年の人々 (Forty-Eighters)" と称された——の
一部も，Forty-Niners の仲間となった．

　北アメリカにおける "49年の人々 (Forty-Niners)" による激しい人口移動，
人口増加の動きを観察していた合衆国の産業資本家たちのなかには，それまで
東部を中心に部分的にしか敷設されていなかった鉄道網を整備・拡張し，別の
乗物への乗り換えや長期の待ちあわせなしに，大西洋岸から一挙に太平洋岸へ
と大陸を横断できる幹線建設に投資欲を燃やし始めた．だが，資本家たちがそ
の計画を煮詰めて実現させるには，結果として約20年ほどかかった（1869年開
通）．当時，それほどに達成困難な，大規模な建設事業であった大陸横断鉄道
敷設を，資本家たちの見積りよりもっと短期間に，経済的・合理的に成就させ
ようという宣伝が，1850年4月に，ニューヨークで，労働者側の発案として発
表された．そのオーガナイザーこそ，ヴァイトリングであった．『労働者共和
国』1850年4月号に，「太平洋への鉄道 (Die Eisenbahn nach dem stillen Meere)」
と題する記事を載せ，在アメリカ・ドイツ人労働者に，次のよびかけを行なっ
た．

　　「資本家たちは，この鉄道について1億ドルの予算額を見積っている．

　　彼らは，信用による国費支払でそれだけの金額を彼らに用だてるよう，ま
たそのほか幅30イギリス・マイル，全長2000マイルの鉄道用敷地をも用立
てるよう，国に要求している．（中略）もし国が——資本家たちが要求して
いるように——技術者を提供してくれて，全長2000マイル，幅30マイルの
敷地を譲ってくれて，またさしあたり一日１万ドルを，また鉄道完成後に
残りの額を払い渡してもらい，あらゆる必要資料を供給してくれるならば，
我々はこの鉄道建設を２ヶ年で完成させよう」(Weitling 1979：1Jg. 58f.).

　ヴァイトリングは，東部資本家たちの“資本主義的”な横断鉄道建設計画に
対し“労働者的”に対抗すべく，まずは在アメリカ・ドイツ人労働者を中心に
した大衆的な発企集会を開こうと計画する．これは1850年10月22日～28日に，
フィラデルフィアで開催され，セントルイス，ルイビル，ボルチモア，ピッツ
バーグ，フィラデルフィア，ニューヨーク，バッファロー，ウィリアムズバー
ク，ニューアーク，そしてシンシナティから，各々の地域に存在する労働者団
体代表が集合した．ヴァイトリングが“第１回ドイツ・アメリカ労働者会議”
と名づけたこの集会には，総計4400名の労働者が間接的に参加し，寄せられた
資金の総額は１万9071ドルとなった (Schlüter 1907：83f.). だが，このような勢
力と資力とでは，とても鉄道建設を具体化しえず，そこからヴァイトリングは，
もっと恒常的な運動を維持し強化するため，労働組合ともつかぬ，また救済金
庫ともつかぬ，政治結社ともつかない，しかしそれらすべての機能を満足させ得
るような労働者団体の創設を考える．果たして，この腹案は，1852年５月１日に
ようやく実現し，ヴァイトリングはこの新たな組織を「労働者同盟 (Arbeiterbund)」
と命名した．以後彼は，この組織を基盤として，ひとつに，鉄道建設に象徴さ
れる労働者協同事業——ヴァイトリングが“労働者友愛会”と称するもの——
の企画，ひとつに，労働者銀行＝交換銀行の設立，ひとつに，両者を軸として
成立する労働者の自立圏＝コロニー建設を推し進めることになるのであった．

　だが，そのような自主管理的社会主義の構想は，太平洋への鉄道建設計画が
ほとんど実行に移され得なかったことによって，挫折する．1850年段階で一時
的に周囲の支持を得たものの，鉄道建設という，最大多数の労働者に就労の
チャンスを与えはするものの一挙に巨大資本が必要となってくる企画は，数千
からせいぜい１万人程度の移住労働者たちには，手に剰る代物であった．発想
それ自体は19世紀中頃のアメリカ社会にしっかりと存在根拠を得たものであっ

たが，具体化に向けての基盤づくりには，脆く失敗したのであった．

とはいえ，大陸横断鉄道の構想は，この時点で完全に潰え去ったわけではない．例えば『労働者共和国』1853年8月27日号には，「人民の断乎たる改革意識」と題したL・Aの署名のある論説において，再び太平洋鉄道の企画として「政府，資本，それに人民」の三者競争の可能性が述べられている．また資金の融資をめぐる政府への人民コンタクトの見込みについて語られている（Weitling 1979：4Jg. S. 279.）．

ちなみに，社会主義者によるこうした大土木事業計画は，ヨーロッパにも例がある．それは，サン＝シモン主義者によるスエズ運河建設の発案である．またサン＝シモン主義者は，アルジェリア植民事業や鉄道建設等にも乗り出している．ただし，こうした彼らの活動には，その財政的パトロンとしてロスチャイルド，ラフィット，オタンゲ等の協力があった．その点，ヴァイトリングの方式は労働者企業としてはるかに潔癖であった（見市 1976）．

いずれにせよヴァイトリングは，けっきょく鉄道建設に代えて，より手近かな，ある意味でより現実的な企画である"コロニー建設"へと，活動の軸を移動させていく．1853年10月8日付『労働者共和国』第41号に，「コロニー建設」という論説を揚げ，そのなかでこの事業に対する「交換銀行の導入」を宣伝している（Weitling 1979：4Jg. 323-325.）．この点は，特にオウエン派，カベ派等のコロニー建設とヴァイトリングのそれとを区別する，重要な要のひとつである．すなわち，ヴァイトリングのコロニー建設案は，これと交換銀行とが結びつくことによって，新たな，労働者解放にとってきわめてユニークな手段に組み換えられたのである．こうした一連のアソシエーション運動を，本章ではヴァイトリングの〔ユートピア実践〕と称しておきたい．

ところで，渡米後，ヴァイトリングは同時代フランスの思想家・実践家ジョゼフ・プルードンのアソシアシオン論に強く影響を受けた．また，そのプルードンは，前もって同郷の先輩思想家C.フーリエの影響を受けていた．そこで，次節では，フーリエのアソシアシオン論を，サン＝シモンの理論との比較において検討することで，本章のキー概念である〔ユートピア実践〕の内実を確定してみたい．

4　サン＝シモン型とフーリエ型のユートピア実践

　フランス革命後，19世紀に入ってからの資本主義の発展過程で，旧来の生産
者階層であったサン・キュロットと並んで，新たな形態の労働者，近代工場労
働者（賃金労働者）の一群も形成され始め，ここに，労働者階級が，生産手段を
所有せずたんに自らの労働力を売って生活するのみの階級として登場してきた．
この新たな形態の労働者たちは，当分のあいだ，旧来のサン・キュロットたち
と肩を並べ，或る時には残存する貴族階層――特権はもはや奪われていたが広
大な領土を私有地化し，地主となって生き残っていた部分――に対し，また或
る時は工場主に対して自らの経済的，および政治的要求を突きつけていくので
あった．
　ところで，フランス社会の階級構成がこのように〈資本家 ‐ 賃労働者〉の対
立関係に変化し出すと，それに並行して，被支配者である労働者の利益を擁護
し，あるいは，資本家のためでなく労働者のための国家建設を目指す思想が形
成されるようになった．そのような潮流の代表的な思想家としてサン＝シモン
およびフーリエが挙げられる．
　サン＝シモン（1760-1825）は，パリに生まれ，貴族の出身であったにもかか
わらず，若くしてアメリカ独立戦争に参加した．帰国後フランス国内を旅行し，
その間に，社会悪の根源が財産所有の不平等と貧困にあると判断し，新しい社
会の建設を主張し始めた．彼は未だ労資の対立というものをさほど意識せず，
大きく働く者と働かない者，利益をもたらす者とそれに寄生する者の2階級に
分類を行なう．その際，前者は産業者と称し，農民，職人などの勤労層に加え，
商人，銀行家，資本家，科学者もこれに含まれる．また後者は有閑者と称し，
地主，貴族，大金持，軍人などがこれに含まれる．サン＝シモンによれば新し
い社会は，前者が後者に代わって政権を担当し，産業者が自由に活動できるよ
うな社会である．そこでは，従来のような民衆を支配する道具としての国家は
消滅し，産業者による富の生産とその自主管理をコントロールするような機関
が残されるのみである．だが彼は，こうした新たな社会を導く手段としては，
革命的な方法でなく，産業の指導者（科学者，技術者など）の改革に期待を寄せ
た．
　次に C. フーリエ（1772-1837）が登場する．彼は豊かな商人の家に生まれたも

のの早くに父を亡くし，自らもフランス革命期にかけて貿易商として活動を開始したが，まもなく破産に追い込まれた．その後王政復古期にも商業活動を再開して，またもや失敗した．そこからやがて商業に対する批判が始まり，ついに資本主義の批判へと突き進む．フーリエは，秩序なき産業と不平等な財産所有に基づいた資本主義社会では悪徳しか栄えないとし，これに代えて，ファランジュと称する一種の協同社会を建設するよう説く．この理想社会では，生産的余剰は一定の比率によって各構成員に配分され，したがって私的所有は廃されず，またその構成員は，サン＝シモンの産業社会の場合と違って，小所有者，職人など旧来の生産者である．これら小生産者の分業と協業とによって生産力を高め，人間の諸情念を解放し，物心両面において実り豊かな社会を実現することが，フーリエの理想であった．

　ところで，サン＝シモンとフーリエとでは，たとえば所有権存続の問題などで本質的に異なる要素を含んではいたものの，国家＝政府を放棄している点で共通していた．のちにマルクスが究極の社会像として提起する協同社会（アソツィアツィオーン）は，このサン＝シモンやフーリエのそれと一致する．しかしサン・シモン（派）の産業主義は，ルソー的なアソシアシオンの系譜において，いまだキヴィタス的片鱗が付着していた．ルソー → サン＝シモン（派）→ マルクスの系譜上に浮上してくるアソシアシオンでは，全体のイメージが個のイメージにまさっており，「個人性の本格的展開」は不発に終わる可能性が強い．陰謀は権力に対してではなく，大衆に対してめぐらされてしまう可能性が大きい．いま仮に，これをコミューン型社会主義としておく．それに対し，ルソー → フーリエ → プルードンの系譜上に浮上してくるアソシアシオンでは，個と全体の結合から個と個の結合，すなわち全体のイメージよりも個のイメージがまさっている結合形態への変化がみられるだけに，「個人性の本格的展開」はいっそう容易となる．いま仮にこれをアソシアシオン型社会主義としておく．

　ところで20世紀社会主義は，実のところ全体のイメージが強いコミューン型社会主義を実践したのだといえる．ソ連共産党はその象徴である．よって，すでに21世紀を生きている我々は，こんどは個のイメージの強いアソシアシオン型社会主義を実践すべきなのである．そのための第一の作業としてジャン＝ジャック・ルソーに立ち帰り，そのルソーからフーリエ，プルードンへと一つの系譜をたどりつつ，社会主義理論の洗い直しをせねばならない．しかし，今の我々にとって，思想の洗い直し以上に重要なこととして，実践の掘り起こし

がある．19世紀社会主義をたんに著作のなかだけでなく，顧みられなくなって久しい運動・実践の追認識のなかに，いまこそ捉え直さなくてはならない．そして，そのような実践的社会主義者，アソシアシオン型社会主義の実践者の一人として再検討を求められる人物が，アメリカに渡ってからのヴァイトリングである．19世紀の欧米をまたにかけて活躍したこの社会主義者の思想と行動には，ルソー，サン＝シモン，フーリエ，オウエン，ブランキ，マルクス，そしてプルードンなど，すべての諸思想が影響を及ぼしている．また，ヴァイトリングの実践に多大な影響を受けた革命家にミハイル・バクーニンがいる．

　よって我々としては，20世紀社会主義＝コミューン型社会主義を準備した思想家すなわちマルクスとエンゲルスを，こんどはフーリエ，プルードンらアソシアシオン型社会主義を理論化した思想家たちと連合させ，21世紀社会主義をアソシアシオン型社会主義として実現すべきなのである．そして，この過程でコミューン型社会主義者マルクスというイメージをアソシアシオン型社会主義者マルクスの実像に転換させることが肝要である．それは，とりもなおさず，19世紀アメリカで『労働者共和国』を編集しつつ社会的デモクラシーを唱え，交換銀行と労働者協同企業の設立に尽力したヴァイトリングの実践を，我々が21世紀に引き継ぐことにもなるのである．

5　〈労働者共和国〉の歴史的意義

　本章「はじめに」で，ユートピアをおよそ以下の二類型に区分した．第一類型は目標・観念のレベルで，これをさらに理想としてのユートピアと空想としてのユートピアに細分した．また第二類型は方法・実践のレベルで，これをさらに理論的なユートピアと行動的なユートピアに細分した．そのうえで，本章で採り上げるヴァイトリングの場合は行動的なユートピアである，としておいた．それは第二類型にかかわる．では，第一類型については，理想と空想のどちらに振り分けられるだろうか．行論で明らかなように，期待されつつも時期尚早，というより，労働者共和国アメリカでの現実有効性をもった運動だったと評価していいのである．ただし，その根拠をはっきり示すには，「労働者共和国」に注記を施す必要がある．

　南北戦争勃発の11年前，ニューヨークのヴァイトリングは，『労働者共和国』1850年10月号で，合衆国内における黒人奴隷の扱いを批判して，奴隷制度は合

衆国憲法に法的な根拠をもっていないし，奴隷州は連邦からの分離を考えている，と述べた（Weitling 1979：1Jg. 149.）．1850年代を通じて，48年革命人の多くがヴァイトリングと同じような疑問を抱きつつ奴隷制反対を主張していたのであるが，そうした48年革命人にとって1850年代のアメリカは，依然として小農や職人など小生産者の国であり続けた．並の人（コモン・マン）には，独立以前からの植民地人民と独立後にヨーロッパから移住してきた人々だけでなく，独立以前から植民地で奴隷として売買され重労働を強いられてきた黒人たちも加わるべきだ，と考えたのだった．

　その発想は，ヴァイトリングが機関紙のタイトルとして強調する〔労働者共和国アメリカ〕という概念に一致するものだった．総じて，48年革命人にとってのアメリカとは，現在我々がイメージするようなアメリカではなかった．南北戦争以前のアメリカは，例えばヘンリー・ディヴィッド・ソローの次の言葉に象徴されている．

　「私は，『最もいい政府は支配することの最も少ない政府である』という標語を，心から受入れ，それが速やかに又組織的に実行されるのを見たいと願うものである．それが実行される暁には，これも私の信ずる標語であるが，『いちばんいい政府とは，全然支配をしないものであると』いうことになる」（ソロー1953：363.）．

　ヴァイトリングは，1853年『労働者共和国』第16号（4月16日付）から第28号（7月9日付）にかけて，カール・マルクスの同士ヨーゼフ・ヴァイデマイヤーと彼のグループの動向を批判的に紹介した．その際ヴァイトリングが批判の対象にしたものは，ヴァイデマイヤー派は合衆国社会にヨーロッパ同様，資本家階級対労働者階級の二階級対立をあてはめ，マルクスにならってアメリカ労働者階級による階級闘争を考えていたことである（石塚 2016：485-486）．ようするに，ヴァイデマイヤー派を政治革命主義者として批判したのだった．これに対しヴァイトリングは，労働者政権樹立を目指す意味での階級闘争を構想せず，むしろ労働者協同企業と交換銀行による労働者のアソシエーション的自立的経済圏の拡大を狙っていたのである．

　その最大の企画は，ヴァイトリングの進言で成立した「労働者友愛会」（労働者協同企業）による，太平洋岸への大陸横断鉄道建設である．こちらの企画，つまり鉄道建設を通じての労働者自主管理企業の設立と拡大の方こそ，当時の在アメリカ・ドイツ人労働者にはなじみやすいものだった．48年革命人の一人，

カッセル近郊ナウムブルク生まれで1849年ニューヨーク港に着いたユリウス・ビーンは，印刷技術を身につけていたため，「その技術を政府に提供し，陸軍長官ジェファソン・ディヴィスは，太平洋への大陸横断鉄道に必要な幾つかの地図の準備をビーンに委託した」(Zucker 1950 : 279.).

6　交換銀行論の系譜
——プルードン・ヴァイトリング・ゲゼル——

　前節までで筆者は，ルソー → フーリエ → プルードンの系譜上に浮上してくるアソシアシオンに言及し，ヴァイトリングは労働者政権樹立を目指す意味での階級闘争を構想せず，むしろ労働者協同企業と交換銀行による労働者のアソシエーション的自立的経済圏の拡大を狙っていた，と記した．そこで，本節ではアメリカ時代におけるヴァイトリングの思想と行動に深く影響したプルードンを軸に，交換銀行の系譜を概述する．

　19世紀の社会主義者プルードンと，彼に学んだヴァイトリングは，ともに貨幣の廃止を説いた．ただし，二人とも一気に貨幣を廃止しようとはせず，まずは貨幣に備わる二つの役割——交換と蓄財——のうち，蓄財を否定して役割を交換のみに限定しようとした．それを目的にしてプルードンもヴァイトリングも，第一に貴金属貨幣を排除して労働紙幣を発行する無償信用（無利子）の銀行を設立しようと考えた．交換銀行ないし為替銀行である．またアメリカ移住後（1850s）のヴァイトリングは，労働者の協同組合（Association）を設立して交換銀行と連動させつつ，大陸横断鉄道建設を目指した．

　彼らは，資本家による労働者搾取の根原を流通における貨幣（金銀）の支配に見いだして，その力を削ぐのに無償信用を介した物品やサービスの謂わば物々交換を提唱した．ヴァイトリングは言う．「物品が必要な各加入者は，この品物に対して支払わねばならない金額の代わりに，彼の営業でつくった生産物から当該額にみあう負担分を（交換銀行に）引き渡すようにする．パン屋は，ある信用貸付け金額を請求するに際し，それと同価値量のパン等を代わりに提出する」(Weitling 1979 : 5Jg. S. 165f.).

　貨幣に備わる蓄財機能の撤廃を目指す運動は，やがて20世紀に入ってドイツ人シルビオ・ゲゼル（1862-1930）に引き継がれた．24歳のときアルゼンチンに移住し実業家として成功したゲゼルは，1900年にスイスに移り，そこで主著

『自然的経済秩序』を起草した．1919年にはバイエルンの臨時革命政府で財務
担当人民委員（大蔵大臣）に就任したが，晩年はベルリン郊外のエデンに隠棲
した．

　そのゲゼルは，1916年ベルリンにおける講演「金と平和？」で次のように
語った．「流通するあらゆるお金は貯蓄金庫からやってきて，利子の先取りの
ほうを交換手段としての働きよりも優先させるのだ．交換の手段と貯蓄の手段
という，貨幣のこの二つの機能は矛盾をはらんでいる．それは自然に反してい
る．それは交換手段の使い方の一つの乱用である」「労働によらぬ収入を抑制
し，労働によって得られた生産物すべてへの権利を確立すること．それが，平
和のためのこの運動にとって実現すべき条件である．そこでまずなされるべき
ことは，金貨の廃棄であり，科学的原理によって管理された紙幣をもって代え
ることである」（ゲゼル 1996：20，29）．

　ゲゼルはプルードンに多くを学んでいる．彼は交換銀行の設立は説かなかっ
たが，〔減価する貨幣〕〔錆付く貨幣〕のキーワードに象徴される貨幣理論を説
いた．生産物は時の経過とともに減価していくが，貨幣（額面）だけはそうな
らない．額面どおりにいつまでも保有することができる．いや，銀行に預けれ
ば利子を産み続ける．個々人の金庫に備蓄された貨幣は投機に使われているこ
とになる．そこでゲゼルは，貨幣所有者に対して貨幣維持費を支払わせる算段
をした．ゲゼルの提唱する貨幣＝自由貨幣は毎週額面の千分の一だけ減価する．
額面どおりに維持するためには毎週印紙（スタンプ）を別途に購入して貨幣＝
紙幣に貼らなければならない．こうすることで，貨幣所有者は蓄財によって利
子を得ることが困難になり，貨幣はつねに流通に投入されてその速度が高まる
ことになる．

　ゲゼルはなるほど交換銀行を構想せず，バイエルン臨時政府のような国家に
おいて貨幣政策を構想したものの，しかし彼はそのような貨幣理論をプルード
ンから学んだのである．こうして見てくると，19世紀後半アメリカにプルード
ン思想を紹介しつつ自らも交換銀行とアソシアシオンとを結合させ，鉄道建設
プロジェクト認可を連邦政府に申請しようとしたヴァイトリング，そして20世
紀初に第一次大戦前後のドイツでプルードン思想に依拠しつつ〔減価する貨
幣〕論を説いたゲゼルは，ともにアナキストとしてよりも，今日流行の地域貨
幣論の先駆者として再評価していいのではなかろうかと思われる．この理論は
マネーレス社会を追究するものであるから，電子マネー・デジタル通貨の力が

途轍もなく肥大化して，巨大企業群のGAFAが全世界の経済を牛耳っている今日において，むしろ声を大にして叫びたい．

お わ り に

　1848年革命敗北を機にアメリカへ渡った人々の多くは，ヨーロッパでついに果たせなかった，労働者の経済的・社会的自立という夢をこんどこそ叶えようと努力した．彼らにとってアメリカとは，政治的な意味で自由な国である以上に，社会的な意味で自由な国だった．ヴァイトリングの言葉を用いるならば，社会的デモクラシーの実現可能な国に思えた．そのような可能性にかけた社会的実践はけっして机上の理論，空想でなく，行動に支えられた理想なのである．この意味で，ヴァイトリングはたしかにユートピアの実践者だった．ユートピアなき世界をデストピアという．デストピアに陥らないために，ユートピアの実践は永遠に必要なのだろう．

　ところで，ユートピアの実践には "anarchia" が重要なモメントとなる．この術語には「無政府」や「無秩序」といった訳語があてがわれるが，そのばあいの「無」は「政府」や「秩序」という語幹・語基の反対・否定を指す接頭辞のように解釈される．筆者が意図するところはそれと異なる．「無」は接頭辞でなく，それ自体に積極的な意味をもたせている．「無という秩序」あるいは「無の中に秩序が存在する」ということである．とくにプルードンのアナキズムには「無という秩序」をはっきり読み取ることができ，ヴァイトリングの労働者アソシエーション（ソキエタス）にも確認することができる．

参照文献一覧

Schlüter, Hermann 1907 *Die Anfänge der deutschen Arbeiterbewegung in Amerika*, Stuttgart.

Weitling, Wilhelm 1972 Die Regierungsform unsers Prinzips, in: *Junge Generation*, 1841-43, Zentralantiguariat der DDR. Leipzig,

Weitling, Wilhelm 1979 *Republik der Arbeiter*, 1850-54. 1-5Jg. Nachdruck Topos Verlag, Liechtenstein.

Zucker, Adolf Eduard 1950 "Biographical Dictionary of the Forty-Eighters", in: ed. by A. E, Zucker, *The Forty-Eighters. Political refugees of the German Revolution of 1848*, New-York,.

石塚正英 2016『革命職人ヴァイトリング――コミューンからアソシエーションへ』社会評論社.

ゲゼル，シルビオ 1996「金と平和？――1916年4月28日，ベルリンにおける講演」，ゲゼル研究会編『自由経済研究』ぱる出版，第7号.

シュタイン，ローレンツ 1990『平等原理と社会主義――今日のフランスにおける社会主義と共産主義』石川三義／石塚正英／柴田隆行共訳，法政大学出版局.

ソロー，ヘンリー・デーヴィッド 1953「市民としての反抗」，アメリカ学会訳編『原典アメリカ史』第3巻，岩波書店.

マルクス・エンゲルス 1963『ゴータ綱領批判・エルフルト綱領批判』マルクス＝エンゲルス選集刊行委員会訳，大月書店.

見市雅俊 1976「サン・シモン主義の社会観と実践――正統的サン・シモン主義アンファンタン」『思想』第620号.

第5章　初期フランス社会主義とユートピア
——サン゠シモンとフーリエ——

杉本隆司

はじめに

　T. モアの『ユートピア』（1516年）以来，「ユートピア」（"どこにもない場所"）と形容された思想や文学作品は数多く存在するが，それらに共通する定義とその難しさにはについては，これまでもしばしば語られてきた．だがそれらを分類する明確な基準が一つあるとすれば，それは著者が「ユートピア」を自称した著作であるのか，あるいは著者の意図に反して外部から呼称された著作であるのかという区別にある．この章で扱う，19世紀前半のヨーロッパに現れた「ユートピア（空想的）社会主義」という呼称は，後者のケースに該当する最も代表的な事例といえるだろう．

　しかし，そうした著作を扱う際に常に付きまとうのが，「ユートピア」を自称していない思想のなかに「ユートピア」の今日的な可能性を探ることは可能なのかという一つのアポリアである．当時の多くの思想家が「ユートピア」という蔑称を受け入れていない以上，彼らの思想のなかにその可能性があるとすれば，それはどこにあるのか，もう一つの積極的な意味でのユートピア性をまず明らかにする必要があるだろう．「ユートピア社会主義」の概念は，日本でも明治期に流入して以来，すでに一世紀以上の歴史を有し，アカデミズムでも広く人口に膾炙した（あるいは古臭く聞こえる？）概念として流通してきたが，ここではその来歴について改めて確認することから始めよう．

1　「ユートピア社会主義」という概念

▶19世紀における「ユートピア」の変遷

　「ユートピア」と「社会主義」という元来は無関係な両概念を結びつけたの
は，周知のようにマルクスとエンゲルスである．彼らが『共産党宣言』(1848
年) と『空想から科学へ』(1880年) のなかで，フランスの思想家 H. サン＝シモ
ン (1760-1825) と C. フーリエ (1772-1837)，イギリス人 R. オウエン (1771-1858) を
一括して「ユートピア社会主義者」と呼んだことに由来する．彼らによれば，
「三大ユートピア思想家」たちは，当時の資本主義の発展段階の未成熟のゆえ
に新興市民階級と労働者階級の闘争的性格を把握することができず，唯物史観
の理解を欠いたその仕事はマルクスとエンゲルスの主張する“科学的”社会主
義のいわば前史の段階，つまり「未来社会の空想的叙述」にすぎないという否
定的な評価を受けてきた (エンゲルス 1966).

　だがこの二人による“レッテル貼り”は，実はこれだけに留まらない．三人
のうち少なくとも二人のフランス人に限っていえば，自らを「社会主義者 so-
cialiste」だとか，その思想を「社会主義 socialisme」と呼んだことすらないか
らである．実際には，この時代の社会改革者の多くは，のちに見るように当時
勃興しつつあった産業と実証科学の発展を背景に，むしろ旧来のキリスト教や
形而上学を延命させる企てを“ユートピア”として批判していた．そうした彼
らの意図に反して，マルクスとエンゲルスが「ユートピア社会主義」という概
念を創り出し，過去の歴史から彼らを召喚したのは，自らの「社会主義」の
「科学性」のいわば引き立て役を，この概念に担わせるためであったといえる
だろう．

　これにより，彼らとその弟子たちの思想は，“ユートピア”であり，“社会主
義”だという理解が19世紀末から広く定着することになった．もちろん，マル
クスとエンゲルスも彼らを無根拠にそう呼んだわけではないが，しかし「ユー
トピア社会主義」という概念が外部からの呼称であるという事実は，決して些
細な事柄ではない．18世紀の産業革命以前のユートピア思想と19世紀以降のそ
れとのあいだには，少なくとも次の二点において，その特徴に大きな変化がみ
られたからである．

　まず一点目は，作品の著者が対象とする社会空間の変化にある．ルネサンス

期から18世紀以前のユートピアの多くはモアの語源に忠実に，架空の島や大陸，月や太陽のような別世界を設定し，現実世界に対する批判的機能を備えたフィクションとして構想されてきた．だが19世紀になると，実現不可能な "どこにもない" 社会ではなく，次第に改革主義的，さらには革命的な "どこにでも適用できる" 社会変革のプログラムとして見なされるようになっていく．それに伴い，作品の読み手が限られ，著者の顔の見える文学ジャンルのユートピアから，あらゆる職業階層からなる一般大衆を相手に，師匠から弟子たち，弟子たちから聴衆までを巻き込む思想運動のユートピアへと，それが対象とする社会空間までもが大きく変容することになったからである．

　19世紀以降も伝統的な文学ジャンルの自称ユートピア作品は消滅したわけではないが，この時代に新たに登場した「ユートピア社会主義は，言葉の伝統的な意味でのユートピアの累積である以上に，その創始者たちの著作に必ずしも還元できない社会力学を有する」(Picon 2002 : 26) ようになった点で，ある種の "実践的なユートピア" という新たな潮流を生み出す契機となったといえるだろう．

　次に19世紀以降のもう一つの重要な変化は，「ユートピア」概念が決定的に「科学」や「科学的」という言辞の対比から規定されるようになった点にある．例えば，モアの『ユートピア』に代表されるように，いかに別世界が奇異だとしても，常にユートピアの "ネガ" として対極に位置づけられたのは，堕落した文明社会や著者自身が生きる現実世界であった．ところが「ユートピア社会主義」の登場以降，「ユートピアという言葉は，それ自体が元来の意味を失い，科学的というのと正反対のことを意味するようになった． "ユートピアン" というのは，ほとんど自称科学的社会主義たちが彼らの反対者たちに好んで浴びせかける格好の侮蔑の言葉となった．十九世紀のユートピアのリストがこれほど大きな役割を占めたのは，これらマルクス主義の審判者たちのおかげである」(ベルネリ 1972 : 348)．

　ロシアの正統派マルクス主義 (科学的社会主義) を揶揄するこの引用の著者 M. ベルネリ (1918-49) は，イタリアで活躍した革命的アナーキストであり，必ずしも社会主義一般を批判したわけではない．だがこれまで「ユートピア社会主義」にマルクス主義が投げつけてきた批判は，20世紀に入ると今度は自由主義者の口を通して，マルクス主義自身に跳ね返ってくることになった．ナチズムやスターリニズムなど，科学による人民の支配を正当化する全体主義を経験し

た，ハイエクやポパーら戦後の自由主義者たちによって，「ユートピア社会主義」はもちろん，その嫡子たるマルクス主義さえ，自然科学の法則や方法論を無批判的に社会科学に持ち込み，存在と当為を混同した歴史法則を説く「疑似科学的ユートピア」（Bénichou 1977：221）として，全体主義の歴史的源泉の一つに指名されることになったからである（アーレント 2017：76-8）．ここにきて，かつて「科学性」を標榜していたマルクス主義を含む社会主義一般が，非科学的な "ディストピア" の烙印を押されることになったのである．

▶「ユートピア」の対極にあるもの

　しかし，こうした「疑似科学」ユートピア批判においても，「真の科学」の対極としての「ユートピア」という構図自体は，社会の世俗化を啓蒙科学と宗教的信念のある種のゼロ・サムゲームとみなす近代化論やかつてのマルクス主義自身の図式を，暗黙裡に引き継いでいるという点は指摘しておいてよい．現代フランスの哲学者 P. リクールは，この構図そのものに批判を投げかけ，むしろその対極に「科学」ではなく「現実」や「実践」を位置づけることを提案している．マンハイムに倣い，イデオロギーとユートピアの両概念に共通する特徴を「科学との不一致」ではなく「現実との不一致」に置き，それをあぶりだす社会的構想力の一つとしてリクールが呼び戻すのが，「どこにもない場所」というユートピア本来の伝統的な機能である．

　　「この "場所なき場所" から，外的な一瞥が我々の現実に投げかけられ，この現実が突然なじみのないものになり，もはや何も当然のものとはみなされないようになる．……代替となる社会を，空想し，それを "どこにもない場所" に外在化することは，存在するものについての最も素晴らしい異議申し立ての一つではないだろうか．……ユートピアは社会，権力，政府，家族，宗教などの主題に想像的変更を導入するのである」（リクール 2011：65）．

　彼の主張で興味深いのは，この視点をさらに初期マルクスの読解にまで導入し，マルクス自身をその後の科学的社会主義の文脈から切り離そうとする点にある．宗教を現実の転倒の反映とみなすフォイエルバッハのキリスト教批判を起点に，国家・貨幣・労働など現実の生活過程全般へとこの転倒モデルを応用した初期マルクスのイデオロギー概念も，元来は科学の反対物というより，現

実の生活全般を覆いつくす虚偽意識一般として理解されていた．ところが『空想から科学へ』の後期エンゲルスによって，科学とイデオロギー（ユートピア）が決定的に対置させられ，その後の科学的社会主義の基本テーゼと見なされるようになってしまった，というのがリクールの見立てである．

　『空想から科学へ』は，パンフレットとしての読みやすさと，空想と科学を対立させる簡潔な題名のキャッチーさも手伝って，エンゲルスの名はこの著作と切り離せないほど人口に膾炙してきた．だがそのイメージを離れて彼の諸著作を読み返してみると，意外にも「三大ユートピア思想家」の先見性やその社会的想像力への「尋常ならざる感謝の印」（マニュエル 2018：847）に溢れていることにも気づくだろう．サン゠シモンについてはフランス革命の階級闘争的理解や卓抜な国際政治論を，フーリエについては容赦ないブルジョワ文明批判や女性解放（フェミニズム）の先見性を，オウエンについてはプルードンの交換銀行の先駆的業績など，彼らに対するエンゲルスの評価は，確かに科学的社会主義の優位性は動かないとはいえ，おおむね公平であり，正確である．仏文学者の石井洋二郎は，元来『空想から科学へ』が『反デューリング論』（1878年）からの抜粋であり，その主たる批判相手が初期社会主義者を罵倒していた科学主義者デューリングであった点を確認したうえで，次のように述べている．

　　「"空想から科学へ" という図式が失効したからと言って，それがそのまま "空想" そのものの失効を意味するわけではない……．その意義までも性急に否定してしまえば，"科学" の名のもとに彼らを一方的に罵倒したあのデューリングの地点まで後退することになるだろう．私たちはせめてサン゠シモン，フーリエ，オーウェンを擁護しつつ，デューリングを批判したエンゲルスの立ち位置に踏みとどまるべきではないだろうか．そしてその場所から改めて歴史を俯瞰したうえで，失効を宣告されたのはあくまでも "科学" へ向かうプロセスに過ぎず，原点としての "空想" ではなかったことを，はっきり確認しておくべきではなかろうか」（石井 2009：25）．

　確かに，ここまで見てきたベルネリ，リクール，そして石井のエンゲルス評価は必ずしも一様ではない．だがそれでも彼らに共通しているのは，「科学的社会主義」の「科学性」を基準に「ユートピア」を裁断するのではなく，むしろ「現在」に対する批判的構想力や，諸個人を束ねる社会的な象徴機能という，

社会批判と社会統合を両軸とするユートピア本来の役割を復権させようとする
その姿勢にある．リクールによれば，その批判的な役割こそ「既存の社会秩序
が偶然性を持つことを人々に経験させる」ことにある．例えば「社会」とは，
かつてデュルケムが"神即社会"と論じたように，人々の想像力（信仰）に支
えられた不可視の象徴的な体系であると同時に，単なる幻想ではなく我々が
日々生活し，活動しているリアルな現実の場でもある．だがこの現実の秩序が
揺らぎ始めると，今度は社会を象徴的に支える想像力自体の変更が要求され，
それまで「当然と考えられてきた秩序が突然，異常かつ偶然的なものに見えて
くる」ことがある（リクール 2011：432）．

　日常をいわば異化しながら現実を転倒させ，現実のほうこそが虚構であり幻
想だとする経験にこそユートピア本来の役割があるとすれば，ユートピアを自
称せず，"非科学的"と呼ばれてきた思想にも，既存の象徴秩序に揺さぶりを
かけ，現実を異化する社会批判としての役割は常に残り続けるはずであろう．
そのような積極的な意味で社会主義の「ユートピア性」を受け入れたうえで，
以下ではサン＝シモンとフーリエが企てようとした現実批判としての"実践的
なユートピア"の構想を検討していくことにしたい．

2　産業主義のユートピア
——H. サン＝シモン——

▶社会主義と歴史の哲学

　それでは当時のフランス社会は，どのような「現実」に直面していたのだろ
うか．彼らが活躍した18世紀末から19世紀前半は，イギリスで始まった産業革
命と旧体制を打破したフランス革命（1789年）という世界史的な出来事が徐々
にヨーロッパ全体に浸透し始めた時期にあたる．18世紀の封建的な身分制社会
に代わり，「自由・平等・友愛」という革命の理念のもと職業選択や信仰の自
由など基本的な人権が保証される一方，度重なるクーデターや長引く対外戦争
の影響で社会は荒廃し，経済的にも大きな痛手を被っていた．王政復古期の
1820年代から徐々に経済活動の主軸がようやく農業から商工業中心の社会へと
移動すると，農民たちは就労の機会を求めて都市に流入し，職人組合（ギルド）に保護さ
れた職人に代わり，工場で働き，労働力という商品しか持たぬ賃金労働者が都
市に大量に出現することになった．

　1830年の七月革命から生まれた七月王政は，当初はこの革命の主力であった
こうした下層階級の期待を集めたが，ブルジョワ中産階級の支配体制であるこ
とが明らかになると，その期待も失望へと変わっていく．実際，大衆的貧困に
由来する労働争議や公衆衛生問題など，単なる政治改革では解決不可能な「社
会問題」が噴出し，それに対処するために議会外部でフーリエ派やプルードン
派など数々の社会改革プランを唱えた運動集団が登場する．なかでも，のちの
第二共和政や第二帝政に人材を送り込み大きな影響力を誇ったのがサン＝シモ
ン派であった．彼らの思想は，共和主義者やカルボナリの活動家，フリーメー
ソンや理工科学校のエリート技術者など多彩な人材によって担われたが，それ
でもその磁場の中心に位置し，彼らの喧伝活動を通してその名が知られるよう
になった人物こそ，彼らの師であるサン＝シモンである．

　すでに触れたように，サン＝シモンもフーリエも"社会主義"という言葉は
使わなかった．この言葉は，フランスでは1830年代前半に彼らの弟子たちの論
文にはじめて登場し，その半ばに L. レーボーによる『両世界評論』の記事を
経て，改革運動が絶頂を迎える1848年の二月革命時に今日的な意味での"社会
主義"概念が形成される[1]．それゆえ"社会主義者サン＝シモン"のイメージは，
最初にこの七月王政期に醸成され，その後パリに移住したマルクスやエンゲル
スにもそのまま受容された．これ以外にも"実証主義"や"社会学"などサン
＝シモンは多様な思潮の始祖に指名されてきたが，彼自身が標榜した立場は，
革命と戦争で荒廃したヨーロッパを産業（＝勤労）社会として再建する「産業
主義」の立場である．それゆえ王政復古の末期に死去する彼にとって，その後
に高揚する社会主義運動とは無縁であったとすれば，彼の弟子や後世の思想家
たちはサン＝シモンのどこに社会主義の特徴を見出したのだろうか．

　1830年代の社会主義的改革プランの三つの一般的特徴として，阪上孝は(1)社
会の全体像の提示，(2)歴史の全体像の提示，(3)実証科学によるそれらの提示を
挙げ，「社会主義は社会と歴史の科学の成立と不可分」（阪上 1981：10）だと指
摘しているが，サン＝シモンとフーリエが最初に取り組んだ課題も，人類史の
全体像の提示にあった．歴史研究が社会主義の特徴とされるのは，現代人には
やや奇異に映るだろうが，マルクスの唯物史観がそうであったように，この時
代の社会主義者の多くがまず取り組んだのが自前の歴史哲学の構築にあった．
フランス革命のような前代未聞の大事件を整合的に歴史に組み込む必要に加え，
彼らにとって，この革命は単なる政治革命に留まらず，歴史や社会に関する知

識を独占してきたキリスト教と決別した一種の・知・的・か・つ・宗・教・的・な革命とみなされていたからである（ルフォール 1995：241-254）．

　フランス革命はブルボン王朝という世俗権力を解体するとともに，それに正当性を与えてきた教会権力とキリスト教神学も確かに否定した．だがサン＝シモンによれば，いかなる歴史上の宗教も科学が否定すべき迷信というより，過去の人類が社会秩序に投影してきた人間の思想体系にして，これまで社会秩序が依拠してきた原理でもある．

　　「宗教，一般政治，道徳，公教育の体系は観念の体系の応用に他ならないこと，換言すれば異なった側面から考察された思想の体系であることがわかる．それゆえ新しい科学体系が完成されれば，宗教，一般政治，道徳，公教育の諸体系の再組織化がおこなわれ，聖職者集団が再組織されるのは明らかである．……一国の諸組織は社会秩序についての一般的観念の個別的な適用であるから，ヨーロッパ政治の一般体系の再組織化は，それに続いて政治的結合によってこの広大な（ヨーロッパ）社会を形成している様々な国民の国家的再組織を次々ともたらすであろう」（Saint-Simon 2：1075）．

　宗教とはその時代の一般思想体系の具現であり，逆に言えばこの体系の欠如が社会的危機を生む．かつての一神教の体系は，自然災害，革命や戦争，社会制度まですべてを説明する当時の「知識」の集成であると同時に，西欧中の人々がその教義を信じて生活を営む，教会組織を基盤とした社会秩序を体現していた．ところが精神的権力（ローマ教会）が世俗の政治権力を教導していたこの中世の二重権力体制は，11世紀のアラビア科学の西欧への流入から宗教改革の激震を経て，精神的には聖職者たちの権威が失墜し，既存の知識への懐疑は同時に社会秩序に決定的な打撃を与え，政治的にも教皇制に基づくヨーロッパ普遍主義が解体されることになった．

　サン＝シモンは，こうした懐疑運動の延長上に18世紀の啓蒙思想とフランス革命を位置づける．それゆえ宗教改革以来の懐疑と批判の運動を最終的に停止させることこそ，再び社会に秩序を取り戻す鍵となる．「ヨーロッパ全住民が陥っている危機は，主に一般的観念の不統一に起因している」（Saint-Simon 2：1226）．人類史をこの批判の時代と組織の時代の交互運動とみなすサン＝シモンの歴史認識では，19世紀の産業社会は再び中世と同じ組織の時代に入らねばならない．だが中世社会の復活など人間精神の進歩への逆行だとすれば，啓蒙

思想と革命が解体した聖職団と神学体系に代えて，新しい知識を司る聖職団（科学者集団）と，近代人が信じるに足る新しい実証体系（『新百科全書』）を創始することがサン＝シモンの課題となる．

　このように聖職者や教義への全幅の信頼がいつの時代も社会秩序の要石であったとすれば，宗教は無知な人々の単なる空想ではなく，紛れもなく人類の知識の集積であった．確かに現代人はもはや古い知識ではなく実証科学のほうを信じているが，その科学もやはり民衆の信じるべき理論（＝教義）である以上，過去の宗教が果たしてきた社会秩序に対するその役割に大きな違いはない．科学と宗教を対置させ，「迷信」の撲滅を目指した18世紀の唯物論者とは違い，知識が社会で果たす役割として宗教と科学を同列に置き，その役割に人々が与えてきた歴史的な信頼（信仰）の変遷を明らかにすることがサン＝シモンの歴史哲学の狙いであった．それゆえ，彼にとって宗教自体が空想というより，この文明史の歩みをすべて無視して，宗教の根絶やカトリックの再建に執着する連中のほうこそ時代錯誤な"ユートピアン"なのである．

　　「実際，ユートピアを語る人は，社会組織の新体制の実施について，その可能性は不確かだとか，無理だとか漠然と感じたことを語っているにすぎない．ではこの漠然とした不確かさの理由がどこにあるかといえば，文明の歩みに関する長い一連の歴史的事実を考える習慣が彼らにほとんど身についてないこと，もっと言えば，この点に関して教育が常に人々を完全な無知状態に置いている以外にほかに原因などあるだろうか？」（Saint-Simon 3：2143, 強調筆者）．

▶産業主義から新キリスト教へ

　以上，サン＝シモンの歴史哲学の特徴をまとめれば，いつの時代の社会も知識体系の構築は精神的な権力が担ってきたこと，次にその知識が疑われだすと，その動揺が世俗的権力の支配する政治・社会秩序にも反映されるという点にあった．この二重権力論の構想は，ニュートンの墓前で寄付を募って賢者を招集し，その知識を人類に還元するという学者と人類のある種の互恵制を訴えた『ジュネーヴ人の手紙』（1803年）以来の彼の持論であった．

　だが彼は帝政が崩壊する1814年以降，人間精神史の研究に見切りをつけ，産業体制の研究へと足場を移してゆく．これは，前期の研究からすれば急激な旋

回に見えるが，彼にとって帝政の崩壊は新たな知識体系に対応する新たな政治体制を訴える絶好のタイミングであった．そのプランとは，世俗の権力を産業者に与え，議会制という人間による政治の支配から産業組織による事物の支配へと社会の土台を組み替えることにある．

> 「十八世紀は破壊しか行わなかった．……我々が企てるのは新しい構築物の基礎を築くことである．社会全体は産業に立脚している．産業は社会の存立の唯一の保障であり，あらゆる富とあらゆる繁栄の唯一の源泉である．だから産業にとって最も好都合な状態はそれだけで社会にとって最も好都合である．ここに我々の一切の努力の出発点があり，目的がある」(Saint-Simon 2：1444).

この「産業に最も好都合な状態」を実現するために，サン＝シモンは貴族や聖職者による予算の無計画な配分を排し，秩序は知識・モノ・貨幣を生産の適所に滞りなく流通させる（＝組織する）だけで保たれると主張した．生理学とのアナロジーから，人体も社会体も体液循環の途絶がその死を意味するならば，「組織」こそ社会体の生命そのものであり，流通を阻害し，循環を滞らせるような政府は排除されねばならない．国民の「能力」（産業者）を正確に代表しえない代議制は「各人がその能力と資力に応じた社会的地位と報酬を得る」(Saint-Simon 3：2188) 産業体制に席を譲るべきであり，なぜなら産業者（銀行家・商人・農民・学者・芸術家など生産に寄与する者すべて）の「能力」が従来の政治「権力」に代わるところまで成長すれば，それだけで新たな社会体制への移行はすでに可能だからである．

このように「政府」や「権力」に対して「組織」や「能力」の優位を強調しながら，サン＝シモンは，産業の自由を「産業的協同体(アソシアシオン)にとって有用な物質的・精神的諸能力を妨げられることなく，能う限り広く発展させること」(Saint-Simon 3：2348) に定め，権力の所在が人間の支配（議会）から事物の管理（銀行組織）に移る時，国家自体が自然に対して万人が共同で作業を行ういわば巨大な工場になると主張した．ではこの産業の自由を妨害しているのは誰かといえば，何も生産せずに富の上前を撥ね，浪費しかしない怠け者（≠産業(インダストリー)＝勤勉）であるのに，彼らが社会の上層を占め，勤勉な産業者たちがいまだにその底辺にいるのはなぜなのか？ サン＝シモンは，"サン＝シモンの寓話"と呼ばれる有名な論文で「現在の世界が完全に逆立ちした世界」にある現

状を，まだ自身の「能力」に気づいていない産業者に向けて訴えかける．

　　「フランスが一流の科学者，芸術家，労働者合わせて三千人を突然失っ
　　たと仮定しよう．……フランスがこの不幸を償うには少なくとも一世代は
　　要するであろう．もう一つ別の仮定に移ろう．フランスが科学・芸術・工
　　芸の分野のすべての天才を持ちながら，王弟殿下，アングレーム公爵夫人
　　……さらに同時に王座を取り巻く高官，国務大臣，裁判官，そして貴族の
　　ように暮らす最富裕の資産家たちをすべて失ったとしよう．……だが国家
　　の最も重要な人物と目されるこれら三万人の喪失がもたらす悲しみは，
　　まったく感傷的なものにすぎないだろう．なぜならこの喪失からは国家に
　　とってなんの政治的な支障も生じないからである」（Saint-Simon 3：2119-21,
　　強調筆者）．

　産業者・学者・芸術家3000人の消失は，彼らに「寄生」する貴族や聖職者3
万人のそれより国益の損失である──．こうした「仮説」の手法の狙いは，日
常では隠され目に映らない複雑な世界を，寓話を介したイメージによって可視
化させ，その転倒を一挙に暴露する現実批判にあった．「政治とは生産の科学
である」と喝破するサン＝シモンにとって，権力の所在も目に見える議会や政
府というより，むしろ日常では気づかない日々の生産活動に由来するものであ
り，「ユートピアや幻想は人が考えそうな場である未来にではなく，見えるも
の，"現にあるもの"（支配体制）のなかにすでに刻まれている」（Musso 2000：
81）とすれば，来るべき産業社会がユートピアなのではなく，むしろ目の前の
現在の体制こそ「現実」を転倒させた虚構の社会として批判されるのである．
　このようにサン＝シモンは，富の源泉にして産業体制の主役である産業者
（＝勤労家）と，その浪費者にして旧体制の主役であった非生産者（＝怠惰者）の
ある種の階級闘争的性格を明らかにした．だが貧困や失業などの社会問題が顕
在化し，富の源泉（生産）から富の分配（正義）へと人々の問題意識が徐々に変
化していく七月王政期を目前に死去するサン＝シモンにおいて，エンゲルスが
その限界も指摘したように，産業内部の資本家と労働者の対立まで目が向くこ
とはなかった．しかし，それでも最後の著作『新キリスト教』（1825年）におい
て，彼はキリスト教の教義を「隣人愛」の一択に還元し，それを「最貧困階級
の福祉と幸福の増大」という教義へと読み替えた新たな宗教道徳を最後に説く
に至る．

> 「全ての人間は互いに兄弟として振舞うべしという神が教会に与えた道
> 徳原理には，次の掟に諸君が認める一切の教えが含まれている．すなわち，
> 全ての社会は最貧困階級の精神的・物質的生活の改善に努めなければなら
> ない，社会はこの大目的を達成するために最も好都合な状態に組織されね
> ばならない」(Saint-Simon 4：3216，強調サン＝シモン)．

　かつては「産業に最も好都合な状態」とされた社会の目的が，ここでは「最
貧困階級」にとって代わる．産業者を対象としたそれまでの主張から，貧困層
を対象に「神」を持ち出す宗教道徳へのこの視線の転換は，当初は弟子や読者
を当惑させた．だがこれも，精神的権力が世俗的権力を教導するという二重権
力論をモデルに，社会で果たす役割として宗教と科学を同列に置き，19世紀の
新たな教義の創設に傾注した前期の歴史哲学のある意味で一つの到達点であっ
た．「実証的で特殊な諸科学において，我々は確かに先人たちを遥かに凌いで
いる．……しかし，物理学の知識や数学の知識よりも社会にとってずっと重要
な科学がある．それは社会を作り上げる科学，社会の基礎として役割を果たす
科学，つまり道徳である」(Saint-Simon 4：3223，強調筆者)．

　宗教道徳を「社会を作り上げる科学」とみなすその発想は，ウェーバー以降
の社会学のように，価値関心から切り離された単なる社会分析のツールではな
い．それは"教義としての科学"という前期の主張を引き継ぐものであり，そ
の教義を実現する手法もまた，今度は想像力を司る芸術家を介して，キリスト
教の個人の救済を人類の救済へ，神の国を未来社会へとそれぞれ転換させ，天
上ではなく地上の楽園＝来るべき産業社会をイメージ化させることに狙いが
あった(Musso 2019：108-9)．

　「盲目的な伝統がこれまで過去に置いてきた黄金時代は我々の前方にある」
(Saint-Simon 4：3035)――．サン＝シモンの産業主義は，「未来」という「場所
なき場所」から現在を逆照射する現実批判のユートピアであるとともに，19世
紀の世俗社会における宗教の代替物としての芸術崇拝に先駆けているという点
で，[2] その最晩年において，リクールが言うところの社会を統合する象徴体系と
してのユートピアの源泉の一つとみなすこともできるだろう．

3　文明批判のユートピア
——C. フーリエ——

▶「情念」による産業社会の再転倒

旧体制から革命と対外戦争を経た新社会への転換期に，サン＝シモンは封建制の主役であった貴族や僧侶に「すべての人間は働くべし」という勤労の精神を対置させ，生産力の組織化に重心を置いた産業社会を構想した．これに対して，同じく「転倒」のイメージを駆使しながらも無為に対して「情念」を対置させ，元貴族のサン＝シモンが旧体制の"寄生者"に向けた批判を，今度は大商人たちの支配する産業社会（文明社会）自体に投げつけたのが元商人のフーリエであった．最晩年にようやく貧困問題に注意を向けたサン＝シモンよりも一まわり年下であった彼は，七月革命直前の著作において，生産の問題に加え，貧困や分配の問題に焦点を当てることからまずは筆を起こしている．

> 「いかに富が莫大であっても，比例的配分，およびこうした生産高の増大の分け前に対する貧困階級の参与……を保証する配分的秩序に支えられない限り，空しいものとなるであろう．現代諸科学にとっての暗礁であるこれらの問題は，自然な協同社会的方法の発見によって完全に解決される」（Fourier：1，強調筆者）．

フーリエによれば，協同社会（アソシアシオン）という言葉はこれまでオーウェン派も用いてきたが，それは平等原理に基づく財産共同体や禁欲道徳に支配された半ば修道院制度に近いものであった．これに対して彼が協同社会的方法（ソシエテール）と呼ぶ原理は「あらゆる情念，あらゆる性格，嗜好，天性を産業に適用する方法」（Fourier：5）とされ，真の協同社会ではむしろ富の不平等や欲求の多様性が求められることになる．富の配分が資本・労働・才能に応じて決定される「調和社会」がそれであり，貧困や欺瞞が存在するのに"文明状態"と呼ばれている現在の社会の対極に位置づけられるべきものとされる．

> 「この〔調和の〕体系は，虚言を介して富を築き，英知を禁欲生活に追いやる文明機構とは正反対のものである．この対比から，虚言と不愉快な産業が支配している文明状態は転倒した世界との異名を付けられ，他方，協

同社会状態は，真理と魅力的産業の行使に基づく正立した世界との異名を
与えられるだろう」(Fourier : 2, 強調フーリエ).

　この「転倒した世界」(le monde à rebours) という社会イメージはサン＝シモ
ンと同じだが，原語 (le monde renversé) が違うことや，この時期のフーリエは
ほとんどサン＝シモンの学説を知らなかったことを考えると直接の影響関係は
なかったようだ (ビーチャー 2001：352). とはいえ，ここで指弾されている世界
は，まさしくサン＝シモンが理想に描いた文明社会＝産業社会であり，フーリ
エはいわばその世界を再び転倒させようとする. 彼によれば，投機熱による倒
産，無秩序な自由競争市場，商人による買占めなど，現在の産業自体が実は貧
困に加担しており，人々にパンも労働も保証できない文明など文明の名に値す
るものではない.「産業主義は我々の科学的妄想のうちでごく最近のものであ
る. それは比例的報酬の方式も，生産者や勤労者が富の増大の分け前に与るた
めの保証も何もなしに，雑然と生産を行う精神錯乱である」(Fourier : 29).

　この錯乱した世界を真の協同社会に"正立"させる手段こそ「労働を快楽に
変える魅力的産業」の創出である. この「魅力」という言葉は比喩ではなく，
フランス語の «attraction» が同時に「引力」，つまり物事の引き付け合いを意
味するように，フーリエはニュートンの引力概念を，文字通り社会全体を支配
する人間の「情念」にまで拡張させる. サン＝シモンが秩序原理として世俗的
権力を産業者の能力に求め，工場のような社会の系統的管理を目指したのに対
し，田園的な農業協同体を理想としたフーリエにおいて「権力」に代わる規制
的役割を果たすのがこの「情念引力」なのである.

　フーリエによれば，社会の調和を保つには，個人に備わる五感と，対人的な
四つの感情 (友情, 野心, 愛情, 父性愛) をそれぞれうまく嚙合わせる密謀 (競争
心) や移り気と呼ばれる配分的情念が重要な役割を握っている. 通常は不快な
労働も，労働者が自分の任務を選び，仕事を頻繁に変え，自発的に形成された
集団で働くことで魅力的なものに変わることができる. 例えば，厩舎集団を最
初に選んだ労働者も，嫌気がさせば二時間後には果樹栽培集団へ，その二時間
後には製造業集団へという具合に，移り気情念のおかげで一つの職種に特化し
た労働の倦怠を避けながら，蝶のごとく自分の好む仕事に移動できるからであ
る.

　「移り気情念は……人々が飽きたり，熱意を失わないうちに，短時間の

就業によって，またそれが周期的にもたらす新たな喜びを手に入れること
で，それらの活力を維持することができる……．私は最も疎まれてきた移
り気情念の重要性を，つまり短時間かつ変化に富む就業という，文明社会
の産業をまるごと断罪する原則が必要であることを強調する」（Fourier：
74）.

　退屈で過酷な現在の"文明社会"は，こうした情念の喚起に失敗しており，
長時間の単純労働は肉体的に健康を蝕むのはもちろん，精神的にもまったく魅
力的ではない．もし同じ集団に嫌いな人間がいれば一生ストレスを抱えこむが，
移り気情念のおかげで集団間の移動が可能となり，しかもその人間とも別の職
種で利害が一致すれば意気投合も可能だろう．また集団内で仮に嗜好や性格が
合わなくなっても無数の分派（彼はこれを情念系列のファランジュと呼ぶ）が形成で
きるので，その系列間で今度は互いに密謀情念（競争心）が作動し，ファラン
ジュ全体でみればこれまでの数倍にも及ぶ富の生産（報酬）と，各集団の嗜好
の多様性に応じた消費（食道楽）が見込めるからである[4]．
　このようにフーリエの労働論は，「情念引力」という大きな構想の下で考察
されており，現代風に言えば"おいしく食べて（味覚）ダイエットもできる
（健康）"ように，情念の噛合わせによって快と益を同時に満たす情念のアレン
ジによって，「労苦」のような賃労働も，魅力的な遊戯やスポーツのように
「快」の対象へと姿を変えることが可能となる．そのため，逆説的だが不快や
性格の不一致は社会の障害であるどころか，その調和を生みだす原動力なので
ある．「協同社会制度においては，調和と同じ数だけの不和が必要である……．
情念系列のファランジュを形成するには，調和を組織する前に少なくとも五万
の不和を爆発させなくてはならない」（Fourier：38）．同じ音符の単なる羅列で
はなく，異なる音符の配列から音楽の調和（ハーモニー）が生まれるように，社会の調和も
異なる才能や性格，欲求をうまく配列することからはじめて創り出されるので
ある．

▶サン゠シモンからフーリエへ
　このように見てくると，フーリエは産業主義を批判しながらも，その狙いは
無為の推奨でも，生産力の拡大に伴う富の豊かさへの批判（奢侈批判）にある
のでもなかった．それどころか彼はサン゠シモン以上に，豊かな報酬や生産の

見返りを期待できる文字通り快楽的な社会のヴィジョンを提示していたからで
ある．むしろサン＝シモン流の産業主義との明確な違いは，まずサン＝シモン
が労働のエートスを「勤労」や「禁欲」に置いたのに対し，フーリエはそこに
「魅力」や「快楽」を対置させたことにあった．義務（道徳）と引力（魅力）を
区別せず，「情念引力の不倶戴天の敵」である禁欲道徳をまき散らし，あらゆ
る情念を抑圧する文明の道徳学者たちに対して，神が人間に与えた情念に無駄
なものはなく，禁欲道徳からあらゆる情念を解放しようとしたのがフーリエの
立場であった．

　このような労働のエートスとしての「禁欲」批判は，次の二つの点で重要な
意味を持っている．一つは言うまでもなく，宗教改革以来のいわゆる「労働神
聖論」への懐疑であり，かつてウェーバーが論じたように，神から与えられた
天職を勤勉に全うすることが救済への道と考えたピューリタンの世俗内禁欲の
実践から近代資本主義の精神が誕生したとすれば，フーリエの思想は，近代の
労働観の歴史において労働を神聖なものとみなす資本主義の勤労観を根底から
覆す先駆的な視座をもたらしたといえる．もう一つは，文明社会に潜在する
「道徳＝権力」への懐疑であり，例えば道徳の源泉はかつては神や教会の権威
に，そしてサン＝シモンでは精神的権力に求められたように，道徳と権力は常
に表裏一体の関係に置かれてきた．だが情念を抑制する道徳やそれを命ずる明
確な機関がないフーリエの体系においては，情念を抑制するのもやはり情念自
体に委ねられるからである．その点でいえば，プルードンの無政府主義を介し
て20世紀のポスト・モダンの規律権力論まで受け継がれる「反権力的ユートピ
ア」（今村 1998：42）の源泉の一つに数えることもできるだろう．

　以上の「禁欲」批判に加え，サン＝シモンと大きく異なる第二の前提は，
フーリエの理想とする社会が前近代的な農業生産に基づく田園的な協同体に置か
れていた点にある．工業製品は耐久性があり，頻繁に交換されないから引力
（魅力）に欠けるため，フーリエにおいては工場や機械の地位は限定的であり，
工業労働は農業の補完物だと考えられていた（ビーチャー 2001：249）．それゆえ，
この点では産業革命の影響を誰よりも早く敏感に察知し，その後の技術官僚社
会やポスト工業社会の到来を見越したサン＝シモン（派）に対して，牧歌的な
田園社会で労働と遊戯の区別を無化するようなフーリエの主張は，サン＝シモ
ンやオウエン以上に，これまで文字通りの“絵空事”とみなされてきたのも不
思議ではない．

　だがフーリエの読者は，むしろその突出したユートピア的性格のゆえに，逆に近代社会が自明の前提としてきた労働のあり方とはまるで異なる奇妙な感覚に襲われるに違いない．例えば，生活と仕事が密着したかつての農業労働とは異なり，現代では「労働」と「余暇」は当然にも区別されるが，そうなったのは19世紀に登場した工場労働において，はじめて労働時間とそれ以外の時間が明確に区別され，労働時間が「可視化」されるようになったからにすぎない．これ以降，労働時間は企業のものという意識が定着し，労働者は企業の意志に沿った行動を余儀なくされ，そこに労働者の裁量や自由はほとんどなくなった．この労働時間以外の時間の一部として誕生したのが「余暇」であり，それは近代の工業化によって市場に売りに出す「労働」の発見と同時に創出された歴史的な概念なのである（玉木 2018：104-143）．

　現代では余暇すら企業が作り出す"義務"のようになっているとすれば，人間の自由のために労働と遊戯の概念的境界を失効させ，真の協同社会を田園的共同体に設定したフーリエの考察も，単なる"絵空事"とは言えないリアルな姿で迫ってくるだろう．つまり，目の前の世界が突如，必然ではなく偶然であるかもしれないという経験がそれであり，しかもその経験はサン＝シモンの理想社会が誰も知らない未来に設定されたのに対して，フーリエのそれは誰もが見覚えのある過去の風景に実在したものだったからである．ここに見られるのもやはり，日常を異化しながら現実を転倒させ，むしろ現実のほうこそが虚構だとするユートピア本来の役割なのである．

おわりに

　"ひょっとしたらこの現実の世界は，実は長い歴史のなかの偶然の一コマにすぎないのではないか"──．初期の社会主義者たちに共通するこの問いには，彼らが新たな歴史哲学の構築に傾注した理由の一端が示されている．キリスト教の堕落史観に進歩の観念を対置させながら，過去の来歴を辿り，その趨勢を再構成する作業自体が「現在」の自明性を揺さぶるユートピア的な企ての一環をなしているからである．確かに未来が現在よりも進歩する保証はどこにもないが，明日の破局を知りながら今日を平穏に暮らすことなどできぬように，人間はすでに現在に食い込んでいる未来への一切の希望もなしに今日を生きることはできない．現在と未来の間の知の落差から産み落とされた19世紀のユート

ピアは，その落差が埋められ実現された瞬間にその資格を失うとすれば，逆説的にも，実現されない限りそのユートピア性はどこまでもプラグマティックな希望として未来に対して開かれ続けるのである．

　ところで，まだ実現していないという意味でいえば，科学主義の代償としてユートピア本来の役割を放擲したはずのマルクス主義の伝統のなかにも，その足跡を辿ることは不可能ではないだろう．「私の気の赴くままに，朝は狩りをし，午過ぎには魚を捕り，夕には家畜を飼い，食後には批判をする可能性」[5]（マルクス／エンゲルス 1992：68）という有名な一節を記した『ドイツ・イデオロギー』の若者たちから，「未来の共産主義社会では人間の情念は自由を回復する」（ラファルグ 2008：12）と述べ，資本主義社会の狂信的な「労働神聖論」を全否定したP. ラファルグまで，マルクス主義の失われた系譜にも「ユートピア社会主義者」たちの〝実践的ユートピア〟——『空想から科学へ』の著者に最初にその出版を勧めたのはラファルグその人であった——が確かに息づいていたことは，記憶に留めておくべきことなのである．

　注
　1）　この概念を生前から自称したのはオーウェンだけである．フランスでの登場は，通説では元サン＝シモン主義者P. ルルーに帰されてきたが，その二年前の1831年にA. ヴィネが『種まく人』誌上で最初に使用し，そこに現代的な意味をはじめて与えたのはベルブルッガーというフーリエ主義者である（1834年）．詳細については（Deschodt 2019：17-29）を参照．
　2）　サン＝シモンの社会芸術論は，その後，弟子のサン＝シモン主義者たちにおいて花開くことになる（松宮 2008：256-7）．
　3）　フーリエも前著『家族的農業的協同社会概論』（1822年）までは「アソシアシオン」を使ってきたが，ここではオーウェン派の濫用と区別するためにこの言葉を用いるようになった．
　4）　これを実現するために，フーリエは，協同でシェアすればコストが削減できる釜土（燃料）や農具，穀物倉，そして集団間の移動を容易にする地下道やアーケードを完備したファランステールと呼ばれる大建造物を擁する最大1800人からなるファランジュを構想し，彼の弟子たちは19世紀後半に実際にアメリカ各地にファランジュの実験場を建設したが，結局はいずれも挫折した．
　5）　ビーチャーはこの文章が「フーリエから霊感を受けたものだと考えてほぼ間違いない」と指摘している（ビーチャー 2001：254）．

　参照文献一覧
※本章では，サン＝シモンとフーリエの著作からの引用は，それぞれ次の原書と訳書を参

照した．ただし紙幅の都合から本文中には原書の巻号：頁数のみを掲げ，訳文も文脈に
応じて変えていることをお断りしておく．

Saint-Simon, Henri 2012 *Œuvres complètes,* t. I-IV, PUF（サン = シモン 1987-8『サ
ン = シモン著作集(一)-(五)』森博訳，恒星社恒星閣).

Fourier, Charles［1829］1848 *Le Nouveau monde industriel et sociétaire,* 3e Ed.,
Paris（フーリエ 1980「産業的協同社会の新世界」田中正人訳，『世界の名著(四二)』
五島茂，坂本慶一責任編集，中央公論社).

Bénichou, Paul 1977 *Le temps des prophètes: Doctrines de l'âge romantique,* Galli-
mard.

Deschodt, Jean-Pierre 2019 *La face cachée du socialisme français,* Cerf.

Musso, Pierre 2000 «La "science politique" de Saint-Simon contre l'utopie», *Quaderni,*
n° 42.

————2019『サン = シモンとサン = シモン主義』杉本隆司訳，白水社［文庫クセジュ].

Picon, Antoine 2002 *Les saint-simoniens ; Raison, imaginaire et utopie,* Belin.

アーレント，ハンナ　2017『全体主義の起原3――全体主義』大久保和郎，大島かおり訳，
みすず書房．

石井洋二郎　2009『科学から空想へ――よみがえるフーリエ』藤原書店．

今村仁司　1998『近代の労働観』岩波書店［岩波新書].

エンゲルス，フリードリヒ　1966『空想より科学へ――社会主義の発展』大内兵衛訳，岩
波書店［岩波文庫].

阪上孝　1981『フランス社会主義――管理か自立か』新評論．

玉木俊明　2018『ヨーロッパ繁栄の十九世紀史――消費社会・植民地・グローバリゼー
ション』筑摩書房［ちくま新書].

ビーチャー，ジョナサン　2001『シャルル・フーリエ伝――幻視者とその世界』福島知己
訳，作品社．

ベルネリ，マリー　1972『ユートピアの思想史――ユートピア志向の歴史的研究』手塚宏
一，広河隆一訳，太平出版社．

松宮秀治　2008『芸術崇拝の思想――政教分離とヨーロッパの新しい神』白水社．

マニュエル，フランク／フリッツィ　2018『西欧世界におけるユートピア思想』門間都喜
郎訳，晃洋書房．

マルクス／エンゲルス　1992『ドイツ・イデオロギー』花崎皋平訳，合同出版．

ラファルグ，ポール　2008『怠ける権利』田淵晋也訳，平凡社［平凡社ライブラリー].

リクール，ポール　2011『イデオロギーとユートピア――社会的想像力をめぐる講義』川
崎惣一訳，新曜社．

ルフォール，クロード　1995「新しい宗教としての革命」『エクリール』宇京頼三訳，法
政大学出版局．

第6章　マルクスとユートピア

田上孝一

は じ め に

　『ユートピアのアクチュアリティ』と題する本書は，一般に地に足の付かない夢想だと蔑まれがちなユートピア思潮を，むしろ政治的想像力の新たなる源泉として位置づけ，現代的なアクチュアリティのある政治哲学構築への重要なヒントとなりうるという視座のもとに編まれている．こうして本編著では，ユートピアをはっきりと肯定的に捉え返そうとしている．

　この意味で本書においてマルクスを取り上げることそれ自体が，一つの挑戦的な問題提起にならざるを得ない．

　なぜなら，本書が批判的に乗り越えようとする旧来的な思考様式，すなわちユートピアを根拠が希薄な前学問的な未熟さの体現として批判するような思潮の代表こそがマルクス主義だと一般には思われているからだし，カール・マルクスその人こそがマルクス主義の始祖に他ならないからである．

　ということは当然，マルクスを扱った本章は，マルクス主義の立場から各種ユートピア思潮を批判し，ユートピアを乗り越えたマルクス主義ならではの科学的な理論構想をユートピアに対置するという類になりそうである．

　しかしそうではないのだ．それだとユートピアのアクチュアリティを謳う本書の主旨と齟齬をきたしてしまう．

　そうではなくて，むしろこれまでユートピアの敵対者だと見なされがちだったマルクスその人が，際立って現代的なアクチュアリティのあるユートピア構想を提起した先駆者の一人だと捉え返される必要があるということだ．マルクスはアンチユートピアの「科学的社会主義者」ではなくて，リアルでアクチュアルなユートピア構想をその理論体系の一翼に備えた，真に「科学的な」社会

主義だったのだというのが，本章が行おうとする問題提起である.

　こうした挑戦的な問題提起は当然，これまでの常識である「科学的社会主義者」としてのマルクス像の解体という，パラダイム次元でのマルクス主義解釈の転換を要請することになる．そのため議論はまずこの大前提を明らかにすることから始めないといけない.

1　非科学としての科学的社会主義

　これまでも，そして今でも，マルクス主義は「科学的社会主義」だといわれている．マルクス主義を奉じる政治勢力の多くは，かつて自らを「マルクス＝レーニン主義者」をもって任じていた．しかし今は強烈にイデオロギー臭を発するマルクス＝レーニン主義の呼称を避けて，マルクスやレーニンといった個人名が入らない科学的社会主義を愛用する場合が多い．この場合は特に，「科学的」というニュアンスを積極的に打ち出したいようである.

　日本語で科学というと直ちに自然科学を意味しがちだが，科学的社会主義の原語である der wissenschaftliche Sozialismus の Wissenschaft それ自体は学問一般を指すもので，直ちに自然科学と同一視される言葉ではない.

　では我が国でそれを支持する人々の多くが科学的社会主義にいう「科学」を学問一般の意味で理解していたかというと，決してそんなことはなく，まさに自然科学を範とした一義的な法則的決定を旨とした認識のあり方を科学的社会主義の核心だと理解していた．それは何よりも，この科学的社会主義という言葉を普及させようとしたエンゲルスその人が，社会主義というものを自然科学に擬せられるような厳密な法則的科学足りうることを主張し，そのような厳密科学としての「科学的社会主義」を創始したのが，他ならぬカール・マルクスなのだと喧伝し始めたからである.

　この場合，マルクスの社会主義理論が他の社会主義者とは異なるのは，先行者がしっかりとした社会認識に支えられることなく理想社会を夢想していたのに対して，マルクスは確固とした科学的な社会認識に支えられて未来社会を展望したからだとされる．その社会認識とは唯物史観と剰余価値説を中心とする『資本論』体系であって，これによりマルクスの社会主義論とは先行者がなしえなかった「科学的な」社会主義になったというのが，エンゲルスの社会主義観であり，現在に至るも，原理的なレーニン主義者から社会民主主義寄りの改

良主義的なスタンスの政治勢力まで，広い意味でのマルクス主義的な志向を持った人々に常識的に共有されている社会主義像だといえよう．

　これに対して旧来の社会主義者，特にマルクスの直接的な先行者であるサン＝シモンにフーリエ，それにオウエンといった人々はユートピア社会主義者とされたのである．

　こうしたユートピア社会主義にいうユートピアは一般に「空想的」と訳されるように，一見すると地に足が付いていない夢想として専ら否定的に評価されるのみのように思われるが，実際にはエンゲルスはむしろその先駆性と高邁な精神性を高く評価している．しかしなおそれでも，科学的な社会認識の欠如のためにマルクスによって乗り越えられる以外になかった歴史的限界を指摘しているわけである．

　では，我々はこうしたエンゲルスによる古典的な評価をどう考えたらよいであろうか．

　先ず，確かにマルクスは彼らと異なり，彼らのなしえなかった確固とした現状分析と社会の本質への把握があった．彼らの誰も『資本論』に匹敵する理論書を物しえなかったし，特にフーリエにあっては理論と空想と予言が混じりあった奇天烈な内容の著述も少なくなく，まさに普通の意味でのというか，リアリティを度外視した空想を旨とするユートピアンと言わざるを得ない面もあった．

　この意味で，エンゲルスがマルクスをして，先行者のように夢想的ではなく，地に足の付いた理想を提起しえたという意味で「科学的社会主義」者だと言っていたのならば，まさに至当であって，これに反対するいわれはさらさらない．

　しかし残念ながら，エンゲルスはこうしたごく常識的な観点のみを提起したとは言えない．彼はもっと強い，行き過ぎた発言をしているのだ．

　我々が現行の社会に対して理想社会を対置するのは，現行社会には善い面もあるだろうが，その基本構造にあっては根本的な悪が存在するからである．そのため悪の克服された社会を理想として提起するのが通常の作法だろう．だからマルクスもまた資本主義を根本的に悪い社会だと考え，資本主義の根本悪が克服された社会としての共産主義という理想を提起した．マルクスによれば資本主義の根本悪とは，労働者自らが作り出した生産物が労働者から疎外されて逆に作り手である労働者を支配することである．そのため共産主義とはこうした転倒した人間関係が正され，労働者が自らの労働過程を十二分にコントロー

ルできることだとした．だからマルクスの共産主義とは資本主義のように労働
が疎外されずに労働者が自己実現できるような理想社会であり，そのような理
想が人間にふさわしいと考えたため，マルクスは共産主義者として理論と実践
に終生コミットし続けていたのである[1]．

　そしてマルクスと先行者の違いは，マルクスが共産主義的理想を裏打ちする
ための基礎的な理論作業を極めて充実した形で成し得た点にある．

　言うまでもなくそれは『資本論』に結実した経済学批判の試みであった．こ
れにより，資本主義が合理性の欠如した永続不可能なシステムであることを説
得的に説明し得たのが，マルクスの偉大さの所以である．

　つまりマルクスは理想と現実をいったん区別した上で，理想を空想にとどめ
ないための現状分析の理論として，資本論体系を提示することができた．ここ
にマルクスの真骨頂がある．マルクスはこれまでの現実とこれからの理想の区
別をわきまえることで，フーリエのような予言者にはならなかったのである．

　しかしエンゲルスはそうではなかった．

　エンゲルスもまたその若き日にはマルクス同様に，一方で理想的な社会のあ
り方について熱く語り，他方で経済の現実を冷徹に分析し解明しようと努めて
いた．彼の『国民経済学批判大綱』(1844年) は，若きマルクスに経済学研究の
あるべき姿を教導した．この労作の中でエンゲルスは，競争と私的所有が人間
性を堕落させることを力強く説いていた．このエンゲルスの情熱がマルクスに
受け継がれ，『経済学・哲学草稿』の「疎外された労働」の分析に結実するの
である[2]．

　この際，若きマルクスとエンゲルスは共に，あるべき社会という規範を，自
らの属する現状の社会に対する具体的分析で裏打ちするという，今日において
も望ましい社会科学研究の模範を示していた．『イギリスにおける労働者階級
の状態』(1845年) は，冷徹な現状分析とヒューマニズム溢れる批判精神が協和
した傑作で，マルクスはエンゲルスの若々しい批評精神に，終生賛辞を惜しま
なかった．マルクスはこの傑作ルポルージュを『資本論』の中で全面的な肯定
でもって引用している．

　ところが当のエンゲルス本人は，マルクスとは著しく違った態度を取ってい
た．マルクスが取り分けて高く評価する若々しい批評精神を，まるで「過去の
汚点」のように否定するのである．

　老エンゲルスにとっては，どちらも情熱的な批判精神に溢れているものの，

『イギリスにおける労働者階級の状態』はまだ具体的な現状分析に見るべきものがあるものの，専ら理論的な叙述に終始する『国民経済学批判大綱』は，既に「過去の遺物」であり，今や読む価値がないと，弟子たちからの再刊要請を拒否するのである．

　確かに『国民経済学批判大綱』の経済理論は競争によって商品価格が決まるという誤った前提に基づいており，はっきりとした限界のあるものだが，しかしマルクスはこの著作の歴史的に意義のある部分は『資本論』でもしっかりと引用し，自説の典拠としている．マルクスが終生この労作を読む価値のない過去の遺物だと考えなかったのは明らかである．

　これはマルクスが，その若き日にエンゲルスと共有していた，規範的批判と現状分析の統一という模範的研究スタイルを放棄しなかったからである．ところがエンゲルスはそうではなかったのである．

　老エンゲルスはあるところで，マルクスは共産主義の基礎を資本主義の悪に対する批判を要求する道徳的な感情ではなく，資本主義の必然的崩壊という歴史法則に置いたと強調している．ここでは資本主義に対する規範的批判が，資本主義が必然的に崩壊するという歴史法則と対置させられ，前者を無化して後者に特化したのがマルクスの方法だと言っている．しかしこの断言は，『資本論』とその準備草稿の随所に見られる，資本主義の悪に対するマルクスの情熱的な道徳感情の表出という事実と，明らかにバッティングする．

　こうした事例は幾つでも挙げることができるが，例えば『資本論』第三巻27章で信用制度を，他人労働の搾取による致富を「巨大な賭博とペテン」にまで発展させたものだと結論し，当時の代表的な銀行家の実名を挙げて，彼らをペテン師であり予言者でもあるとこき下ろしている（MEW. Bd. 25. S. 457）．ここには，信用制度に対する科学的な性格規定が，規範的な価値判断と不可分に一体なものになっている．『資本論』のマルクスは『経済学・哲学草稿』のマルクス同様に，科学的な分析と道徳的な批判を調和的に共存させる形で，自らの議論を展開している．マルクスの議論は常に単に価値自由で記述的であるだけでもなければ，単なる道徳的アジテーションでもない．彼の理論は常に記述的でも規範的でもあるような，科学的な批判理論なのである．

　こうした方法論をその若き日にはマルクスと共有していたエンゲルスはしかし，マルクスを差し置いて一人，後年になって自己批判してしまうのである．その結果が，マルクスとは異なったエンゲルス独自な理論構想である．それは

理論の中に規範的批判の要素を極力排除した，専ら実証的な説明理論としてあるのみの理論体系である．これが後に「科学的社会主義」の名で一般化する，「マルクス主義」の出自である[3)]．

　このエンゲルスのマルクス主義にあっては，マルクス及び若き日の自らが力説していた資本主義へ道徳的批判は，「必然的な歴史法則」に取って代えられる．確かに歴史が決定しているのなら，現状を批判し，来るべき未来を規範として提起する必要はなくなる．批判しようがしまいが歴史の運命なのだから，未来はなるようにしかならない．かつてのユートピア社会主義者たちが一所懸命にあるべき未来像をひねり出して，理論だけではなくオウエンが自らの工場で試みたように自力でユートピア状況を作り出すのは無駄ということになる．

　しかしこうした歴史に対する決定論的理解は，カール・ポパーの古典的批判を持ち出すまでもなく，普通に考えて非科学的である[4)]．確かに歴史には何らかの傾向があると考えるのは自然だろう．これからも人類がこれまでのように文明を発展させようとする傾向を放棄するとは考え難い．100年後の未来が現在よりも高い生産力を実現すると予想するのは当然だろう．しかしこれすらも，決して法則的に決定されているとは言えない．これから100年のある時点で環境破壊が臨界点に達して，カタストロフ的に生産力が低下するかもしれない．そうした悲劇ではなくて，将来世代の人々がむしろ成功裏に，ウィリアム・モリスが夢見たような牧歌的な共産主義を実現するかもしれない．今よりも低い生産力段階に敢えてスローダウンすることによって持続可能性を実現した未来である．

　こうしたことは，未来というのはそうなるだろうと予測したりそうなるべきだと希求したりする対象であって，絶対そうなると断言したり，ましてや科学的に絶対にそうなるだろうと証明することなどできないという，ごく常識的な認識上の原理的制約に過ぎない．

　エンゲルスにせよ後のマルクス主義者にせよ，マルクスの後継者たちが歴史の必然性という言説を非常に高い歴史的可能性という意味で使っていたならば，まだかろうじて科学の範囲内にあったが，むしろ可能性と対立する意味で必然性を語っていたように思われる．しかし可能性の範囲を超えて未来を語るのは科学ではなく宗教的予言である．マルクス主義は宗教を批判し，宗教に対置される自らの認識の科学性を誇り続けていたが，その最も核心的な歴史観それ自体が，宗教と同じレベルの非科学であった．宗教者は通常自らの教説を科学か

ら区別して混同することはないが，マルクス主義は科学の名の下に非科学的な予言を奉じ続け，宗教ならざる宗教としての疑似科学となっていた．この迷妄の上に，エンゲルスの「ユートピア社会主義」論があったと考えられる．

2　エンゲルスによる無責任な未来社会構想

　エンゲルスはフーリエらの未来社会構想が，過度に詳しく語られ過ぎているがために認識上の制約として非科学的になっているという点でのみ批判したのではなかった．これだけならば問題なく許容できる．そうではなくてエンゲルスは，彼らがマルクスのように社会科学的な裏付けを欠いているために，未来の社会主義の正当性を証明できなかったという意味での「科学」未満だと言っていたように思われる．このような意味で科学未満であるために，彼らは「ユートピアン」に止まっているというわけだ．だとしたらエンゲルスの「科学」は，科学の矩を超えた逸脱である．未来の出来事の実現は科学的に証明できないのだから，未来は常に「青写真」の形で語らなければいけない．フーリエらの社会主義構想がユートピア的だったのは，彼らが未来の理想を青写真として打ち出したからではなく，過度に詳細に語りすぎたためであって，そのためあたかもユートピア文学と類似した相貌を呈したからである．実践の指標とするためには，目指すべき未来構想は，具体的ではあっても科学性を失わない程度に語るべきであり，実際に現代の政治哲学では様々な理想社会構想が学問的根拠を失わない範囲で具体的に語られている．

　ところがエンゲルスは，未来に至る筋道である歴史観が正しければ，自ずと来るべき未来が現在の延長線上に実現するのだとする．ここから未来を不適切に語るのではなく，未来を語ることそれ自体が空想的であり，「非科学的若しくは科学未満のユートピア」だということになる．そのためこうしたスタンスからは，未来のあるべき理想社会について真剣に考察し，理想実現のための筋道を具体化するように努めるという認識の努力は等閑視され，未来のあり方は当然そうなるだろうという予想として，事のついでに語るものとされ，具体的な指標としてはむしろ語るべきものではないとされたのである．

　このため，後年の現実社会主義諸国では，共産主義への具体的な道筋をそれとして考察する代わりに，生産力発展の彼方に必然的に到来するだろう機械文明の有様を，余り出来の良くないSF小説を彷彿とさせる荒唐無稽な想定を含

めながら，無邪気に夢想するようなこともしていたのである．

　そして実はエンゲルスその人が，既に後継者たちを先取りする形で，無責任な未来構想を披歴してもいた．

　仮にエンゲルスがマルクスと共に想定するように，資本主義が克服されて搾取のない社会を始めることができたとしても，新社会の特に初発段階での経済運営には多大な困難が伴うと考えるのが，常識的な思考というものだろう．実際マルクスは『ゴータ綱領批判』で，新社会の始まりは旧社会の母斑を色濃く残していて，貨幣に代わる交換手段は貨幣のように流通することはないが，実際の機能は貨幣と類似したものであることを示唆している．確かに新社会では価値法則は資本主義のように主要な経済原則として機能しないが，価値法則に類似した作用が存続すると考えるべきだとして，楽観視を諫めている．

　ところがエンゲルスはマルクスとは対照的に，社会主義になれば資本主義的な商品交換過程がなくなるために，労働は初めから直接的な社会的労働になり，各生産物に必要な労働時間を簡単に計算することができる．このため，貨幣によって表示される価値という「高名な仲立ち」に拠らないでも，「万事をしごく簡単にやって行ける」と楽観したのである（MEW. Bd. 20. S. 288）．

　確かに形式論理的にはマルクスよりもエンゲルスの想定のほうが自然な未来社会像ではある．価値法則は資本主義までの人類の「前史」に特有なもので，その主要な機能は労働力の搾取を隠ぺいするためである．そのため資本主義が克服されて人類の前史が終われば，搾取を隠すための価値も消え去って生産物と投下労働量との関係は透明なものになり，必要な財の生産に応じた社会的労働量は直ちに計算できるようになる．誰も搾取されることのない計画的な経済運営が可能になるというわけだ．論理的形式としては，エンゲルスの楽観はもっともということになる．

　しかしそう形通りにいかないのが人間だし，これまでの人類の歴史というものになる．形式的にはそうであっても，実際にそうなるとは限らない．商品経済に長期間馴染んだ人類の心性がそう簡単に変わるとは考え難い．エンゲルスの形式主義が確実に実現される保証はないのだ．

　このマルクスとエンゲルスの未来社会構想の違いは，彼らが未来社会構想をどう位置付けていたかの違いでもあるだろう．マルクスは未来社会それ自体を考えることが重要だと考えていたため，現実に即す形で，安易な形式主義を諫めて楽観論を退け，リアリティのある過渡期構想を提起した．これに対して後

期エンゲルスには，実のところ未来社会それ自体を真剣に構想するという前提
そのものがなかったのではないか．なぜならエンゲルスにとって未来社会の実
現は既に歴史法則によって担保されているからだ．だから，未来社会がどうな
るか，どのように未来を切り開くかという課題それ自体が射程の外に弾かれる．
未来は敢えて語るまでもないものということになるし，語るとすれば事のつい
でに形式的な定義をしたり，到底深く考え抜いたとは言えない思い付きの類を
披歴したりすることにもなる．

　実際『資本論』の「個人的所有の再建」論は，これこそが『資本論』の結論
であるにも関わらず，正確には何を意味しているのかが分からず，今に至るも
マルクス研究上の難問の一つにもなっている．だから発表当初から多くの解釈
者を悩ませていたのだが，既にマルクスの晩年から当然のようにマルクス解釈
上の最高権威になったエンゲルスが，殆ど論拠を示さず軽く考えた風に「消費
手段の所有」と言ってしまったがために，後世の解釈者を混乱に陥らせること
にもなった．

　確かに深く考えなければエンゲルスの言うように消費手段の所有のように思
えるし，全体の文脈を無視してこの箇所だけの解釈として考えれば，それでい
い気もしてくる．そのため今でも消費手段説はエンゲルスの権威に後押しされ
て，有力な解釈になっている．

　しかしこの「個人的所有の再建」の文言を前後の文脈を踏まえて解釈し，
『フランスにおける内乱』の個人的所有を真実なものにしようとしたというス
ローガンと併せて考えると，個人的に所有されるのはむしろ生産手段とするの
が自然である．そのため少なくない研究者，その多くは私と異なりマルクスと
エンゲルスを鋭角的に対立させたりはしないが，そのような人々でもこの箇所
に関してはエンゲルスの誤謬を指摘せざるを得なくなっている．[5]

　どうしてこうなってしまったかと言えば，それはエンゲルスがマルクスと異
なり未来社会構想を真剣に考えていないからだ．どうせなるようになるのだか
ら，実践の指標としてそれ自体を真剣に構想するまでもない．自ら具体的に語
る必要はないし，問われてある程度詳しく答える必要が生じたら，適当に返し
ておけばよいという風になる．まさにエンゲルスの筆致はこうしたスタイルに
なっている．歴史の必然性への非科学的な信仰が，未来社会についての軽率な
コメントの源泉となっているのである．

　こうしてエンゲルスが若き日のマルクスと共有していた記述的説明と規範的

批判の統一という視座を一人自己批判して，「歴史必然性の科学的証明」という疑似科学的で疑似宗教的でもある実証主義的な理論体系として創始されたのが，世にいう「科学的社会主義」である．このエンゲルスに由来する「マルクス主義」を継承したのがレーニンをはじめとする後継者たちだし，エンゲルス作のマルクス主義をさらに発展させたと自称する「レーニン主義」を創始したのがスターリンだった．そしてスターリンが確立したソ連レジームとその衛星諸国が崩壊した現実社会主義諸国であった．このことはまた，旧来型の「マルクス主義」の思想的命運も尽きたことを意味する．

　しかしこのことは，マルクス自身の「科学的」社会主義，それは記述と規範を混同することなく，科学的な信憑性を失わない範囲内であるならば理想それ自体をむしろ積極的に語る用意のある社会主義理論が無効になったということでは全くない．それどころか，マルクスの理想社会構想こそが，現実社会主義の虚妄性を明確化する論拠になる．それはつまり，現実社会主義が本当は社会主義ではないことの究極的な理論的根拠を与えるのが，他ならぬマルクスの理論だからだ．[6]

　マルクスの理論からすれば，社会主義とはアソシエートした労働者のデレゲート（代理人）が社会的総生産過程の主体となった社会である（田上 2021：172）．それは資本家が生産過程の主体となり，現実に生産活動を行う労働者が担う労働過程を客体化し，労働者自身の富ではなく資本蓄積の手段として労働過程を利用する資本主義の反転が社会主義だからである．

　現実社会主義が社会主義ならば，現実社会主義の生産主体であるノーメンクラツーラは労働者のデレゲートでなければならない．だがノーメンクラツーラが労働者代表だというのは虚偽の名目に過ぎない．実際には労働者から切り離され，労働者がリコールできる権利など全くない，労働者を支配する特権階級でしかなかった．このため，マルクスの理論を現実社会主義に適用すると，マルクスの後継者を任じていた政治勢力の本質が他ならぬマルクスの望む理想社会ではさらさらなく，資本主義同様に人類の前史に過ぎないという，皮肉な結論にならざるを得ない．

　ではマルクスが展望した社会主義，労働者のデレゲートが生産過程を管理する社会とはどういうものなのか，節を改めて詳しく見て行きたい．

3　利潤分配制市場社会主義

　世間一般に言う「科学的社会主義」はマルクスではなく後期のエンゲルスに
由来する．後期エンゲルスが若き日にマルクスと共有していた規範的な理想社
会像への積極的な言及を否定し，歴史法則信仰に基づいて規範的な青写真を彫
琢するという問題意識を放棄したことが，その出発点である．これに対して，
歴史信仰に捕らわれなかったマルクス⁷⁾は，その初期から晩期まで折に触れて，
過度に具体的過ぎて科学性を失わない程度に，未来の可能性と規範を提起し続
けた．

　その代表例がそれぞれ初期の『経済学・哲学草稿』と後期の『ゴータ綱領批
判』にある．そしてこの二著作の他に，まだエンゲルスが歴史法則信者になっ
ていなかった頃のマルクスとの共作『ドイツ・イデオロギー』も，マルクスの
理想社会論を知る上で欠かせない．

　こうした比較的にまとまった叙述がある著作以外にも随所で，断片的ではあ
るがマルクスの未来社会構想が展開されている．例えばマルクスはいわゆる
「所有と経営の分離」に基づく株式会社制度を資本主義から新社会への過渡期
の萌芽として捉え返す．株式会社にあって経営は必ずしも資本家が行う必要が
なく，資本家に雇われたマネージャーが資本の機能を代行すればいい．このこ
とは，「会社は労働者だけがいれば済むことになり，資本家は会社にとってい
わば余計な存在になる」（国分 1998：284）可能性を示唆する．勿論マルクスは，
株式会社制度が発展すれば資本主義的な生産様式のままでも労働者にとって望
ましい状態が現出するなどという幻想は抱いていない．マルクスは「社会的生
産を自由な協同組合労働の巨大な，調和ある一体系に転化する」ことを革命の
目的に掲げたように，協同組合を新社会の基本的構成原理と認めた上で，こう
した「自由で平等な生産者のアソシエーション」を実現するためには社会全体
の変革が必要であり，その具体的な手段としては『共産党宣言』以来一貫して
唱え続けられたように，先ずは国家権力を自らは労働しない搾取者である資本
家と地主の手から生産それ自体を担う労働者の手に移す以外にないことを強調
している（MEW. Bd. 16. S. 195）．

　この原則の上でマルクスは，新社会への過渡期で行われるべき革命運動とし
て，生産協同組合（Produktivgenossenshaft）の実践を提唱している．ただし，マ

ルクスが認める協同組合はマルクスの時代は勿論，現在の資本主義での協同組合と比べても非常にラディカルである．この協同組合では我々が知る協同組合のように出資者に配当を渡すことは，「低率の利子」に限って「単なる一時的な処置」として認められるに過ぎない．マルクスの推奨する生産労働組合にあっては，我々の社会で通常認められている協同組合とは異なり，株主であってもなくてもこの協同組合で働く労働者は「等しい分け前」を受け取らなければならない（MEW. Bd. 16. S. 196）．

　『ゴータ綱領批判』では既に資本主義的な価値法則が克服された新社会での初期段階で価値法則に類似した経済原理が残存せざるを得ないことが示唆されたが，この「個々の問題への暫定中央評議会代議員（デレゲート）への指示」では，新社会に入る一歩手前の過渡期段階で，実質的に資本主義的な利潤原則によって分配が行われるが，資本主義では有り得ない，生産手段及び株式の所有に関わらない提供した労働量（基本的に労働時間が単位となろう）に基づく利潤の分配が行われるということになる．

　ということは，この過渡期社会は，価値法則に基づきつつ利潤を追求するという点においては資本主義と軌を一にするが，利潤の目的は資本主義のように労働者を搾取して資本を蓄積するのではなく，富の創造主である労働者自身のために，労働者の提供労働に基づいた公正な分配によって分配的正義を実現することを旨とした社会ということになりそうである．市場経済という形式においては資本主義であるが，労働に応じた分配が実現される社会であり，そうした生産の目的においては既に社会主義である．これはつまり，マルクスの構想した過渡期経済は，マルクス流の市場社会主義ということになりそうである．

　ただしマルクス自身は，後世の市場社会主義者のようにパーマネントな経済システムとは見なさず，むしろ新社会の扉を開くために不可避的に通らなければいけない一時的な過渡期に採用される経済システムと見たようである[8]．

　ともあれ，歴史信仰に基づいておざなりな未来社会構想でお茶を濁し，後世のフォロワーに混乱を与えてしまった後期エンゲルスと異なり，マルクスは晩年に至るまでに真摯に過渡期と過渡期後の理想社会の在り方を構想し続けた．このことは，こうした未来社会構想を人類が目指すべき理想として提示するというマルクスの規範への重要視が，彼の生涯に一貫したものだということを意味する．またこのことは，まだ経済学研究が深まっておらず，利潤分配制のような具体的な経済政策の構想ができていないマルクスにあっても，こうした経

済政策の理論的前提となる哲学的思索の次元で，既に先駆的に理想社会の規範が提起されており，こうした規範に示された理想的な社会観が，後期著作に見られる具体的な経済構想の視座として，常に機能し続けていたということも意味する．

そこで，マルクスの社会主義構想の前提となっている認識を，彼の初期著作に探って瞥見する必要がある．

4 初期著作に見られる理想的な人間関係

マルクス初期の哲学的著作での理想社会論は，『経済学・哲学草稿』と「ミル・ノート」よりなる『パリ草稿』と『ドイツ・イデオロギー』での展開が中心となる．そしてこれら初期著作の議論は，『共産党宣言』での「各人の自由な発展が万人の自由な発展のための条件であるようなアソシエーション」（MEW. Bd. 4. S. 482）という共産主義概念に集約されることになる．以降のマルクスの議論はこうしたアソシエーションとしての共産主義のあり方を明確にするという方向で行われる．

この『共産党宣言』のテーゼに明らかなように，共産主義社会はそれ自体が目的として希求されるものではない．目的は万人の自由な発展であり，しかもその前提が各人の自由な発展になっている．共産主義それ自体は，万人の自由な発展という目的に対する手段でしかないのである．目的である万人が自由に発展して自己実現ができることは，各人それぞれの自己実現を前提する．全体のために奉仕し，自己を少しも犠牲することがなくても，各々が自らの生を存分に楽しみ，自らにふさわしい人生を生きることが直ちに全体に普及し，社会全体の理想状態をもたらせるということになる．

こうしてみると，世間で吹聴されている「共産主義」に付きまとう，社会という目的に対して個人は手段であり，社会全体のために個人を犠牲にするというイメージとは正反対の構想が共産主義の聖典であるはずの『共産党宣言』で提起されていることが分かる．このことは後の共産主義思潮がマルクスの原像を歪めたという歴史的事実を思い起こすことにもなるが，ともあれここで提起されている人間関係の基調は，各人が敵対することなく，友好的に連帯しているようになっていることを意味する．

このことはまた，こうしたアソシエーションが旧社会と質的に断絶している

ことを示唆する.

　これまでの社会は階級闘争の歴史であり，階級を軸に対抗陣営が敵対しあってきた．我々の生きる資本主義という生産様式のままで，個人の自己実現が直ちに社会全体の自己実現に直結するのは不可能だし，そうしたことができると主張するのは幻想だろう．

　我々の生きる資本主義では何につけても競争原理が支配し，個人の自己実現のためには競争に勝ち抜いて勝者になることが当然のように前提される．誰かの自己実現の裏には，自己実現できなかった敗者がいる．競争が支配する社会では，各人の自己実現が全体の自己実現になることなどありえないのである．

　当然マルクスが求める理想社会はこうした競争原理が克服されて，友愛と連帯が社会的紐帯の基調となる．社会全体の原理が競争ではなく友愛と連帯になっているということは，マルクス的観点からすれば社会の土台をなす経済の領域が友愛と連帯を原理として営まれるものになっているからに他ならない．

　そのような経済の有様を，これとは正反対の経済社会に生きる我々が想像するのは難しい．しかしマルクスの目指す理想である共産主義とはまさにそうした社会に他ならないため，マルクスは自らの立場を共産主義に定めた若き日から一貫して，こうした理想社会のイメージを喚起できるように努めてきた．その代表例の一つとして「ミル・ノート」に見られる次のような議論が挙げられる．すなわち労働者が連帯して，搾取されることなく「人間として生産」した際には，「私の生産物の君の享受や使用において，私は直接的に，私の労働の中で人間的な欲求を充足し，そうして人間的本質を対象化し，それだから他の人間的本質の欲求に，それに対応した対象を供給したと意識するという享受をする」（MEW. Bd. 40. S. 462）のだという．

　ここではまさに，自分自身の自己実現が他者のための自己実現と相互補完的になっている．こうしたことは，人間関係の基本が友愛的なものになり，打算を超えた親愛の情で人々が結び付いている場合にのみ可能なはずである．しかもこうした人間活動が，社会の土台をなす経済の領域で行われているというのである．

　これは我々の社会のあり方とは根本的に異なる．我々の社会では経済の領域で支配する原理は打算であり，損得勘定である．情を重視して儲けを度外視した商売を行えば，たちどころに競争に敗れて敗者となるのである．このような社会で，自分の労働が他者の人間的欲求を充足するための手段になるという話

は，綺麗事の域を出ないだろう．

　だがこうした我々の社会でも，打算に支配されずに，損得勘定を超えた人間関係の領域がある．それは仲のよい親子や夫婦，親しい友人や仲間のような，私的な領域に見られる人間関係である．こうした人間関係に貫く原理は，それぞれの人間関係にふさわしいように多様化された愛である．親子には親子愛，夫婦には夫婦愛，友人には友愛というように，それぞれの人間関係に応じた愛のあり方があり，そうした愛がこれらの人間関係を結び付ける紐帯となっている．もしもこうした紐帯の中で経済関係が行われればどうなるであろうか．まさに我々の社会では絵空事に留まっている，作ることが自らの喜びであると共に他者の喜びでもあるという人間的な生産のあり方が，真実に実現するということになろう．そして経済の領域は社会の土台をなすのだから，経済のあり方が社会全体の性格をも規定することになろう．こうした経済にあっては確かに，社会全体が「各人の自由な発展が万人の自由な発展のための条件であるようなアソシエーション」ということになるだろう．

　つまりマルクスにあって目指されるべき理想である共産主義とは，社会の土台をなす経済の領域が我々の属する人類の前史と異なり，友愛を基調としてアソシエートした労働者によって営まれるアソシエーションということになる．

　このアソシエーションのあり方についてマルクスは『共産党宣言』以降も随所で展開しているが，最も具体的でまとまっており，マルクスの最終回答ともいえるのが，晩年の『ゴータ綱領批判』に見られるゲノッセンシャフト論である．

5　後期著作に見られる理想的な人間関係

　マルクスは彼の求める理想社会を初期著作では主として Verain や Assoziation といった言葉で表現していた．特に『共産党宣言』以降はアソシエーション呼称が一般的に用いられるようになる．ところが『ゴータ綱領批判』では一転して Genossenschaft という単語が中心的に使われている．説明なく用いられているのでマルクスの真意は分からないが，一つには特に深い理由はなく，この当時に組合のことをゲノッセンシャフトと呼ぶことが慣例化してきたので，それに倣ったということが考えられる．

　そもそもアソシエーション自体，社会全体のあり方や連帯する人間のあり方

を意味するとともに，組合をも意味していた．マルクスはアソシエーションを
この言葉の多様な意味に応じる形で用いた．共産主義がアソシエーションであ
るということは，それは人々がアソシエートした社会であり，生産協同組合に
よって営まれる生産様式であることも意味した．資本主義における企業が生産
協同組合に代置される．一つにはこの意味でマルクスがゲノッセンシャフトを
用いていたことは間違いないだろう[9]．またこの方向性として，新たなアソシ
エーションが組合を単位とした社会であることを強調するために，敢えてゲ
ノッセンシャフトという言葉を使ったというのも無理のない解釈となろう．

　では専らこちらの方向が理由なのかということになると，疑問が残る．とい
うのもマルクスは，「ゲノッセンシャフトリヒな富」というように形容詞系で
も Genossenschaft を用いているからだ．しかもこの形容詞が用いられるのは，
新社会の基本性格を規定するテーゼ的な文章の中である．慎重にも慎重を要す
る文脈で用いられているわけだ．単なる書き癖とか筆遊びで済まされる問題で
はない．マルクスは間違いなく言葉を選び抜いて書いたはずである．

　このような重要な文脈だから，もし新社会の基本的な構成単位が組合である
ことを強調したいのならば，genossenschaftlicher Reichtum のような分かり
難い形ではなく，der Reichtum der Genossenschaft のように名詞形を使い，
新社会で生産される富が組合によるものだという点をはっきりさせただろう．

　ということは，マルクスが Genossenschaft を用いるのは，新社会の基本単
位が組合であるということだけではなく，組合の連合体として営まれる社会全
体が，企業を基本単位とした我々の社会とは異なる人間原理に基づいているこ
とを強調したかったからではないか．それが競争ではなく友愛を基調とした市
民社会のあり方である[10]．

　こうしてマルクスが新社会をゲノッセンシャフトと呼称する裏には，新社会
が単に組合を単位とした社会であるだけではなく，ゲノッセンシャフトリヒな
人間関係によって組織された社会でもあるという含意があるのではないか．で
はゲノッセンシャフトリヒな人間関係とは何か．

　Genossenschaft の語幹はゲノッセであり，ゲノッセにはゲノッセンシャフ
トを構成する組合員という言葉の他に仲間や同僚という意味がある．逆に言え
ば組合というのは仲間によって組織されているものだからこそという本意があ
るともいえよう．そしてゲノッセの動詞形ゲニーセンには楽しむとか食事を味
わうといった意味がある．つまり一緒に集って食事を楽しむような人間関係が

ゲノッセであり，こうしたゲノッセによって組織されるのがゲノッセンシャフトになる．

　マルクスが新社会をゲノッセンシャフトリヒと形容するのは，こうした親密な仲間組合的な人間関係が新社会全体の紐帯となっているためである．このため，この社会の市民社会にあっては，ヘーゲルが市民社会に認めた，他者を自己の欲求充足の手段とする「欲求の体系」ではなく，ヘーゲルが家族の原理とした愛に基く「愛の体系」である．しかしこの愛を紐帯とする人間関係は家族ではなくて市民社会なので，家族的な閉鎖性を脱して自立した市民でありながら友愛を原理に結びついた自立した市民同士の人間関係である．そのため家族的な愛を原理とした社会といっても，市民的自立を放棄して全体への忠誠を尽くすことを要求するようなファシズム国家のごとき全体主義を再現するものではない．市民的な自立を前提にしつつも，人間関係が冷たいギスギスとしたものではなくなるということであり，家族的友愛と市民的自立が高次元にアウフヘーベンされた新たな人間関係の創出である．

　こうしたゲノッセンシャフトが，マルクスが求め続けた理想である共産主義像の最終形態なわけだが，その基本観点は先に見たように，最初期の共産主義構想である「ミル・ノート」と明らかに同じだ．それだから「ミル・ノート」と同じ『パリ草稿』である『経済学・哲学草稿』に実は，『ゴータ綱領批判』のゲノッセンシャフト概念の直接的な起源がある．すなわち『経済学・哲学草稿』でマルクスは，フランスの社会主義的な労働者たちの集会を理想的な人間関係の一例として引き合いに出して，この集会の中で彼らには，人間の兄弟性（Brüderlichkeit）が単なる空語（Phrase）ではなくて真実（Wahrheit）としてあるとしている（MEW. Bd. 40. S. 553-554）．この集会にあっては同志として飲み食い語らうのは，何かそれ以外の目的のためではなく，それ自体の楽しみとしての目的自体になっている．まさにゲニーセンする同志が友愛に基づいて連帯している．享受したり食べたりする（genießenには両方の意味がある）仲間がゲノッセであり，ゲノッセにより構成される組織がゲノッセンシャフトである．そしてゲノッセンシャフトリヒであることが共産主義の基本特徴なのだから，共産主義とは家族的な友愛の原理が市民的自立を打ち消すことなく社会全体に普遍化された人間関係に基づく社会である．これが，マルクスが生涯にわたり求め続けた理想的な人間社会のあり方である．[11]

お わ り に

　マルクスは後期エンゲルスに始まる「科学的社会主義」のように歴史法則信仰に乗っておざなりな未来像を放言することなく，未来社会の規範を丁寧に具体化し続けたが，その終着地である『ゴータ綱領批判』のゲノッセンシャフト論は，共産主義者としての出発点であるパリ草稿における基本観点の精緻化であった．

　マルクスは確かに先行するユートピア社会主義者とは異なり，未来社会の規範を現行社会の的確な科学的分析と媒介させることに成功し，先行者とは隔絶した説得力のある未来社会像を提起することができた．この意味でマルクスは，言葉本来の意味で科学的な精神を持った社会主義者であり，今後の科学的社会主義はエンゲルス由来の従来型ではなく，マルクス直系の，本当の意味での科学的社会主義になるべきである．

　この前提の上で，本章で瞥見したマルクスの未来社会構想それ自体は，我々が生きる人類社会の前史とは質的に断絶した人間関係に基づくものであり，十分ユートピア的と言っていいだろう．この意味で，マルクスもまたユートピアンなのであり，その未来社会構想それ自体は，他のユートピアンと同一線上に置いてその是非が判断されるべきものである．マルクスはユートピア社会主義者と質的に隔絶した「科学的社会主義者」ではなく，科学的根拠のある説得的なユートピア像を提起したユートピア社会主義者なのである[12]．

[付記]
　本稿は，日本学術振興会科学研究費補助金［基盤研究(C)課題番号 21K01315（分担者)］に基づく研究成果の一部である．

注
1 ）　マルクスの理論的前提であり，マルクスの哲学そのものである彼の疎外論については（田上 2021）参照．
2 ）　ただしエンゲルスが当時の社会主義者及び共産主義者の通念に従って，諸悪の根源を私的所有に見ていたのに対して，マルクスはさらに認識を深めて私的所有の原因が疎外された労働だと喝破した．この点に，マルクスの独自性と長所がある．このマルクスの基本観点をエンゲルスが受け入れたことが，その後の『ドイツ・イデオロギー』共通執筆につながっていく．この論点については（田上 2021）の221頁以下，（田上

2018a）第6章「疎外の止揚と分業——『ドイツ・イデオロギー』の真実——」参照．

3）　以上の議論については，（田上 2014）及び（田上 2018a）第9章「マルクスとエンゲルスの関係」参照．

4）　ただしポパーのマルクス主義批判自体はマルクスとスターリン主義の区別が付いていない浅薄なものである．（田上 2013）第四章「疎外は『人間生活の永遠的自然条件』ではない」参照．

5）　私自身の「個人的所有の再建」解釈は（田上 2018b）参照．この拙稿で私は，正確には「生産物一般であって，消費手段であるのみならず生産手段でもある」のであって，そもそも生産手段か消費手段かという二分法自体が一面的な問題設定であることを指摘した．

6）　詳しくは（田上 2015）第四章「マルクスの社会主義と現実の社会主義」参照．

7）　とはいえマルクスにも，その著述の中には歴史信仰を思わせる文言も散見される（田上 2021：279）．しかしそれらはエンゲルスのように，マルクスが歴史法則主義者であることを確証させるようなものではない．いずれにせよ大事なのは，マルクスを無謬の賢者として神格化することなく，その生けるものと死せるものを峻別して，是々非々々で利用すべしという観点である．仮にマルクスもエンゲルス同様の歴史信仰者だったのなら，これを批判するまでである．

8）　こうした短い過渡期に採用される政治形態はプロレタリア独裁なので，利潤分配制市場社会主義はプロレタリア独裁政府が採用する経済政策ということになろうか．なお，本稿でのマルクスにおける利潤分配制社会についての考察は国分幸氏の研究から大いに学んだが，国分氏自身はマルクスと異なり，次のように見通している．「市場にもとづく多くの協同組合から成る社会＝多元的連合社会は，マルクスの場合には市場を廃止した共産主義に至るまでのあくまで短期的で過渡的な体制にすぎなかった．だがしかし，スターリン主義体制という悲惨な総体的な奴隷制を経験したわれわれにとって，市場廃止の計画経済への道はもはや閉ざされている．市場にもとづく利潤分配制の連合社会に二一世紀社会主義の活路を求めるべきである」（国分 2016：36）．これに対して私はマルクスと共に，市場のない共産主義の理想をなお求めようとする者である．

9）　実際先に見た「中央評議会代議員への指示」でも組合のことをゲノッセンシャフトと呼称している．またここでマルクスは，組合一般を指す言葉としてはゲノッセンシャフトの他に Kooperation を用い，肯定的な意味を有する組合やその積極的な歴史的役割を強調する文脈で，Gewerksgenossenschaft（労働組合）という言い方をしている．単なる Kooperation の言い換えである可能性も大だが，より積極的な意味がある場合にゲノッセンシャフトを使っている可能性も無きにしも非ずである．だとしたら既にこの時点（1867年）で『ゴータ綱領批判』（1875年）同様の認識に達していたのかもしれない．

10）　ここから，新社会の紐帯を愛に見ることが，マルクスなりのヘーゲルの読み替えに基づいていることが分かる．マルクスは『経済学批判』「序言」のいわゆる「唯物史観の定式」の中で，自らの経済学研究の性格を「市民社会の解剖学」と位置付けている．これはヘーゲル批判者になった後もマルクスが，社会全体を家族—市民社会—国家のトリアーデで見ていたことを示唆する．そしてエゴイズムに支配される「欲求の体系」

で生じた矛盾を国家原理で止揚したヘーゲルに対して，国家原理それ自体を否定した
マルクスには家族的な愛の原理しか残されていなかったのである．そこでマルクスは
市民社会の矛盾は，家族的な愛の原理が市民同士の友愛に基づく連帯にまで敷衍され
ることによって止揚されるとしたわけである．

11) マルクスのゲノッセンシャフト論及びその前提と名なる諸理論について，詳しくは
   （田上 2018c）参照.

12) 「ユートピアン・マルクス」という問題設定に関する先駆的研究として，（石塚
   1983）参照.

参照文献一覧

※マルクスとエンゲルスからの引用において，MEW は Marx-Engels Werke（『マルクス
＝エンゲルス著作集』）を指す．これは大月書店版『マルクス＝エンゲルス全集』の底
本であり，大月版全集の各ページ上部にドイツ語原文のページ数が示されている．これ
により，当該箇所の翻訳を確認することができる.

石塚正英 1983「三月前期ユートピアンのマルクス批判」，代表著者大井正『マルクス思
   想の学際的研究』長崎出版，所収.
国分幸 1998『デスポティズムとアソシアシオン構想』世界書院.
―――― 2016『マルクスの社会主義と非政治的国家――一大協同組合から多元的連合社
   会へ』ロゴス.
田上孝一 2013『マルクス疎外論の諸相』時潮社.
―――― 2014「マルクス人間論の可能性と限界――マルクス主義哲学史における人間概
   念の変遷――」，杉山精一編『歴史知と近代の光景』社会評論社，所収.
―――― 2015『マルクス疎外論の視座』本の泉社.
―――― 2018a『マルクス哲学入門』社会評論社.
―――― 2018b「いわゆる『個人的所有の再建』について」，『東京電機大学総合文化研
   究』第16号，所収.
―――― 2018c「マルクスの支配論」，田上孝一編『支配の政治理論』社会評論社，所収.
―――― 2021『99％のためのマルクス入門』晶文社.

第7章　日本のユートピア
──縄文から人新世まで──

菊池理夫

はじめに
──東洋にユートピアはあるのか──

　一般的な意味で，つまり理想郷という意味で，ユートピアを描き，論じ，実践しようとすることは，東洋や日本にもあると考えられ，中国や日本のユートピアを論じた本がいくつか出版されている．しかし，東洋や日本のユートピアとされる，「大同思想」，「桃源郷」，「弥勒の世」，「常世の国」などは，西洋のユートピアとは異なることも指摘されている．日本のユートピアを論じる前に，東洋のユートピアと呼ばれるものを，本書の序章で述べた私の理想社会の分類とユートピアの定義，「不在の現実的理想（社会）」をもとに考えたい．

　まず「大同思想」とは，儒教の『礼記』礼運篇にある理想社会論である．「大同」では「天下は万人のものとされ」，「人びとは賢者能者を選挙して官職に当たらせ」，「相互の信頼親睦」のもと，他人のために働くが，誰も「財貨をひとり占めにはしない」（竹内照夫編 1971：328）．『礼記』には，このような民主・共産社会の「大同」の他に，それが失われた後で，階級も私有もあるが，「仁愛礼譲を守り行ない，道義の常法を世に示した」「小康」も語られている（竹内照夫編 1971：329）．歴史人類学の大室幹雄は『劇場都市』で，「小康」を「ユートピア」，「大同」を「アルカディア」とする（大室 1981：425）．私の理想社会の分類でも，「小康」が「現実的理想」を語る「ユートピア」になる．また「大同」は，西洋の千年王国思想やユートピア思想の影響を受け，目指すべき理想社会になったと思われる．

　竹内弘行『康有為と近代大同思想の研究』によれば，太平天国（1851-1864年）

の洪秀全は，『礼記』礼運篇を直接引用して，太平天国建国の前に「中国近現代思想史に一貫して高く掲げられる大同共産の理想の第一声」をはなった（竹内 2008：90）．また「洋務運動」（1861-1894年）のなかで，欧米の民主主義や社会主義・共産主義などの社会思想は伝統の「大同思想」と同質のものとみなされ，康有為はこのような情報を得て，「大同思想」が孔子の真の理想であると宣伝し，『大同書』（1913年）を書き残した（竹内弘行 2008：91）．菊池秀明『太平天国』は，南京にできた太平天国の社会組織は「上帝ヤハウエを父とする疑似家族的な大同ユートピア」ではあるが，太平天国が極めて他者に不寛容で暴力的である原因を，むしろ「ユダヤ・キリスト教思想の影響」や「ヨーロッパの近代」文明の野蛮に対する傾向に求めている（菊池 2020：96-97, 238-239）．私の観点からは，太平天国は西洋近代の暴力的な（革命的な）千年王国に近い．また，康有為の「大同思想」は竹内によれば，E. ベラミーの『顧みれば』などの西洋ユートピア作品の影響やダーウィンの進化論，さらに共産主義，無政府主義などの影響をうけたものである（竹内弘行 2008：195, 228）．

　小島晉治『洪秀全と太平天国』は，大同思想の例として興味深いことを指摘する．毛沢東は青年時代，魯迅の弟周作人が紹介した日本の「新しき村」に大同社会のモデルを見て，友人たちと湘南で「新村」を計画した（小島 2001：60）．ただし，毛沢東は太平天国の影響から人民公社などをつくったが，文化大革命の後では，そのことから中国の「平均主義，別名農業社会主義」として批判される（小島 2001：180）．私の観点からは，毛沢東の中国革命は「大同思想」よりも「千年王国思想」に基づくものである．第4節では日本への「大同思想」の影響として「五箇条の御誓文」（1868年）をとりあげ，日本の近代化や民主主義の問題を論じたい．

　中国のユートピアでは「大同」よりも「桃源郷」の方が一般に知られているであろう．「桃源郷」は，中国東晋の詩人陶淵明（365-427年）の『桃花源記』で有名になった自然豊かで平和な隠れ里である．大室の『桃源の夢想』は，桃源郷が「反都市理念」であり，「小康のユートピア」と「大同のアルカディア」の両方を含むが，基本的には「平等と友愛と自給自足の豊満にひたされた桃源のアルカディアは……半神話的な異境なのである」と，アルカディアの要素を強調する（大室 1984：253-254, 256）．比較文学の芳賀徹『桃源の水脈』では，T.モアなどの「近代ヨーロッパのユートピア」が「合理主義と功利主義によって管理・統制された窮屈極まりない小都市」であるのに対して，桃源郷は「東ア

ジア的田園的小世界」である（芳賀 2019 : 257）．しかし，私が第 2 章で論じた
ように，モアの「ユートピア」はそのようなものではなく，また「桃源郷」は
現実に存在しうるフィクションとして，私のユートピアの定義「現実的理想」
に近い．

　江戸時代中期に桃源郷が絵画にも文章にも増え，また武者小路実篤の「新し
き村」は西洋のユートピアではなく，「桃源郷」をモデルとしたという芳賀徹
の指摘から（芳賀 2019 : 110, 219），日本の「ユートピア」が「桃源郷」と関係
するかどうかを第 3 節で論じることにする．まず江戸中期の旅行家，菅江真澄
が東北の農村に「桃源郷」を見，また明治初期にイギリスの女性旅行家，I.
バードが東北の農村に「エデンの園」を見たことの意味を考える．また日本の
ユートピア思想史を書いた安永壽延が「日本の思想におけるほとんど唯一の
ユートピアン」（安永 1971 : 167）といい，同じく高橋武智が「日本史上最高の
ユートピア思想家」（高橋武智 2014 : 72）という安藤昌益が江戸時代の北東北に
現れた意味を論じたい．さらに桃源郷と日本の「ユートピア実践」の関係を論
じることにする．

　次に仏教に由来する「弥勒の世」とは，弥勒が「下生」して，浄土の実現と
なる未来世界である．安永も，高橋武智も，「弥勒の世」を西洋の千年王国と
類似のものとし，とくに中世の「一向一揆」をその代表的な運動とする（安永
1971 : 2 章；高橋武智 2014 : 3, 4 章）．しかし，私が序章や第 2 章で述べたよう
に「千年王国」はユートピアと区別すべきである．第 2 章で言及した三石善吉
も，ユートピアと区別して，中国の千年王国を，隋や唐時代以後の民衆反乱か
ら，清朝末の「太平天国」，さらに毛沢東まで論じる（三石 1991 : 8-9）．三石の
議論から見る限り，この中国の千年王国は西洋の千年王国と類似する．

　ただ，日本の「弥勒の世」信仰は中国の千年王国運動と類似しないようであ
る．民俗学の宮田登『ミロク信仰の研究』によれば，日本の農民のなかに災害
時に「弥勒の世」を祈願する習慣があるが，中国や朝鮮半島と異なり，「メシ
ア待望の意識」はほとんどなく，「弥勒の世」は未来に希望されるよりも，「共
時的な形で，たえず繰り返して現出する」（宮田 1975 : 319-323）．宮田は『終末
観の民俗学』で，江戸時代の富士講や大正時代の大本教に「メシア待望の意
識」を認めても，「国家を転覆するほどの力」は持っていなかったという（宮
田 1996 : 195）．また彼が日本のユートピア思想を論じるときにも，日本の弥勒
信仰は「世直し」としてのユートピアには結びつかないことを指摘する（宮田

2006：21)．日本史の安丸良夫『日本の近代化と民衆思想』も，西洋の千年王国や東洋の太平天国の乱と比較すれば，「日本の近代社会成立期の民衆闘争が一般に非宗教的だったという世界史上きわめて例外的な事実」を指摘する（安丸1999：144)．彼は，富士講から発展した丸山教に弥勒信仰の流れからの民衆の「世直し」運動を見ているが（安丸 1999：193ff.)，丸山教の場合でも，西洋や東洋の千年王国運動のような革命運動にならない．第2節で，中世の宗教的な民衆闘争である「一向一揆」が千年王国運動かどうかを考えていく．

　最後に，「日本的ユートピアの原像」（安永 1971：1章)，あるいは「古代におけるユートピアの原像」（高橋武智 2014：2章）とみなされる「常世の国」である．「常世」という言葉は記紀にも出てくるが，海の彼方にある異境であるとともに，祖先が住み，死後にいく「妣の国」「根の国」でもある．『常世論』を書いた民俗学谷川健一によれば，常世は「日本人の無限の経験の記録の集積」としての「日本人の認識の祖型」である（谷川 1989：63)．彼の「日本のユートピア」論では，「常世」の「願望時間」化である「弥勒の世」が「ユートピア願望」であり，鹿島の弥勒踊り，熊野・土佐の補陀落渡海，五島列島の万里が島や高麗島の伝承のように，「水平線の彼方」の常世に向かうことが日本の「ユートピア意識」である（谷川 1971：89, 113)．谷川は「常世」を願望空間としてのユートピアよりも願望時間である千年王国に近づけようとしているが，私は第1節で，「日本人の認識の祖型」としての「常世」を「縄文」として理解し，それが「現実的理想」としてのユートピアかどうかを考察していく．

1　縄文社会は「常世」なのか

　紀元前1万3000年ごろから約1万年続いた狩猟採集民の縄文時代は現在再評価が進み，縄文が「日本人の認識の祖型」であることがいろいろな観点から指摘されている．例えば，人類学者中沢新一『アースダイバー　神社編』とジャーナリスト武藤郁子『縄文神社——首都圏篇』は，日本の神社のなかに縄文の信仰の地に作られたものがかなりあり，その信仰が現在でも存在していることを指摘する（中沢 2021；武藤 2021)．日本美術史の山下裕一『日本美術の底力』は，縄文文化を大陸の影響がない「ジャパン・オリジナル」として評価し，弥生文化と並んで，日本美術の根底に存続していることを論じる（山下 2020)．このような「日本人の認識の祖型」としての縄文とともに，縄文社会には現代

社会が失った優れた特質があることも論じられている．詩人でフェミニズムの研究者である高良留美子は，現代のフェミニズムの主流が近代西洋以外の価値を否定的に論じていることに対して，縄文時代が女系制であったことを現代の考古学の研究をふまえて論証し，自然と共生した，平和で階級のない縄文社会が未来社会のモデルとなるという（高良 2021）．哲学者の梅原猛はすでに1980年代に，「原日本人の魂」として縄文文化を評価し（梅原 1994：17, 21），1990年代三内丸山遺跡の発見から，縄文の文化が「日本の基層文化」であるという仮説が立証され，縄文人の信仰心の根底にある「自然の循環体系の中では，すべてのものに生命が宿る」というアニミズムが現在まで日本人に受け継がれていると主張する（梅原・安田編著 1995：1, 25-26）．

　欧米では1970年代に狩猟採集社会の評価が始まり，アメリカの人類学者 M. サーリンズ『石器時代の経済学』（1972年）は，石器時代の狩猟採集民が一日の労働時間が4時間である「豊かな社会」であると指摘した（サーリンズ 1984）．またフランスの人類学者 P. クラストル『国家に抗する社会』（1974年）は，狩猟採集社会が平等社会であり，それを破壊する国家を意図的に形成しなかったことを評価した（クラストル 1987）．欧米の近代化を絶対化する進歩主義がまだ主流である日本の社会科学と異なり，日本の人類学では現代の西洋文明よりも，狩猟採取社会を評価することが常識である．京大と東大の人類学者，山極寿一と尾本恵市は，狩猟採取社会が戦争もなく，平等な共同生活をしているのに，現代のアメリカが「キリスト教倫理観」から力づくで悪を制圧することと対比する（山極・尾本 2017：273-274）．

　しかし，アメリカの認知科学者 S. ピンカーは『21世紀の啓蒙』で，啓蒙的進歩主義の立場から，狩猟採集民が豊かでも平等ではなく，労働時間も決して短くなく，現在のサハリ砂漠のサン族の例から一日8時間ぐらいであると推定する（ピンカー 2019：上198：下42-43）．これに対して，イスラエルの歴史家，Y. N. ハラリ『サピエンス全史』によれば，「農業革命」以後の農耕民の方が長時間の苦しい労働で「満足度の低い生活を余儀なくされ」，「農業革命は，史上最大の詐欺である」（ハラリ 2016：106-107）．砂漠のサン族や農耕民と違い縄文人は温暖な気候で豊かな自然のもと，個性的で複雑な縄文土器や装飾品を作る余裕があったと思われる．ピンカーは『暴力の人類史』では，現代になるほど人口比では殺人が減っていることを根拠として，古代人の方が残忍で野蛮であると主張する（ピンカー 2015：上108ff.）．一方ハラリによれば，古代社会では「平

和や平穏を享受した場所や時期もあれば，残忍な争いで引き裂かれた場所や時
期もあった」（ハラリ 2016：84）．ピンカーへの最大の反論となるのが日本の縄
文社会である．縄文の遺跡から大量殺戮の証拠は見つかっていない．とりわけ
私の故郷に近い三内丸山の縄文社会は，1500年続いた文字通りの千年王国，い
な王様がいない千年共和国，いな国家を形成しない千年コミュニティであった．
このコミュニティに「現実的理想」としてのユートピアの資格があるとはいえ
ないだろうか．

　山田康弘『作られた縄文時代』は「縄文ユートピア論」が80年代からあるこ
とを指摘するが，そのタイトルが示すように，縄文社会がそれほど平等ではな
く，階級や身分はなかったとしても階層があり，「公平な分配」があったとい
う証拠もないという（山田 2015：73，84）．「縄文ユートピア」とは誰が最初に
いったのかわからないが，万人が平等で，平和な社会がユートピアであるなら
ば，もちろん縄文はユートピアでない．しかし，縄文社会が現代社会より，平
等で平和を維持していたことは，山田を含めて21世紀日本の考古学者の常識で
ある．今村啓爾の『縄文の豊かさと限界』では，縄文時代の中期から「自然の
資源を保護し，できればそれを増大させていく知恵を発達させ」，大規模な集
落（コミュニティ）が形成されたが，「縄文の地域集団の関係は，お互いの存在
を認め，接触や交流を貴ぶ社会であった」（今村啓爾 2002：38，57）．縄文時代が
進むと，少数の人々が「宗教的権威と指導力」を持ち，「階層」があったとい
う議論もあるが，弥生時代の「政治的権力者層の出現と権力の集中過程」が進
むのとは異なっている（今村啓爾 2002：75）．松木武彦『人はなぜ戦うのか――
考古学からみた戦争』は，縄文社会で戦争がなかったのは，本格的な農耕が国
家を形成し，戦争につながることを縄文人が知っていたからであるという（松
木 2001：18）．勅使河原彰『縄文時代史』によれば，縄文社会では，特別の墓
がリーダーのために作られているものの，それは世襲化されず，首長や貴族層
があるような階層社会はなく，大規模な戦争がなかった（勅使河原 2016：208-
209，212）．岡田康博『三内丸山遺跡』は，ヒスイが糸魚川から，黒曜石が北海
道や男鹿から，コハクが久慈市からのものが発見され，かなり広範囲の地域集
団と交流があったことを指摘する（岡田 2021：80ff.）．

　地理学・環境考古学の安田喜憲『山は市場主義と闘っている』によれば，
「日本人の心の源流」は「縄文の森」であり，「長江文明以後の稲作漁猟民」で
ある（安田 2009：31）．西洋の一神教と畑作牧畜の文明の畑作牧畜民から生まれ

た「個人主義」（安田 2009：167），「市場原理主義」が環境破壊をしているため
に，縄文時代の「平等と共存・共生，自然への畏敬念，他者への思いやり，慈
悲の心と利他の心を内包する経済システムへ」の転換が必要である（安田
2009：316）．西洋は人間中心主義のユートピアを求めて，自然を破壊したので
あり，いま必要なのはユートピアではなく，稲作漁撈民のめざした「水と命に
満ち溢れた森と水田の広がる桃源郷」である（安田 2009：162-163）．私の観点か
らは，ネオリベ（「市場原理主義」）のユートピアに対立するユートピア，桃源郷
の原型が日本の縄文時代にあることになる．

　安田は『文明の循環史観』では，この縄文文明の伝統が「弥生時代の稲作文
化も，古墳時代の文化も，桃山時代の南蛮文化も，そして明治以後の近代ヨー
ロッパ文明も」飲み込んでいき，日本史を通関すると考えている（安田 2004：
325）．この主張が正しいかどうかはともかく，現在の日本人の遺伝子のなかに
縄文の遺伝子がかなり残っている．分子人類学の篠田謙一『DNA で語る　日
本人起源論』では，日本人は DNA から見ると，「非常に大きな多様性を保持
している珍しい集団」であり，「来るものを拒まなかった寛容な社会」であっ
た（篠田 2015：144-145）．人類進化学の海部陽介『日本人はどこから来たの
か？』では，縄文人は対馬ルート，沖縄ルート，北海道ルートの順に日本列島
に来た人々が交わり，そこに大陸から来た弥生人が縄文人と混血して現在の日
本人が形成された（海部 2016：192, 196-197）．海部によれば，アイヌや琉球の
人々は縄文人の系譜をより強く受け継いでいる（海部 2016：198）．単一民族と
しての日本人の純血性を強調する右派も，逆に日本人の同調性を批判する左派
も，日本人の多様性をもっと認識すべきである．考古学の藤本強『もう二つの
日本文化──北海道と南島の文化』は，農耕化の弥生文化が広まっても，北海
道と南島（沖縄）には縄文文化が残り，「自然と調和して千年以上も独自の伝統
を保持してきた」という（藤本 1988：125）．藤本によれば，「北の文化」「南の
文化」は中央の文化（「中の文化」）によって圧迫されてきた（藤本 1988：123）．
彼が「ボカシ」と呼ぶ，平安初期に農耕化されても縄文文化が残った地帯に東
北がある（藤本 1988：109）．

　高橋富雄『平泉の世紀』によれば，大和朝廷に屈した縄文人の子孫，藤原四
代（1090年代末─1189）が建国した東北の平泉は，戦争を永遠になくするために，
朝廷政治と仏教が一体となって国を治める理想の都市，この世の極楽を目指し
た（高橋富雄 2012：87, 288）．しかも，源頼朝は鎌倉支配を「平泉のまねび」と

して，「平泉政治の先例」に求めていた（高橋富雄 2012：120, 204）．高橋によれ
ば，平泉は「政治縄文」であり，平泉は「地方の，地方による，地方のため」
の政治を始めた（高橋富雄 2012：77, 337）．つまり，約100年続いた平泉の「政
治縄文」が中世の地方分権的な政治を始めたことになる．

2　一向一揆は「千年王国」運動なのか

　日本の中世は，地方分権が続き，「あらゆる階層」「あらゆる地域」で一揆が
発生した「一揆の時代」である（勝俣 1982：2）．百姓だけではなく，武士も，
寺社も一揆して，集団で自分たちの要求をし，応仁の乱（1467-1477年）はむし
ろ「大名の一揆」が機能しなくなったからである（呉座 2015：53-55）．応仁の乱
がおさまった1485年（文明17），山城国の国人衆や土民らが会議をもち，翌年宇
治の平等院で「国中定法」を制定し，「三十六人衆」の国人が月毎に交替して
8年間の「共和政治」が行われた．戦前の歴史家三浦周行によれば，「戦国時
代の国民議会」である山城国一揆（三浦 1990：169-196）は，1985年その500年の
シンポジウムに参加した研究者や地元の人々にとって，日本の地方自治に画期
的なものであった（日本史研究会・歴史学研究会編 1986）．
　山城国一揆から3年後の1488年（長享2）加賀の高尾城を20万人といわれる
一向宗徒が包囲し，守護富樫政親を自害させ，国人と大坊主による加賀共和国
が成立した．1988年加賀一向一揆500年のシンポジウムでは，専門の歴史家や
地元の研究者はともに，「百姓ノ持タル国」，「土民」が「無主の国」を作った
と当時非難され，現在でも地元でもあまり評価されない，この共和国を再考し
た（加賀一向一揆五〇〇年を考える会編 1989）．このシンポジウムの前年に死去した
地元の研究者，浅香年木の遺稿集『百万石の光と影』は，「共和政体」が百年
近く維持されてきたこと自体，「日本の歴史のなかでは特筆に値する」が，織
田信長の専制権力によって「根切り」の虐殺にあうほど，負担の軽減を求め権
力者に立ち向かい，蓮如の「御文」によって「護法」の覚悟を鍛えぬいた「百
姓たちの結束」があったことを指摘する（浅香 1988：154, 155）．実際に，浅香
は加賀共和国では，富樫の守護時代の70石前後であった礼物が20石から25石に
減ったという独自の資料も提出している（浅香 1988：202-203）．
　加賀共和国が崩壊したほぼ150年後におきた島原・天草一揆（1637-1638年）は，
「天人」とされた天草四郎が指導し，地上に「神の国」を実現しようとした

「一種の「千年王国」論的思想」からの百姓一揆である（深谷 1986：169-170, 183）．これに対して，加賀一向一揆はメシア的指導者が「弥勒の世」を地上に実現しようとした千年王国運動なのか．浄土真宗を始めた親鸞の社会哲学からまず考えたい．思想家吉本隆明によれば，親鸞にとって人間は悟ったときにすでに浄土に存在するが，この浄土は実体化できず，現世に実現できる「ユートピア」ではない（吉本 1999：208-209：360）．社会哲学の今村仁司によれば，『教行信証』の「化身土巻」で描かれた化身土は現世の正義が実現されたものであり，「法哲学，政治哲学の仏教的隠語的言い回し」である（今村仁司 2009：150-151）．しかし，現世の人間は正義を求めながらも，欲望にかられ，自分の価値基準を他人に押し付け，対立と抗争がたえない（今村仁司 2009：152）．いずれも，親鸞が浄土を現世に求めたことは否定する．

　日本政治思想史の河原宏は，親鸞の思想の「最大の力点」として，すべての人間にある平等な利他性からの「還相回向」をあげ，その信仰が「理想の未来世界」を希望する一向一揆をもたらしたという（河原 1987：297, 307）．親鸞は『教行信証』の冒頭や信巻で，如来の恵み（回向）には，すべての人が浄土に生まれ変わる（往相）とともに，ふたたびこの世に戻ってすべての人をさとりに向かわせる（還相）という二種類があることを指摘する．すべての人が因縁でつながる「平等の心」（仏性）から，「身分の上下，出家・在家のへだてなく，男女，老幼の別なく，犯した罪の多少ともかかわりなく」，弥陀仏の「他力」によって救われ，他者とともにさとりに向かわせられる（親鸞 1966：257, 262, 265）．宗教史・思想史の山折哲雄は，蓮如の平等主義，「同朋思想」よりも，一向宗を拡大した「現実的な指導者」の側面を強調するが，一向一揆は「地上の極楽浄土を幻想し……千年王国の建設を夢見た」ものであるという（山折 2010：272, 299）．

　しかし，私の知る限り，日本史の研究では，一向一揆が「理想の未来世界」や「千年王国の建設」を望んだというものはない．笠原一男『親鸞と蓮如』によれば，一向一揆は親鸞の「同朋精神」を「現実の人間関係に適応し」た「勇み足」であり，蓮如はそのような適応を否定した（笠原 1978：268）．一向一揆が起こった原因は，荘園の村が崩れ，新しい村として「惣村」ができたなかで，蓮如が「惣村」を団結させる「講」を組織し，それが農民の「現実の社会に立ち向かう勇気」を生み出し，「死後の世界の極楽での幸福の約束」を信じさせたことである（笠原 1978：145, 153-155）．井上鋭夫『一向一揆の研究』によれば，

親鸞が越後で最初に布教したのは,「古真宗」と呼ばれる太子信仰を信じる山
の民や川・海の民のような下層民（ワタリ）であり,「土着のしみついた庶民の
宗教」である（井上 1968：76, 184）. これに対して本願寺を拡大した蓮如が「一
向宗」と呼ばれる「新真宗」を発展させ, 一向一揆がおこったのは, 帰農化,
商人化した「ワタリ」や惣村のもとで富裕になった農民のような「門徒の質的
変化と身分的解放」からである（井上 1968：76, 185）. いずれも, 一向一揆は地
上での豊かさと平等性を求めた運動であったとしても, 千年王国を求めた運動
では断じていない. 一向宗には, 善悪二元論に立つ西洋の千年王国思想や結果
的に個人の自力（労働）で救済される「個人主義ユートピア」のプロテスタン
ティズムの傾向はなく, 自己の救いだけでなく, すべてのものの救いをめざす
「アニミズム」につながる傾向があることを評価すべきである. それが民衆の
自治とも関連し, 石山本願寺が織田信長と妥協して一向一揆が終焉しても, 農
村の自治がなくならないことは次節で論じる. また, 民衆の「アニミズム」と
もつながった一向宗は,「南の文化」で「隠れ念仏」として続き,「北の文化」
で「隠し念仏」として続くものもあることを付け加えておく.

3　江戸時代に「桃源郷」はあるのか

　分権化した中世を最終的に統一し,「徳川の平和」をもたらした徳川政権は,
幕藩体制ともいわれ, 藩の自治を認め, 農村の自治を継続させた. 1754年（宝
暦4）三河国（愛知県）の豊橋で生まれ, 30歳を過ぎてから北東北, 北海道を旅
行し, 秋田の角館において76歳で亡くなった菅江真澄は, 盛岡と秋田の農村に
「桃源郷」を見た. ①1786年（天明6）4月, 横沢（岩手県東磐井郡東山町）で桜
の花と桃の花を同時に見て「中国の桃源の絵と同じ景色」という（菅江 1966：
49-50）. ②1802年（享和2）6月, 秋田側の白神山地のふもとの不動王滝のお
堂の前で船に乗り,「すばり（素波里峡）」を進むと, 岩瀬がますます迫ってき
て,「桃源郷を訪れたような心地」がした（菅江 1967b：52）. ③1807年（文化4）
3月, 秋田側の白神山地のふもとの手這坂で, 家が4, 5軒, 川岸の桃の花園
に隠れていて, 坂の上から見ると,「流れをさかのぼって洞のうちの隠れ里を
もとめたという中国の話」もこのようであったと記している（菅江 1967b：182）.
　岩手で①「桃源郷」を見た前年の夏には, 菅江は津軽で天保の大飢饉によっ
て野ざらしにされた骸骨や家屋の廃墟を実際に見, 馬だけでなく肉親の肉を食

べたという話を聞いている（菅江 1965：156-157，165-168）．また③の例の数日後にロシア船が利尻島に侵入して，能代の街道も秋田藩の援軍で賑わっていることを記し，当時の北東北全体がのどかな桃源郷ではないことを菅江は知っている（菅江 1967b：195-196）．しかし，故郷の三河を出ていわば縄文の伝統が根強く残る北東北や蝦夷地で後半生暮らしたことは，そこに引かれるものがあったからであろう．それは桃の花が咲いている自然の景色だけではない．①では前々日や前日に子供たちと花見し，②では雷雨のために突然泊まることになった家の娘がわらじを雷よけとして渡し，③では坂を下りると老いた男女が濁り酒をすすめた．つまり，子供や老人が「いとものんびりと，楽しげな様子」であり，桃源郷の村人が酒食のもてなしをしたという『桃花源記』の記述どおり（陶 1989：7，8），たんなる自然の楽園ではなく，人々の営みからも楽園なのである．

　菅江が岩手で「桃源郷」を体験したほぼ100年後，1878年（明治11）I. バードは，山県の米沢盆地を「エデンの園」と呼ぶ．そこでは豊かに育った米や野菜などがそれらを耕作する人々の所有に帰し，「アジア的圧制の下では珍しい美観」がある．それは人々の勤勉さによってでき，「「怠け者の畑」はここ日本には存在しない」（バード 2012b：90-92）．彼女は日光を発ってから日本の農村の貧困と不潔さを気にし始め（バード 2012a：213），とくに福島の西会津町の宝沢と新潟県の阿賀町の栄山あたりの「集落の汚らしさはここに極まり」，健康状態から生活習慣も「未開人」同然だと酷評する（バード 2012a：236）．この地域は会津戦争によって衰退し，米沢盆地は江戸時代から紅花栽培を中心として経済的に繁栄している地域差を彼女は知らなかったと思うが，日本全体を楽園と感じたのではない．

　バードは日本の民衆自体に悪い感情を持たず，会津高田では宿に群集が押し寄せ，「プライバシーを侵害した」ものの，「日本の群集は静かでおとなしく，外国人［である私に］無礼を働くこと」はなかったという（バード 2012a：225）．ヨーロッパやイギリスの地方では一人旅する女性は危険な目に会わなくとも，侮辱され，金をゆすられることがあるが，日本ではそのようなことはなく，「群集でさえ礼を失しはしなかった」（バード 2012a：228）．津軽の黒石では，日本人の通訳をつけずに，日帰りの遠出をした人力車の車夫が「親切で愉快な人物」であり，「日本の旅がまったく安全なこと」を再確認し，景色も素晴らしく，農家は「原始的な家」であったが，「犬の顔も，子供の顔も，大人の顔も，

すべて穏やかで満ち足りた感じがした」という（バード 2012b：236-238）．彼女は共同浴場の礼儀正しい混浴にも入り，「けちで利己的なキリスト教会」と「異邦人」の「素朴な美徳と悪徳」に関して考え始める（バード 2012b：239-240）．

　幕末から明治の初めまでに日本に来た西洋人の記述から近代化以前の『逝きし世の面影』を探った渡辺京二は，多くの西洋人が日本に「地上の楽園」を見たのは，「近代，つまり工業化社会の人類史に対してはらむ独特な意味」からであるという．西洋人は，物質的に貧しくとも，「幸福感」にひったっている日本人を目撃したのである（渡辺京二 2005：91-92）．バードが目撃した民衆が権力から自立して幸福な生活を送っていることを現在の知識人である左派系の学者も右派系の学者も大半は理解できないであろう．また，日本の伝統的コミュニティが他者を排除するものであるといまだに信じる社会科学の主流派は，菅江を読んだことがないのであろう．菅江は国学者や役人たちとの交流の他に，地元の農民だけでなく，またぎ，山伏，旅芸人，俳諧師，修行僧，さらにアイヌとも接している．津軽の平内では「隠し念仏門徒」の村落にも泊っている（澄江 1967a：207）．このことは東北の村のなかにも多様性があり，移動する人々がかなりいて，菅江を含め民衆は多様性を基本的には受け入れ，社会を構成していたと思われる．

　渡辺京二も多くの西洋人が「専制」政治という先入観にとらわれていた「江戸期の日本に，思いもかけぬ平等な社会と自立的な人々を見出した」という（渡辺京二 2005：289-290）．彼も引用しているが，シーボルト事件で有名な父とともに1859年長崎に来た長男の A. v. シーボルトの記録によれば，村役人を地主たちが選び，ドイツにはない「講」のような「農民の相互扶助」があり，女性の地位も高く，村には奉行所の役人はおらず，農民は西洋の農民よりましな生活を送っている（ジーボルト 1981：98-100）．歴史人口学の鬼頭宏は，17世紀から18世紀にかけて「勤勉な家族労働力を主体とする小農経営」が成立したことを「文明としての江戸システム」と呼ぶ（鬼頭 2010：77-78）．近世史の渡辺尚志『百姓たちの幕末維新』は，紅花栽培などの商品産物が発達し，貨幣経済が進展するなかで，天保の大飢饉によって，百姓一揆がおきた山形の東根市の観音寺では，1860年郡中惣代・大庄屋が協議して村民の要求に従った「郡中議定」が定められたという（渡辺尚志 2012：210ff.）．渡辺によれば「明治初年まで郡中惣代が百姓たちの代表という性格」を失わなかった（渡辺尚志 2012：191）．バードが見た農民の自治や相互扶助はその名残であった．

　菅江の生れた約50年前，秋田の大館で生まれ，青森の八戸で町医者をしていた安藤昌益（1703～1762年）について，安永壽延は当時安藤の生涯が不明だったこともあるが，江戸に生まれ，育ったことを当然の前提として安藤の思想を語っている（安永 1971：170）．しかし，安藤の政治思想に関して，日本政治思想史の渡辺浩は安藤が南部八戸の町医者として暮らした中で，東北の農村の貧しさ，とりわけ当時の宝暦の飢饉に対応させ，「都市の繁栄を憎んだ」「農民だけのユートピア」，「反都市のユートピア」を構想したという（渡辺浩 2010：218-219，227）．安藤のユートピア理論に関しては，E. H. ノーマンの『忘れられた思想家——安藤昌益のこと』による，当時の封建制社会を徹底的に批判し，万人が平等で労働する農本主義のユートピア社会（「自然の世」）を描いたという理解がまだ一般的であろう（ノーマン 1950）．しかし，近年このような理解に対して異議を唱える研究が多く，とくに最も驚いたのは日本思想史の三宅正彦とその弟子たちの『安藤昌益の思想史的研究』である．これは安藤昌益研究者である寺尾五郎や安永壽延が毛沢東主義者であり，彼らの編集した全集も誤りが多いとして，草稿を含めて読み直したものである．三宅たちの議論では，安藤は天皇崇拝の絶対主義者であり，平等主義者ではなく差別主義者である．彼らの主張を草稿から批判する準備はないが，この点も含めて江戸中期の東北で思考した安藤のユートピア思想を論じていきたい．

　安藤は『統道真伝』の「万国巻」で，理想的な国として，原始日本，東夷国（アイヌ），オランダの三か国を挙げる．天皇の絶対的支配の例として，『自然真営道』で「自然の世」を回復するために，「上・下の差別という誤り」を使って，贅沢をしない「上に立つもの」を三宅たちは天皇であるというが，ここでは天皇という言葉は使われていない（安藤 1971：247）．また『自然真営道』の「私法神書巻」で，「上下貴賤の差別なく，争乱や合戦の苦難もな」い日本の「自然の神世」をいうが，天皇の政治支配に関しては何も語っていない（安藤 1971：201）．本来の「自然の世」には「直耕」をしない「王・上・君」は存在せず，「差別」がないのであり（安藤 1971：262），天皇絶対制は理想の「自然の世」ではありえない．たしかに『統道真伝』の仏教伝来を批判する箇所で，「日本国は，天照大神の正統の発する国」であり，「天神の妙胤である神皇の帝威」と神の子孫である天皇の権威をいうが，ここでも天皇の絶対的権威を主張することはなく，仏教や儒教のような外来の宗教を批判することに力点がある（安藤 1971：317）．この時期の都を離れた北東北では知識人や民衆にとっても天

皇はよくわからない存在であり，天皇の政治的絶対性を主張するのであればむ
しろ驚くべきことである．

　つぎに，米を「一つの小宇宙」として（安藤 1971：338），農業を絶対化する
が，安藤が単純な農本主義者でないことを示すのは，東夷国を理想的国家とし
ていることである．三宅たちは「夷」という言葉を差別語と知って使っている
というだけで，このことを重視しないが，アイヌでは，夫婦の愛情が深く，金
銀が通用せず，上下の支配がなく，戦争もないことを称賛し，狩猟採取民であ
ることも安藤は知っている（安藤 1971：353）．なお，安藤の「直耕」は農業だ
けでなく，海浜・山里の産業も考えており（安藤 1971：277），狩猟採集民のア
イヌ社会が理想社会に近いことは問題ない．アイヌの記述は第1節で論じた縄
文に近いものであり，アイヌが身近にいる北東北では偏見はないと思われる．

　これに対してオランダは情報量が少なく，思い込みが多いと思うが，アイヌ
社会と似通った点で，オランダを評価している．そこでは一夫一婦制が堅持さ
れ，7か国が平等で，上下の区別もなく，私欲で戦争をすることもない（安藤
1971：368-370）．三宅たちは安藤がなぜオランダを理想的国家とするかを説明で
きず，一般的にも商人を「社会の敵」とし，金銭を「悪の大本」と主張する
（安藤 1971：275，278）安藤が商業国家・貿易国家であるオランダを称賛するの
は不思議に思われるであろう．安藤がオランダを肯定するのは平等で，戦争が
ない社会と信じたからであるが，オランダが優れた船舶を持って，世界中を旅
行して交易をしても，その利益を個人が私物化しないことを安藤は称賛してい
る（安藤 1971：370）．安藤は金儲けの商業は否定しても，必要な交換は肯定し
ているのであり（安藤 1971：252），また三内丸山の縄文社会でもかなりの交換
していたことを思い出せば，安藤が北東北の地でも，世界との交易を考えてい
たとしても不思議ではない．また安藤はたしかに宝暦の飢饉は知っていたが，
天保の大飢饉のときには亡くなっているのであり，菅江やバードが見た貨幣経
済が完全に定着した以前の飢饉のない東北の農村が平和で平等な「自然の世」
に近いことを思っていたと想像もできるのである．

　この点で，日本の「ユートピア共同体」の問題を考えていきたい．西欧の
「ユートピア社会主義」やアメリカの宗教的「ユートピア実践」が論じられて
も，日本独自の「ユートピア実践」はマルクス主義や近代主義の影響が強かっ
たためか，私の知る限り日本の社会科学者で論じる人はいない．この点で興味
深いのは，中国文学研究の大学教授であり，毛沢東主義者でもあった新島淳良

が文化大革命での殺し合いを実際に見て，中国や北朝鮮の「ユートピア」が「まったくの幻想」である（新島 1978：25，26）ことを自覚し，ヤマギシ会（1953年〜）に入会した記録『阿 Q のユートピア』である．新聞などで当時批判され，現在のネット上でもカルト宗教扱いするものが多いヤマギシ会に入会した新島は，そのなかで「派閥闘争」や暴力事件，かげ口を経験したが，結局「一人の不幸な人もいない理想社会をめざしているコミューン」であることを納得する（新島 1978：68-71，82）．それはヤマギシ会が，毛沢東のような「自我の強大な人」が強制する「ユートピアン・コミューン」ではなく，新島自身が「気質のちがう人」の言動も喜んで受け入れるようになった「自我の弱者の倶楽部」としての「弱いもののユートピア」だからである（新島 1978：277，292-293）．新島の見方が正しいかどうかはともかく，ヤマギシ会は現在でも私が以前住んでいた三重県で農業・牧畜業をして共同生活を続けている．

　武者小路実篤が作った「新しき村」（1918年〜）は現在でも存在し，ネット上でカルト扱いはされていないが，社会科学者で評価する人はいない．「新しき村」に関する武者小路の評論集『新しき村の誕生と成長』を読む限り，私が評価したいのは「現実的理想」としての「新しき村」である．埼玉の第2の新しい村に関する「理想的社会」（1923年）では，社会主義者が「空論」や「闘争」で世界を変革できると思っているが，「そう簡単に，性急には，理想的社会は生まれない」のであり，「理想社会」は「理想的な人間」によって一気にできないという（武者小路 1992：97，99）．また人間は病気も，早死にもするために，農業を改善し，「天命を完うするため」の6時間の「義務労働」をしなければならないが，それは健康を損ねるほどするのではなく，他人が命令するのでもなく，恥を感じる「全体の空気」に支配されて行うのである（武者小路 1992：99，101，106）．義務労働時間以外は，社会主義者の理想と同じく「適材適所」で好きなことをし，「自由時間」を多く持つが，社会主義のように「早急な外からの破壊」ではなく，「他人の意志と，生命を尊重し内から働く」ものである．実際に，義務労働の農業だけでなく，子供や老人，病人などの図書館，美術館，動物園などの「名誉労働」も必要である（武者小路 1992：106，108，112）．

　おそらく武者小路はモアの『ユートピア』を読み，「義務労働」や「全体の空気」による支配を主張するが，ソ連の革命を批判する「外からの破壊」をあわせて考えれば，現在いわれる管理社会や同調社会として武者小路を批判するのではなく，「理想的人間」ではない人間に何らかの強制が必要であるという

現実主義とともに，労働それ自体が目的ではなく，多様性を持って自由に生き
ることが目的であることを評価すべきである．新しき村を始めて 3 年目に朝鮮
人の兄弟が二人増えたことが新聞によって批判されたが，武者小路は彼らをほ
め，村は平和であるといい，R. オウエンのユートピア共同体（「ニュー・ハーモ
ニー」）が満 3 年にならずにつぶれたと書いている（武者小路 1992：181）．両親と
も「新しき村」の村外会員であり，自身も村外会員になった民俗研究者の前田
速夫は『『新しき村』の百年』で，新しき村には盲人，ハンセン病患者，被差
別部落出身者，朝鮮人も住み，何の差別もなく，開放的なものであると書いて
いる（前田 2017：65）．

　この「新しき村」は実際には理想通りにいかず，当初は 8 時間労働でも足り
ないと武者小路自身が認めるほどであったが（武者小路 1992：155），1939年第二
の村ができたときには，構想通り舞台や図書室を作っている．最初の村の構想
では植物や動物がそれぞれ自己を生かして，「統一された美」をもつ庭園とな
り，「実用と美」が共存とする「梅林」などを構想している（武者小路 1992：28）．
このことは，自然と人為が共存する「桃源郷」を思い出すが，芳賀徹『桃源の
水脈』は，武者小路が「桃源にて」という戯曲を書き，それが実際に「新しき
村」で上演されたことを伝え，「新しき村」を「桃源的ユートピア主義」と呼
んでいる（芳賀 2019：223-224）．私はそれとともに「新しき村」は日本人の宗教
意識の原型であるアミニズムや仏教的な精神が背景にあると考えている．武者
小路は「自分の人生観――新しき村の目的」（1920年）で「宇宙的本能から出る
愛，及び人類的本能から出る正義，生長，進歩」が「新しき村」の目的であり，
それは「汝の同朋が汝と同一人であるという真理を実行せよ」という仏教の精
神を実行することであるという（武者小路 1992：74-73）．彼のこの壮大な理想は
実現にむかっておらず，「新しき村」は継続しても，消滅する危険性もあるが，
それは根本的に現代日本がかかえている少子化，過疎化の問題であり，1980年
代のバブル期からの「人新世」の加速という現代日本の問題である．

4　明治国家は「大同」の実現をめざしたものなのか

　「五箇条の御誓文」（1868年）は近代国家としての基本原則を明治天皇が宣言
したものである．金子堅太郎「五箇条御誓文の由来」（1916年）によれば，この
草案の起草者，由利公正は，横井小楠の「公是三論」から，その「平民主義」

を得た（所編 2019：141-142）．この「公是三論」は，1860年に書かれた越前藩政
改革のための提言であり，「富国強兵」や「文明開化」という近代明治国家の
基本政策を明確に語っている．横井によれば，現在の日本は「昔の聖人が定め
た仁政の方針」を忘れ，幕府も各藩も自分たちの利益しか考えず，民心が離反
している（横井 1970：318）．しかし，アメリカではワシントン以来，「賢人」が
選ばれて大統領となり，イギリスでは民意を尊重する政治が行われているが，
このような西洋の政治は「中国の三代」の「公共の道」を教える理想の政治と
合致する（横井 1975：319）．西洋の政治や技術を「富国強兵」のために日本に
導入するのは，君臣ともに「三代の治教」に従うためである（横井 1975：334-
335）．横井は「沼山対話」（1864年）では，西洋人は表面上「仁政」に近づいて
いても，自分たちの「利」に基づいて開国を日本に迫ってきたことも知ってい
る（横井 1975：432）．この「中国の三代」とは『礼記』礼運篇では，夏・殷・
周の「三代之英」という「大同」の時代である（竹内照夫編 1971：328）．横井は
「大同」という言葉を使っていないが，古代中国の理想としての民主主義（「平
民主義」）を主張していることになる．

　「五箇条の御誓文」は，その後の自由民権運動の国会開設要求の根拠にもな
るが，五日市憲法草案で有名になった千葉卓三郎は「王道論」（1882年ごろ）で，
今日の王道が「立憲ノ政体」であり，国会が「大同」であり，「王道ノ法ハ広
ク会議ヲ興シ，万機公論ニ決ス可キ」ことであると記している（千葉 1979：
246）．千葉はおそらく中国の洋務運動の影響を受け，立憲主義を「大同」の実
現とし，儒学の理想から日本の議会政治を要求した．渡辺浩によれば，「五箇
条の御誓文」が横井の「国是三論」を基礎としたことから，明治維新は「「儒
学的西洋」化の革命」であり，「儒学は西洋に発した「近代」を導き入れる先
導役を果たし」たが，これは儒学の「自殺」でもあった（渡辺浩 1997：209）．日
本思想史の子安宣邦によれば，横井のいう「三代の道」とは「民本主義的な仁
政の理念」であるが（子安 2020：38），この理念はその後失われ，日本の近代国
家は，「自立的民」である公民の形成に失敗し，「天皇制国家の臣民」をつくり
出した（子安 2020：268-269）．横井の影響にふれず，日本政治思想史の片山杜秀
は，「五箇条の御誓文」の第1条は「民主主義のすすめ」，第2条は「金儲けと
経済成長のすすめ」，第3条は「自由主義のすすめ」，第4条は「天皇中心宣
言」，第5条は「学問のすすめ」と「和魂洋才のすすめ」であるとする（片山
2018：26-38）．ただその後の歴史では，富国強兵のための「臣民」をつくり出

すことに力点が置かれ，現在でも「五箇条の御誓文」にはない「攘夷論」が支配する「愛国心喚起のナショナリズム」が政府によって強調されていることを指摘する（片山 2018：245）．

　私の観点からいえば，近代日本は西洋の影響から富国強兵を進め，東洋の徳義の理念と前節で述べた実際の民衆の自治を否定していった．正史ではほとんど論じられないが，御誓文の直前の二つの事件，新政権による隠岐コミューンの抑圧と赤報隊の粛清がその象徴である．「隠岐コミューン」は，政治思想の橋川文三によれば，国学を学んだ神主，庄屋，地主が指導した「島民組織」による「自治的な政治共同体」，「政治的ユートピア」が一時的に成功した（橋川 1968：110-112）．隠岐コミューンの理論的指導者である国学者中沼了三の子孫と地元の研究者が執筆した中沼郁・斎藤公子『もう一つの明治維新——中沼了三と隠岐騒動』によれば，中沼が孝明天皇の勅令で奈良の中津川に創設した文武館を中沼の弟子が隠岐にも創立しようとしたが認められず，1868年3月19日に武器をもった3000人の大衆が郡代を追放し，陣屋を会議所にして「自治政府」を形成した（中沼・斎藤 1971：165，178，186）．この隠岐コミューンは新政府が認めず，80日間で終わった．評論家・作家の戸井田道三『出雲風土記』は，この隠岐騒動への農民の参加に，山陰道鎮撫使の「年貢半減令」があったことを指摘している（戸井田 1974：19-20）．近代化，中央集権化を進める新政府が，地方の「民主的な世直し自治」を認めなかったことになる．

　戸井田も指摘しているが，この隠岐で「自治政府」が誕生した数日後に草莽の志士，相楽総三と赤報隊の幹部が下諏訪で8名，信州追分で3名が偽官軍として，まったく何の取り調べもなく断首され，赤報隊は壊滅した．相楽は国学を学んだ富農出身であり，赤報隊は農村出身者が多く，年貢半減令を掲げて，農民も兵として集め，一部に博徒も加わり，軍令違反や略奪行為があったことが赤報隊弾圧の理由とされた．しかし，地元信州大学の日本史の高木俊輔によれば，新政府はこのときに三井などの大都市の特権商人が戊辰戦争の軍資金に協力する見返りとして，彼らに年貢取り扱いを特権的に保障する約束をし，一度赤報隊に認めた年貢半減令を取り消さざるを得なくなったのがその粛清の理由である（高木 1985：38-39）．つまり，正規軍（官軍）が資本と手を結び，尊皇攘夷の民衆の「世直し」運動を否定した．

　政治的現実主義の観点からは，攘夷論を捨て，西洋近代国家を模倣して中央集権国家を形成することは正しく，「富国強兵」によって西洋列強に負けない

どころか，日清・日露戦争に勝利するまでの「国家」と「国民」を形成したことを評価すべきであろう．もちろん，その最終結果が太平洋戦争の敗北であるとしても，いまだに近代主義を信じる社会科学者が言い続けるように，日本の近代化はキリスト教の精神が背景にないから間違ったのではない．日本国家は，明治以後 I. バードの言葉を借りれば「けちで利己的なキリスト教会」の精神を身につけ，西洋国家のような資本主義の帝国主義国家になったのである．私の故郷と同じ弘前出身でジャーナリスト，思想家である陸羯南は『国政及国際論』(1893年) で，近代の立憲政体が「徳義」や「正理公法」を失ったことを批判する．国政に関しては「自由主義」，「経済法律進歩主義」によって，「徳義の神は政体から放逐され」，「法律の力」と「経済の理」によって支配され，国際に関しては現在の国際法はキリスト教西洋人の利益のための法にすぎないために，より普遍的な「正理公法」があることを主張する (陸 1987：97, 106, 155)．さらに陸は1897年に貧富の格差増大や足尾銅山事件を例に引いて，政府が「社会の道義的秩序を破壊」しているために，「国家社会主義」(福祉国家) を主張するようになる (陸 1987：97, 106, 155)．陸の主張を敷衍して言えば，近代日本は欧米のように産業 (工業) 社会となり，格差を増大させ，自然環境を破壊する「人新世」を開始し，現在の民主政治も「徳義の神」を失い，経済成長という「経済の理」によって支配され，相互扶助に基づく住民の自治が衰退していった．

　太平洋戦争の敗戦によってポツダム宣言を受け入れ，国民が主権者になったという「8・15革命」という議論がある．文芸評論家の伊東祐史は，政治学の丸山眞男がアメリカに占領された事実を無視し，「理念やプライド」として戦後民主主義を主張したことを丸山の「敗北」という (伊東 2016：220, 222)．国民は，保守派の「国家としてのプライド」や革新派の「民主主義の理念」よりも，アメリカに押さえつけられた「平和で豊かな"天国"のような場所」を「生活者」として求めたのであり，伊東はこの丸山の「敗北」をむしろ評価する (伊東 2016：221, 227)．しかし，私の考えでは，国民の大半がアメリカの「理念やプライド」を自分のこととして信じているからアメリカに抵抗しないのである．つまり，「保守派」は先進国アメリカと自由と民主主義や法の支配という価値を共有して，中国を批判し，国民の多数派のプライドを満足させ，「革新派」もアメリカの民主主義やリベラル，多様性の理念を主張し，日本の伝統を全面否定し，研究者の多数派を維持する．歴史的に云えば，民衆がアメ

リカの理念を支持しているのは，革命でもなければできない「農地解放」をしたことが大きいと思われる．明治以後，地主階級が支配し，不平等が拡大した日本はアメリカによって平等になったのである．戦後の経済発展もこの平等からの出発が大きいのであり，8・15革命からではない．1946年元旦のいわゆる「人間宣言」で五箇条の御誓文を最初に引き，1978年の記者会見で昭和天皇は，この「人間宣言」で五箇条の御誓文を国民に示したのは，「民主主義の精神」が明治天皇によって採用されたものであり，輸入されたものではなく，「国民に誇りを忘れさせない」ためであったと語った（所編 2019：172-173）．しかし，国民は明治天皇が与えた民主主義よりも，アメリカが与えたと信じた平和と発展を「誇り」しているのである．

おわりに

　字数をかなり超えたために，高橋武智によれば「現代ユートピア文学の代表」である（高橋武智 2014：6章）井上ひさし『吉里吉里人』に関する彼自身の二つの解説を取り上げておわりにしたい．井上は1985年の山城国一揆500年のシンポジウムの講演「地域共和国の発想」で，宮沢賢治が「羅須地人協会で，農民を，科学者・宗教家・詩人・楽人・俳優にしようとした熱意」が『吉里吉里人』の背景にあるが，賢治の間違いはオペレッタとして演じ，「鹿踊りとか神楽とかの伝統的なもの」として演じなかったことであると述べている（日本史研究会・歴史学研究会編 1986：75）．『吉里吉里人』は武者小路の言葉を借りれば，「実用と美」の村（「地域共和国」）を伝統にそって東北に作ろうとしたものである．しかしバブル絶頂のときの講演で井上が「日本人が，今のまま，お金や人のうわさ話，セックスの話」しかしていなければ，「二〇年後には非常に下等な人種の一つになってきそうな気がする」と述べ（日本歴史研究会・歴史学研究会編 1986：83），バブル全盛から20年後を過ぎた現在の「地域共和国」を考える点で示唆的である．

　つぎに井上は東北学をめざす赤坂憲雄と2002年9月にした対談で，イタリア人神父から「自分がいま生きているここ，この場所がなにより大切」であり，「都市や地方が連合して国を形成」することが正しいと聞いていたことと「生まれつきの冗談好き」から「日本国から独立することができる」かという「思考実験」を始めたことが『吉里吉里人』を書いた理由であるという（井上・赤

坂 2003：280-281）．このことは私が考えるユートピア文学の神髄を述べ，また
ユートピアの住民が何よりもコミュニタリアンでなければならず，さらに現実
のコミュニティもそうでなければ解体することを示していると私には思われる．
また，『吉里吉里人』は独立のための教科書であるが，当時のアメリカの対テ
ロ戦争を批判し，「いつもアメリカの命令その通りに動くというのは，ちょっ
と危険だ」（井上・赤坂 2003：283，284）ということは，アメリカからの本当の独
立のための教科書でもあるとみなすこともできる．日本のユートピアが「縄
文」であり，「アメリカ」ではなく，「桃源郷」であり，「新人世」ではないこ
とが私の希望である．

参照文献一覧

浅香年木　1988『百万石の光と影──新しい地域史の発想と構築』能登印刷出版部.

安藤昌益　1971『安藤昌益』野口武彦責任編集・訳（『日本思の名著19』）中央公論社.

伊東祐吏　2016『丸山眞男の敗北』講談社.

井上鋭夫　1968『一向一揆の研究』吉川弘文館.

井上ひさし・赤坂憲雄　2003「ふたたび吉里吉里へ」赤坂憲雄編『日本再考──東北ル
　　ネッサンスへの序章』創童者.

今村啓爾　2002『縄文の豊かさと限界』山川出版社.

今村仁司　2009『親鸞と学的精神』岩波書店.

梅原猛　1994『日本の深層──縄文・蝦夷文化を探る』集英社［集英社文庫］.

梅原猛・安田善憲編著　1995『縄文文明の発見──驚異の三内丸山遺跡』PHP 研究所.

岡田康博　2021『改訂版　三内丸山遺跡──復元された東北の縄文大集落』（『日本の遺跡
　　48』）同成社.

大室幹雄　1981『劇場都市──古代中国の世界像』三省堂.

───　1984『桃源の夢想──古代中国の反劇場都市』三省堂.

海部陽介　2016『日本人はどこから来たのか？』文藝春秋.

加賀一向一揆五〇〇年を考える会編　1989『加賀一向一揆五〇〇年──市民シンポジウ
　　ム・私にとって一向一揆とは』能登印刷出版部.

笠原一男　1978『親鸞と蓮如──その行動と思想』評論社.

片山杜秀　2018『「五箇条の誓文」で解く日本史』NHK 出版［NHK 出版新書］.

勝俣鎮夫　1982『一揆』岩波書店［岩波新書］.

河原宏　1987『伝統思想と民衆──日本政治思想史研究 1』成文堂.

菊池秀明　2020『太平天国──皇帝なき中国の挫折』岩波書店［岩波新書］.

鬼頭宏　2010『文明としての江戸システム』（『日本の歴史19』）講談社［講談社学術文庫］.

陸羯南　1987『陸羯南集』（『近代日本思想体系 4』）筑摩書房.

クラストル，ピエール　1987『国家に抗する社会──政治人類学研究』水声社.

呉座勇一　2015『一揆の原理』筑摩書房［ちくま学芸文庫］.

小島晋治　2001『洪秀全と太平天国』岩波書店［岩波現代文庫］.

子安宣邦 2020『「維新」的近代の幻想——日本近代150年の歴史を読み直す』作品社.

サーリンズ, マーシャル 1984『石器時代の経済学』山内昶訳, 法政大学出版局.

篠田謙一 2015『DNA で語る 日本人起源論』岩波書店.

ジーボルト, アレクサンダー・フォン 1981『ジーボルト・最後の日本旅行』平凡社［東洋文庫］.

親鸞 1966『親鸞』(『日本の名著 6』) 石田瑞磨責任編集・訳, 中央公論社.

菅江真澄 1965『菅江真澄遊覧記 1』平凡社［東洋文庫］.

——— 1966『菅江真澄遊覧記 2』平凡社［東洋文庫］.

——— 1967a『菅江真澄遊覧記 3』平凡社［東洋文庫］.

——— 1967b『菅江真澄遊覧記 4』平凡社［東洋文庫］.

杉田英明編 1989『桃源郷とユートピア』平凡社.

高木俊輔 1985『それからの志士——もう一つの明治維新』有斐閣.

高橋武智 2014『日本思想におけるユートピア』くろしお出版.

高橋富雄 2012『平泉の世紀』講談社［講談社学術文庫］.

高良留美子 2021『見出された縄文の母系制と月の文化——〈縄文の鏡〉が照らす未来社会の像』言叢社.

竹内照夫編 1971『礼記 上』(『新釈漢文大系27』) 明治書院.

竹内弘行 2008『康有為と近代大同思想の研究』汲古書院.

谷川健一 1971「日本のユートピア」『われわれにとってユートピアとはなにか』社会思想社.

——— 1989『常世論——日本人の魂のゆくえ』講談社［講談社学術文庫］.

千葉卓三郎 1979『王道論』『三多摩自由民権史料集』色川大吉責任編集, 大和書房.

勅使河原彰 2016『縄文時代史』新泉社.

陶淵明 1989『桃花源記』杉田英明編, 平凡社.

戸井田道三 1974『出雲風土記』平凡社.

所功編 2019『「五箇条の御誓文」関係資料集成』原書房.

中沢新一 2021『アースダイバー 神社編』講談社.

中沼郁・斎藤公子 1971『もう一つの明治維新——中沼了三と隠岐騒動』創風社.

ノーマン, E. ハーバード 1950『忘れられた思想家——安藤昌益のこと』岩波書店［岩波新書］.

新島淳良 1978『阿 Q のユートピア——あるコミューンの暦』晶文社.

日本史研究会・歴史学研究会編 1986『山城国一揆——自由と平和を求めて』東京大学出版会.

芳賀徹 2019『桃源の水脈——東アジア詩画の比較文化史』名古屋大学出版会.

バード, イザベラ 2012a『完訳 日本奥地紀行 1』金坂清則訳, 平凡社［東洋文庫］.

——— 2012b『完訳 日本奥地紀行 2』金坂清則訳, 平凡社［東洋文庫］.

橋川文三 1968『ナショナリズム——その神話と論理』紀伊國屋書店［紀伊國屋新書］.

ハラリ, ユヴァル・ノア 2016『サピエンス全史——文明の構造と人類の幸福』上・下, 柴田裕之訳, 河出書房新社.

ピンカー, スティーブン 2015『暴力の人類史』上・下, 幾島幸子・塩原通緒訳, 青土社.

——— 2019『21世紀の啓蒙——理性, 科学, ヒューマニズム, 進歩』上・下, 橘明美・

坂田雪子訳，草思社.

深谷克己　1986『増補改訂版　百姓一揆の歴史的構造』校倉書房.

藤本強　1988『もう二つの日本文化──北海道と南島の文化』東京大学出版会.

前田速夫　2017『「新しき村」の百年──〈愚者の園〉の真実』新潮社.

松木武彦　2001『人はなぜ戦うのか──考古学からみた戦争』講談社.

三浦周行　1990『国史上の社会問題』岩波書店［岩波文庫］.

三石善吉　1991『中国の千年王国』東京大学出版会.

宮田登　1975『ミロク信仰の研究』新訂版，未来社.

────　1996『終末観の民俗学』筑摩書房［ちくま学芸文庫］.

────　2006『ユートピアとウマレキヨマリ』（『宮田登　日本を語る 8』）吉川弘文館.

三宅正彦編　2001『安藤昌益の思想史的研究』岩田書院.

武者小路実篤　1992『新しき村の誕生と成長』渡辺貫二編，財団法人新しき村.

武藤郁子　2021『縄文神社──首都圏篇』飛鳥新社.

安田喜憲　2004『文明の循環史観』中央公論社.

────　2009『山は市場主義と闘っている──森を守る文明と壊す文明との対立』東洋
　　経済新報社.

安永壽延　1971『日本のユートピア思想──コミューンへの志向』法政大学出版局.

安丸良夫　1999『日本の近代化と民衆思想』平凡社［平凡社ライブラリー］.

山折哲雄　2010『人間蓮如』増補新版，洋泉社［MC 新書］.

山極寿一・尾本恵市　2017『日本の人類学』筑摩書房［ちくま新書］.

山下裕二　2020『日本美術の底力──「縄文／弥生」で解き明かす』NHK 出版［NHK
　　出版新書］.

山田康弘　2015『つくられた縄文時代──日本文化の原像を探る』新潮社［新潮選書］.

横井小楠　1975「国是三論」『佐久間象山　横井小楠』松浦玲責任編集・訳（『日本の名著
　　30』）中央公論社.

吉本隆明　1999『親鸞［決定版］』春秋社.

渡辺京二　2005『逝きし世の面影』平凡社［平凡社ライブラリー］.

渡辺浩　1997『東アジアの王権と思想』東京大学出版会.

────　2010『日本政治思想史［十七〜十九世紀］』東京大学出版会.

渡辺尚志　2012『百姓たちの幕末維新』草思社.

第 II 部

現代のユートピア

第8章　キリスト教思想のユートピア的モメント
——A. バディウとS. ジジェクのキリスト教的転回——

有 賀　　誠

はじめに

▶幸福感の裏面

　奇妙なデータがある．1973年からNHK放送文化研究所が継続的に行ってい
る16歳以上の日本人を対象とした幸福度を問う意識調査である．ここ数十年の
日本社会はうまくいっていない．そうした感覚は，ほぼ国民の共通感覚になっ
ていると言ってよいだろう．にもかかわらず，「満足」と「やや満足」を合計
した数字は，1973年の78％から2008年の87％へと上昇しているのだ．さらに奇
妙なのは，現時点ですでに不況の波をモロに被り，将来的にも生態系の破綻の
脅威に直面する可能性の高い30代までの若い世代の現在の幸福度が，異常なほ
ど高いことである．
　この不可解な現象を，どのように考えればよいのだろうか．社会学者の大澤
真幸は，次のような卓抜な解釈を与えている．「あなたは幸せですか」という
質問は，人生全体の評価を問う質問であり，よほどの事情でもなければ，否定
的な回答をすることは難しい．なぜなら，そのような回答は，自分の人生を
トータルに否定することになるからだ．それゆえ，幸福度の数字が高くなるの
は，それほど不思議なことではない．では，逆に，「私は不幸だ」と答えるこ
とができるのは，どんな場合だろうか．それは，そう答えたとしても，自分の
人生をトータルに否定することにならない場合，つまり，今は不幸でも，将来
は幸福になることが想定できる場合である．ここから，大澤は，若い世代の
「私は幸福だ」という回答は，一方で，残された長い人生が今より幸福なもの
になると予想することができず，しかし他方で，自分の人生をトータルに否定

することもできないという葛藤の中から引き出された苦渋の回答ではないか，と推論している．つまり，「「今は幸福だ」という言明は，希望が持てないことの裏返しの表現」（大澤 2016：58）なのである．

▶フクヤマの呪縛

おそらくこれは，日本だけの現象ではない．かつて F. フクヤマは，冷戦の終結に際して，「歴史の終わり」を宣言した．政治システムとしての自由民主主義と経済システムとしての資本主義は，乗り越え不可能な最終イデオロギーであり，そこに至り着いた結果，われわれはもはや本質的な葛藤のない歴史の終わりにある，と述べたのであった．それから30年を経て，われわれはいま，「人新世」という言葉が，人口に膾炙する時代にある．人新世は，人類の活動が生態系のありように決定的な影響を与えるようになった時代を指しているが，それだけでなく，そのことが，生態系の大規模な破局をもたらすのではないかという希望のない予測を強く伴っている．そうでありながら，大澤も引く F. ジェイムソンが言うように「現代のわれわれには資本主義の終わりを想像するよりは世界の終わりを想像するほうが簡単」——もっとも，正確を期するなら，ジェイムソン自身も「誰かがかつて言ったように」と述べて，こう続けているのだが——なのである．つまり，こういうことだ．一方には，このままではこの社会はもたないのではないかというじりじりとした焦燥感がある．しかし，他方には，もはや他の選択肢はないというますます強まるフクヤマの呪縛がある．そして，そうであるがゆえに，日本の若者に症候的に現れているように，「人はますます「この社会」の現状に必死に執着することになる」（大澤 2016：271）のである．

▶現代思想のキリスト教的転回

われわれが閉じ込められている「時代閉塞の現状」から，どのようにしてユートピア的想像力を解放する突破口を切り開けばよいのだろうか．その一つの出口戦略として，現代思想における「キリスト教的転回」と呼んでおくことができそうな動向がある．キリスト教思想に，現状を転換する革命的なポテンシャルを見出そうとする動向である．本章では，そうした動向に掉さす何人かの思想家の中から，A. バディウと S. ジジェクの議論を取り上げて紹介することにしたい．しかし，その前に，彼らの議論の意義を明確化するために，いっ

たん迂回路を取り，それとは反対の動向，すなわち，宗教は現代社会に多大な害悪をもたらしているのであって，宗教からの決別こそ，われわれにとって急務であるとするR.ドーキンスに代表される議論を瞥見しておくことにしよう．

1　宗教の終焉？
──R.ドーキンスの宗教批判──

▶ディチキンス

特に冷戦体制の終焉以降，宗教の復権が言われてきた．しかし，他方で，キリスト教やイスラム教における原理主義の席捲に対抗するかたちで，宗教批判や無神論の主張もまた活性化している．その代表的な論者は，R.ドーキンスやC.ヒッチンスといった人たちである．T.イーグルトンは，『宗教とは何か』の中で，この二人をまとめて，「ディチキンス」と呼んでいる（イーグルトン2010：15）が，それは，彼らの批判が，ともにキリスト教神学に対する無知と単純な合理主義，科学主義に基づいた同工異曲と言ってよいものだからである．そこで，ここでは，現代の宗教批判を，ドーキンスに代表させておくことにし，その議論を紹介しておこう．

▶神は妄想である

ドーキンスが『神は妄想である』の中で，直接の批判の対象としているのはキリスト教だが，その批判のポイントは，2点にまとめておくことができる．

第1点は，それが世界についての説明原理として，科学よりはるかに劣り，説得力を持たないということである．

ドーキンスが論敵とする「創造論者」たちは，次のように主張する．世界の事物──とりわけ生物──は，極めて精緻にできている．しかし，「素材となる一群のパーツをでたらめにかき混ぜて，完璧に機能するウマ，甲虫，あるいはダチョウが組み立てられる確率」（ドーキンス2007：170）は，「台風がガラクタ置き場を吹き荒らした結果，運よくボーイング747が組み上がる確率」とさして変わらないだろう．つまり，精緻なものが偶然に生じるということは，ほぼありえない．とすれば，ボーイング747に設計者がいるように，生物にも設計者がいるはずだ．そして，その設計者こそ，われわれが神と呼びならわしているものなのだ．

　しかし，ドーキンスによれば，この論証には，明らかな欠陥がある．難点を繰り延べにしているだけなのだ．「組織化された複雑さを説明するのに設計者としての神は使えない．なぜなら，何かを設計できるいかなる神も，それ自体が同じ種類の説明を要求するほどに十分複雑でなければならないからである」（ドーキンス 2007：164）．

　さらに重要なのは，設計者の想定は，偶然に対する唯一の回答ではないことである．「自然淘汰」の方が，はるかに優れた回答なのだ．ダーウィンが切り開いたのは，最終産物をいきなり考えるのではなく，次第に複雑さを増していくような漸進的なプロセスを考える道である．最終産物を，小さな断片に分けてみる．そうすると，「小さな断片のそれぞれは，小さなありえなさをもつが，それほどはなはだしくありえないわけではない．こうした小さなありえなさをもつ出来事が非常に多数集まってひとつながりになれば，その累積による最終産物は，実際，とんでもなく非常にありえないもの，偶然が到達できる範囲をはるかに超えるだけのありえなさをもつことになる」（ドーキンス 2007：182）のである．こうして，自然淘汰というアイデアは，設計者としての神を持ち出さなくとも，「累積の力」によって，生物の複雑さについてより良い説明をすることができる．

　第2点は，人間の道徳性を担保するために，宗教が掲げる徳目に依存する必要はなく，進化論が十分にその発達を説明してくれる，という功利主義的な論点である．

　多くの信仰者は，宗教の縛りがあるからこそ，人は善良でいられる——逆に言えば，「神がいなければ，何でも許される」——と主張する．しかし，ドーキンスによれば，神に頼らずとも，自然淘汰の論理によって，人間は道徳的でありうることを十分説明できるのである．生命は，自然淘汰の篩をかいくぐって生き残ることを志向するから，一般に利己的な傾向を持つだろう．しかし，ここで重要なのは，生き残りの単位なのだ．ドーキンスは，「利己的な遺伝子」というアイデアでも知られているが，その「考えの趣旨は，自然淘汰の単位（つまり利己主義の単位）は利己的な個体ではなく，利己的な集団でも，利己的な種でも，あるいは利己的な生態系でもなく，利己的な遺伝子だということにある」（ドーキンス 2007：314）．もしそうなら，遺伝子が，それを保有する個体に，利他的な行動をさせることで，自分の生き残りがより確実になるような状況は存在する．一つは，老いた自分より，若い血縁者を優遇することで，遺伝子が

生き残る可能性を高める「血縁利他主義」のケースである．そして，もう一つ
は，「ぼくの背中を掻いておくれ，そしたら，お返しに掻いてあげるから」とい
う「互恵的利他主義」によって，相互に助け合うことで，自らの生き残りの
可能性を高めるケースである．さらに言えば，言語を持ち，噂話の大好きな人
間社会においては，親切な人だという良い評判を得ることにも，ダーウィン主
義的な利得があるだろう．このように，「個人がお互いに対して利他的で，寛
大で，あるいは「道徳的」であること」（ドーキンス 2007：321）には，ダーウィ
ン主義から見ても，至極もっともな理由があるのである．

▶原理主義対原理主義

　ドーキンスの宗教批判をどのように評価すればよいのだろうか．

　まず，指摘しておくことができるのは，ドーキンスの科学と宗教の関係つい
ての捉え方が，かなり単純な進歩観に基づいているということだろう．つまり，
科学と宗教は対立関係にあり，宗教的な世界観は，科学的な証拠が積み重なっ
ていくのに伴って，駆逐されていくはずだ，という啓蒙思想に嚮導された進歩
観である．しかし，C. テイラーが，『世俗の時代』の中で詳しく論じているよ
うに，近代初頭に活躍した科学者の多くは，むしろキリスト教信仰の擁護者
だったのであり，17世紀に新たに登場した機械論的な科学も神に敵対するもの
とは見なされなかった．とすれば，科学対宗教という構図それ自体が，啓蒙思
想によって構築された一つの神話と考えておくべきだろう．

　また，ドーキンスは，「キリスト教を，なんらかの疑似科学か，もしそうで
なければご都合主義的に証拠の必要性を認めない空論というふうに想像してい
る」（イーグルトン 2010：20）点にも問題がある．つまり，科学とキリスト教思
想を，ともに世界を説明する理論と捉えて，その説明能力の優劣を比べている
のである．ドーキンスは，ジャンルを混同する誤りを犯しているように思われ
る．しかし，キリスト教神学において，「神は，大製造業者ではない．彼は，
その愛によって，すべての存在を維持するものであり，このことは，たとえ世
界に始まりがなくともかわらないだろう．創造は，ものごとを始めることとは
関係がない．むしろ神は，無があるのではなく，なにかがあることの存在理由
なのであり，いかなる実体にとってもその可能性の条件なのである」（イーグル
トン 2010：21）．

　さらに言うなら，道徳性をめぐる議論においてテーマとなっているのは，結

局のところ，「私たちは道徳を聖書から引き出していないし，また引き出すべきではないということ」（ドーキンス 2007：363）である．つまり，ドーキンスが暗黙のうちに抱いているリベラルの道徳意識を，キリスト教が十分に後押しできていないことが論難されているのである．例えば，イエスの「自分の母親に対する態度は，ぞんざいといえるほど愛想がなく，彼は弟子たちに対して，家族を棄てて自分に付き従うよう説得」（ドーキンス 2007：365）したことが，「善良な人間が支持できない教え」として批判されている．家族関係を破壊し，そのメンバーを奪い取ろうとする宗教カルトの教えに等しいというわけだ．しかし，既存の道徳意識を物差しにして，キリスト教思想を測ることは，その思想的なポテンシャルを摘み取ることではないだろうか．イーグルトンの次のような評は，正鵠を射ているように思われる．「ドーキンスがみていないのは，正義を求める運動は，エスニック集団や社会的・国民的境界を横断するだけでなく，伝統的な血の絆を断ち切るということ」（イーグルトン 2010：49）なのである．

　結局，ドーキンスの宗教批判のどこが問題なのだろうか．宗教的原理主義に対するドーキンスの危機意識は，われわれも共有しておくことができるだろう．しかし，問題は，原理主義を批判するドーキンス自身が，ある種の原理主義に立ってしまっていることである．つまり，宗教的原理主義と科学的原理主義は，いわば同位対立物なのだ．それらは，いずれも，疑いを差し挟んではならないある種の盲信を抱え込んでいる．宗教的原理主義がそうであることは，見やすい道理であろうが，科学的原理主義も，実は同様である．「暗黙のうちの確信，あるいは当然視されている真理が，より形式的な論理思考を支えていることは，科学という分野においてもっとも顕著にみてとれる．たとえば，科学が自明の理とするもののなかには，「自然な」説明のみをうけいれるべきという仮説もふくまれる．……それは仮説にすぎず，証明可能な真理の産物ではない」（イーグルトン 2010：168）のである．

▶ラカン派の視座から

　同じことを，ラカン派的な視座から言い換えてみよう．精神分析の洞察が示しているのは，主体が主体となるためには，「象徴界」——われわれが，「現実」と見なしているものを構成している意味の秩序——に登録される必要があるが，その際，ある種の「信仰」が必須だ，ということである．主体が意味の

秩序の中に入るとき，主体は，無条件の服従を要求する「主人のシニフィアン」の禁止命令に遭遇する．主体は，主人のシニフィアンを通して，社会的権威の要求を受け取るのである．しかし，この権威を正当化する構造は，完全なものにはなりえない．なぜなら，社会的権威の禁止命令は，自分を自分の上に建てる他なく，主人のシニフィアンに正当性を与えてくれるさらなるシニフィアン——「双数的シニフィアン」——は，不在だからである．このことを，T・マクゴーワンは，次のようなわかりやすい例で説明している．「親は，子どもに服従を命じるが，その命令を，それを意味あらしめる究極的な理由に基礎づけることのできる親はいない．これが，ある時点で，親が，子どもの「なぜ」という問いに，「私がそう言っているからだ」という満足のいかない答えで応答しなければならない理由である．親の（そして社会の）権威のための究極の正当化は，トートロジー的である」(McGowan 2013：251)．意味の秩序は，それを最終的に閉じる双数的シニフィアンを欠いている．そこには，ある「裂開」がつねに伴っているのである．

　とすれば，無神論と見えるものも，実は，失われている双数的シニフィアンの場所に，神に代わる何かを代入することによってのみ，無神論であり続けることができている，と言わなくてはならないだろう．「無神論者のマルクス主義者は歴史に訴える．進化生物学者は，自然選択に訴える．ニーチェは生それ自身の繁殖力に訴える，等々．それらの形象が，神の名を拒否したとしても，それらは意味の構造の中の失われた空白を，説明上の保証で埋めることによって，構造上の位置としての神を受け入れているのである」(McGowan 2013：252)．

　宗教的原理主義者と科学的原理主義者は，対立関係にあるように見えて，実は，双子のようによく似ている．いずれも，意味の秩序の中に存在する裂開から目を閉ざし，主人のシニフィアンは完全な権威であると信じようとしている．「完全な権威が依存している幻想を維持しようとする努力」(McGowan 2013：269) こそ，原理主義を特徴づけるものと言ってよいだろう．結局のところ，「ドーキンスのような……実証主義の思想家は，われわれの象徴界の構造にとっての限界の構成的役割を理解することができない」(McGowan 2013：270) のである．

▶キリスト教思想の新しい読解

　では，キリスト教思想を，その「可能性の中心」で，読み解くためにはどう

すればよいのだろうか．そのような理論的営為に取り組んでいる代表的な理論家として，A. バディウとS. ジジェクを挙げておくことができる．いまでは，「政治」は，権力の配分として捉えられることがほとんどだが，彼らはともに，「政治的なもの」を，現存の意味の秩序に穿たれた裂開の可能性に中心を置くものとして捉えている．歴史に切断をもたらすことこそが，政治的なものの働きなのである．そして，キリスト教思想を，そのような政治を発展させるための重要な資源の一つと考えている．そこで，次に，バディウのキリスト教思想——より特定するならパウロ神学——の読解に目を向けることにしたい．

2　「出来事」としてのキリスト
—— A. バディウ——

▶存在と出来事

　バディウは，何よりも「出来事」の哲学者として知られている．そして，パウロ神学へのバディウの着目は，イエスという現象を，一つの出来事たらしめたその事例としての鮮やかさにある．そこで，まず，彼の基礎論にあたる主著『存在と出来事』の内容を，他の著書も，適時，参照しつつ，簡単に紹介しておくことにしよう．

　「存在へのあらゆるアプローチが配備される場である現前の形式は，多（もろもろの多からなる多）である」（バディウ 2019：126）．何らかのアプローチ——すなわち，象徴的な構造化——がなされる以前の存在は，純粋な「多」なのである．しかし，より正確に言うなら，それは多ですらありえない．「概念なしに現前化される「最初の」多性は，必然的に，何ものでもないもの〔無〕の多でなくてはならない．というのも，もし「最初の」多性が何ものかの多だとしたら，この何ものかは一の立場にあることになるからだ」（バディウ 2019：85）．つまり，こういうことだ．無定形である存在それ自体は，思考することができない．その無定形な存在を多と数えるためには，それを構造化し，一つにまとめ上げる「一と計算すること」が必要なのである．このようにして一つの構造を与えられ，一貫性のある多となった存在の全体を，バディウは，「状況」と呼んでいる．そして，状況が一と計算されるとき，われわれは，「状況の状態」を有しているのである．

　では，一と計算される以前の純粋な存在の多は，どこへ行ってしまったのだ

ろうか．それは，いわば「無」として存在している．「状況が提示するのは所
詮一から織り上げられた多でしかない」のだから，「無の存在——現前化不可
能なものの形式としての無の存在——があるというテーゼもまた，それに相関
して不可避」（バディウ 2019：80）なのである．そこには，必ずある残余，包摂
されない過剰な要素，「非整合性の幽霊」が伴っている．
　この構造化された存在に対して，存在についての知によっては把握不可能な
「無の存在」の次元から到来するのが出来事である．それは，一と計算された
状況からは出てこず，純粋に偶然的なものである．それゆえ，「出来事とは，
状況の空を遡及的にあらわにする博打の〈超——一〉のことだと定義される」
（バディウ 2019：84）のであり，「存在としての存在でないもの」（バディウ 2019：
248）なのである．

▶真理と知

　この出来事に名が与えられることによって，「真理」が生成する．バディウ
において，真理は，「知」と対比され，通常とは異なる意味で使われているこ
とに注意しておこう．「何も起こらないか，さもなければ物事の状態の規則に
したがっているものしか起こらないかぎり，確かに，知識，正しい言説，累積
した知は存在しうるが，真理は存在しえないのである」（バディウ 2004b：24）．
構造化された物事の日常的な秩序が「存在」であり，そこでは知が支配してい
るが，「出来事」の到来は，その日常的な秩序によって隠されていた「真理」
を露わにするというわけだ．知によっては，出来事を語ることはできない．し
かし，バディウは，ウィトゲンシュタインの定式「語りえぬものについては，
沈黙しなければならない」を引きながら，こう述べるのである．「それについ
て語りえぬもの……については，沈黙しなければならないというのは，それゆ
えまったく端的に誤りなのである．反対に，それに名を与えなければならない．
それを識別不可能なものとして識別しなければならない」（バディウ 2004b：118）．

▶愛という真理

　出来事の到来と真理の生成を具体的な例で語ってみよう．バディウは，「真
理は，科学的真理，芸術的真理，政治的真理，愛における真理のいずれかしか
ない」（バディウ 2004：22）と述べて，真理の四つのタイプを挙げているが，愛
を例にとるのがもっともわかりやすいだろう．「愛は常にひとつの出会いから

始まります．そしてわたしはこの出会いに，いくらか形而上学的なやり方で
「出来事」というステータスを与えます．つまり，諸事物を統べる直接的な法
則の支配下には入らないものということです」（バディウ 2012：50）．愛は，法を
超えた予測不可能な一つの出来事なのである．ロミオとジュリエットの出会い
は，それまで彼らを縛っていた家族の法を，価値のないものに変えてしまう．
「愛の思考とはやはり，あらゆる秩序に反し，法のもつ秩序としての力に抗し
て生み出される思考のこと」（バディウ 2012：111）なのである．

　とはいえ，愛はただ出会いに還元されるものではなく，構築的なものでもあ
る．愛を完遂する持続——出来事に対して忠実であること——が，求められる．
「真の愛とは，空間，世界，時間が提示する諸々の障害を，長期にわたって厳
粛な態度で打破するような愛のこと」（バディウ 2012：54）である．そのように
して，出来事と遭遇し，それに忠実であることによって，新生した「主体」と
なった二人は，モンターグ家の人間であることも，キャピレット家の人間であ
ることも，もはや無意味なものとなるある普遍性を持った新たな真理の空間を
切り開くのである．

▶出来事と主体

　出来事に関して，一つ重要なことを確認しておこう．出来事は，それ自体と
して存在しているわけではない．それを，出来事として感受し，識別し，同定
する「主体」があって初めて存在する．しかし，主体もまた，予め存在してい
るわけではない．主体は，出来事のために「状況」に「介入」し，出来事の呼
びかけに忠実であることを通じて，生成するのである．ロミオとジュリエット
が愛に捕らえられたとき，その出来事に忠実であり続けることによって，二人
はロミオとジュリエットになったのであり，新たな真理によって，状況を刷新
したのである．

　ところで，真の出来事と偽の出来事を識別する指標はあるのだろうか．真理
を生成する出来事の基準となるのは，その普遍性である．「出来事をその起源
とする忠実さは，たとえ特異な状況における内在的な切断ではあっても，任意
の何者かへと依然として普遍的に差し向けられている」（バディウ 2004a：124）
必要があるのだ．この点において，バディウは，ナチズムとロシア革命を区別
している．ナチズムは，一見，革命的な出来事であり，状況からの切断である
ように見える．しかし，「この切断はみずからを普遍ならぬ特殊としての「ド

イツ」の革命と見做しているがゆえに，また国民という偽りの実体にしか忠実でなかったがゆえに，実際にも，この偽りの実体によって「ドイツ国民」と規定された人びとにしか差し向けられなかったのである」（バディウ 2004a：125）．同様のことを，S. ジジェクは，次のようにパラフレーズしている．真偽を分けることができるのは，「十月革命のみが資本主義の秩序というまさに〈状況〉の基盤と関係があり，そして，そのような基盤を首尾よく切り崩したからである．それとは対照的に，ナチズムは資本主義の秩序を守ろうとするために，まさしく似非の〈出来事〉を演じた」（ジジェク 2005：246）ものと言わなければならないのである．

▶キリストという出来事

　バディウがキリスト教——とりわけ，使徒パウロ——に強い関心を持つのは，それが，「状況の状態」に突如として「出来事」が到来し，それを出来事と感受した主体の介入によって，そこに新たな真理の空間が切り開かれた格好の事例だからである．「真理の本質は出来事の〈超—一〉を前提するということ，また真理への関係は観照——不動の認識——に属するのではなく，介入に属するということ，このことが言われているのはキリスト教において，そしてキリスト教においてのみ」（バディウ 2019：176）であり，またバディウにとって，パウロは，「出来事の詩人—思想家であると同時に，闘士の形象とでも呼べるものの変わることのない巧みな特質を実践し言表した者」（バディウ 2004：7）だからなのである．

　では，パウロが受け取った出来事とは，何だったのだろうか．その出来事に，パウロは，「キリストの復活」という名を与えている．約2000年前のエルサレムで，民衆の人気を博し，一時は救世主とさえ呼ばれたが，やがて民衆に見捨てられ，刑死した一人の若者がいた．この事実は，それなりの衝撃を世に与えただろうが，あまたある悲劇の一つとして忘れ去られてもおかしくはなかった．しかし，パウロは，ダマスコ途上での復活のイエスとの出会いを通して，一連の出来事にキリストの復活という決定的な名を与えた．そして，この出来事の意味が教理として体系化され，出来事への忠誠によって結ばれた信徒たちの共同体が教会として制度化され，そのようにして新しい真理の空間が切り開かれていった．バディウによれば，「〈復活〉は純粋な出来事であり，或る一つの時代の開けであって，可能なことと不可能なこととの関係における変化」（バディ

ウ 2004：81）だったのである．

　ここで起きている事柄の特徴を，バディウに従って，まとめておこう．①
「キリスト教的な主体は彼が宣言する出来事（キリストの復活）に先在しない」
（バディウ 2004c：28）．主体は，自分を超えた出来事に応答することを通じて，
主体となる．②「真理はまったく主体的である」（バディウ 2004c：28）．真理は，
それとして客観的に存在しているわけではなく，出来事を経験した主体が，そ
こから生まれた信念を宣言することと相関している．③「宣言への忠実は決定
的に重要である．なぜなら，真理は或る一つの過程であって，天啓ではないか
らだ」（バディウ 2004c：28）．出来事への主体の忠実を通じてのみ，真理は生成
する．

　パウロの経験がそうであったように，出来事の経験は，絶対的に特異であり，
誰かと共有することはできない．しかし，その根源的な偶然性にもかかわらず，
それは新しい真理として機能し，ときに世界を変えることがある．このとき，
真理となるために満たす必要のある重要な形式的要件が先に見た普遍性である．
「ただ真理だけが，それ自身として，さまざまな差異に無関心―無差別なのだ」
（バディウ 2004a：51）．そして，バディウの見るところ，パウロの真理は，まさ
にそのような普遍性という特質を持ちえているのである．パウロが，「ガラテ
アの信徒への手紙」に書きつけた次の言葉が，そのことをよく示している．
「もはや，ユダヤ人もギリシア人もなく，奴隷も自由な身分の者もなく，男も
女もありません．あなたがたは皆，キリスト・イエスにおいて一つだからで
す」．バディウにとって，キリスト教の真理が重要なのは，それが，「すべての
真理と同様，他者に対して排除的でもなければ，包摂的でもなく，ある者と別
の者との間の差異がもはや重要でないような普遍的な基盤の創造」（Kesel
2007：14）だからなのである．

　では，キリストという出来事は，何を変えたのだろうか．パウロは，「ロー
マの信徒への手紙」の中で，法がなければ罪は存在しない，と主張している．
法は，ある特定のメンバーを排除することによって，ある特定の共同体を秩序
づけ，そのメンバーに権利と義務を割り振る．これに対して，「キリストとい
う出来事は，本来的に言えば，死の帝国にほかならない法の廃棄である．……
主体は，復活によって死の外へ一転して弾き飛ばされ，新たな生に参入〔算
入〕する．その生の名がキリストである．キリストの復活はわれわれの復活で
あり，この復活は，主体を法のもとで〈自己〉という閉じた形態へ逐い遣って

いた死を破砕する」（バディウ 2004：155）．パウロの法に関するすべての言説の
賭け金は，死である法を捨て，命である愛の法に従って生きる主体を生み出す
ことに置かれていた．パウロにとって，キリストという出来事は，法によって
秩序づけられた「状況の状態」を突破して，もう一つの生に参画する可能性を
切り開くものだったのである．

▶ポストモダン的懐疑論に抗して

これまで述べてきたことからも窺えるように，バディウは，真理という観念
それ自体を嫌悪するポストモダニストの懐疑論とは，対照的な位置に立ってい
る．ポストモダニストにとって，真理を掲げて，革命的な変化を社会にもたら
そうとすることは，必ずその反対物である最悪の全体主義を引き寄せてしまう
危険な業である．「「ユートピア」的とレッテルを貼られたあらゆる革命のプロ
ジェクトはことごとく全体主義の悪夢に反転する，と言われ続けてきた」（バ
ディウ 2004a：27）．だから，破滅的な帰結を回避するためには，ユートピア的
な希望は捨ててしまった方が良いのである．しかし，バディウは，敢然と真理
の側に立とうとしている．「思いもかけない可能なるものの到来に向けて働き
かけようとしたり，現状との根源的な切断において存在可能なものを考えよう
とすることなどを禁じることは，端的に言って，人間に人間性そのものを禁じ
ること」（バディウ 2004a：28）だからである．それゆえ，バディウがわれわれに
与える命法は，こうなる．「僥倖—偶発的に私たちの許を訪れ，私たちを生成
変化させる，ひとつの真理のこの主体の受取人であることに踏み留まれ」（バ
ディウ 2004a：150）．

バディウの出来事の理論は，結局，何を成し遂げたのだろうか．それを，K.
L. R. アグラは，次のように要約している．「バディウ以降，たんに存在の閉ざ
された地平に留まることは不可能なのである．バディウがわれわれに贈ってく
れたものは，リスクをとる勇気であり，われわれが決定「できる」残余であり，
リスクが連続性より良いものである見込みがあるという根本的な洞察である」
（Agra 2018：23）．

しかし，このバディウの議論は，出来事がいかにして生じるのか，という問
いに対する回答を欠いている．S. ジジェクが批判するのも，その点である．
そこで，次にわれわれは，バディウの議論から多くを学び，同じようにキリス
ト教思想の遺産に敬意を払いながらも，象徴的な秩序からの切断を，「出来事」

ではなく,「行為」という概念を用いて考えようとしているジジェクの議論を
見ておくことにしよう.

3　キリスト教と「政治的なもの」
──S. ジジェク──

▶源泉としてのラカン

　ここまで,あまり触れてこなかったが,バディウとジジェクは,ともにその
理論形成において,J. ラカン──特に,その「現実界」という概念──から多
くを学んでいる.そこで,まず,両者の参照するラカン理論が,人間の生の三
つの次元をどう捉えているかを,ジジェクの簡潔な整理を引いて,紹介してお
こう.「〈想像界〉は,現実の直接的な生の経験だが,夢や悪夢の経験でもある.
……〈象徴界〉はラカンの言う〈大文字の他者〉,すなわちわれわれの現実経
験を構造化している目に見えない秩序であり,物の見え方を規定している規則
と意味の複雑なネットワークである.……しかし〈現実界〉は純粋に外的な現
実である.それはむしろ,ラカンの言葉によれば,「ありえない」ものである.
じかに経験することも象徴化することもできないものだ」(ジジェク 2015：129).
バディウとジジェクはともに,歴史の流れに切断をもたらす裂開の源泉を現実
界に認めている.しかしまた,両者は,ラカン理論への忠実さにおいて,袂を
分かつのである.

▶存在と出来事の二元論批判

　ジジェクから見た場合,バディウの理論構成上の問題はどこにあるのだろう
か.もっとも重要な問題点は,存在と出来事が二元論的に対置されていること
にある.そして,そのような反弁証法的とも言える対置は,出来事の出現に対
する次のような理解をもたらす.「バディウは,〈出来事〉が〈存在〉の歴史性
へと,無から介入してくるのは,〈永遠〉が時間的展開に直接介入する,宗教
でいう〈啓示〉の世俗版だ」〔訳語を一部変更〕(ジジェク 2003：119)とするの
である.しかし,このように考えると,なぜ,どのようにして出来事が生じる
のかは,まったく謎のままになってしまう.そこで,ジジェクは,出来事の時
間は,次のように捉えられるべきだと提案している.「〈出来事〉の時間は,
「正常な」歴史的時間の彼方および上方にあるもうひとつの時間ではなく,こ

の時間の内部に存在するある種の内的なループである」（ジジェク 2004：106）.

　バディウによれば，出来事は無から到来し，われわれは，その新しさを通じて，「状況」がわれわれに押し付けている幻想の制約を捨て去るのであった. そのようにして，「出来事は，必然性の王国を超え，それとは関係を持たない自由の王国をもたらす」（McGowan 2010：10）のである. つまり，バディウは，出来事——ラカン派の用語では，「現実的なもの」——との遭遇を起点に，無矛盾な真理への強力な転換が生まれると想定している. この点で，バディウは，ラカンとは別の道を歩んでいる. 確かにラカンは，「状況」の虚構性への洞察を与えてはいるが，同時に，新しい秩序——無矛盾の真理——を与えようとするすべての試みが幻想であることも指摘しているからである.

　結局のところ，ジジェクによれば，バディウの理論構成上の誤りは，次の点にある.「〈現実的なもの〉は〈象徴的なもの〉の外部にあるのではない，ということである. 〈現実的なもの〉とは，〈すべてではない〉という様態にある，外的な〈限界／例外〉を欠いた〈象徴的なもの〉なのだ. まさにこの意味において，〈象徴的なもの〉と〈現実的なもの〉を分けることは，象徴的な身振りの最たるものであるだけでなく，象徴的なものを創設する身振りそのもの」（ジジェク 2004：106）になってしまうのである.

▶出来事と行為

　バディウが出来事と呼んでいるものを，ジジェクは「行為」と言い換えている. 出来事と行為は，ともに「現実的なもの」に触れることであり，象徴的秩序からの切断をもたらす. しかし，この二つには，重要な違いがある. 行為は，「象徴界からの逃走への参加というよりは，実際は，逃走という観念からの逃走」（McGowan 2010：10）なのである. ここに，バディウとジジェクを分かつ分岐点が存在している. 象徴的秩序からの切断，そして，そこにもたらされるある種の革命的変化の可能性に賭け金を置いている点で，両者は一致している. しかし，ジジェクは，その賭け金が，「トラウマや欠如を超えた別の世界への希望に投資」（McGowan 2010：10）されたものとは考えていない. だから，ジジェクは，ラカンに忠実に，行為をこう定義している.「ラカンにおいては，行為とは純粋に否定のカテゴリーである」（ジジェク 2005：281）.「現実的なもの」との遭遇を「行為」として捉え，欠如のない別の世界を想定しようとはしないジジェクは，その意味では，反ユートピア的な思想家と言わねばならない

のかもしれない.

　バディウの出来事は, 絶対的に新しいものを導入する. これに対して, ジジェクの行為は, 象徴秩序の中に安住しようとするわれわれの営為を何度でも突き崩す絶対的な反復を回帰させる.「行為は, バディウにとっての出来事への忠誠のように, 環境を捨て去るというよりも, それを超越するという目標を放棄すること, そして代わりに, 環境とかかわる別の仕方が可能であることを承認することを含んでいるのである」(McGowan 2010：10).

　象徴秩序は, 幻想が提供する枠組みによって支えられており, それがあるからこそ, われわれは生の全体を意味あるものとして経験することができるのだし, またそこから快楽を得てもいる. ところで, ラカンが教えていたのは,「そうした幻想の解体ではなく, もっと根源的な, 幻想を通り抜けること」だったのではなかったか. そして,「幻想を通り抜けるというのはたんに幻想の外に出ることではなく, 幻想の基盤を破壊し, その矛盾を受け入れること」(ジジェク 2015：38) なのである.

▶バートルビーという生き方

　では, 幻想を通り抜ける行為とは, 具体的には, どのような形を取るのだろうか. ジジェクお気に入りの例の一つが, H. メルヴィルが中編小説『バートルビー』で描き出した奇妙な生態を示すバートルビーという人物である. バートルビーは, 語り手である弁護士から, 当初はその仕事量の多さによって, 有能な書記と評価されていた. しかし, ある日, 弁護士が口述を頼むと,「私はそれをしない方がいいと思う」という想定外の返答を返す. その後は, 何を頼まれても, 口癖のように同じ返答をして, 働くことを拒否するのである. 業を煮やした弁護士は, 解雇を言い渡す. しかし, これに対しても, バートルビーは,「私は立ち去らない方がいいと思う」と答えて, 一向に出ていかない. そして, 最後は, 警察によって, 刑務所に送られるが, そこでも食事を拒んで, 死んでいくのである.

　バートルビーは, 何をしたのだろうか. 彼は, 何もしなかった. 行動するのではなく, むしろ撤退したのである. 強いられた選択を拒否し, 不可能なものを選択するというバートルビーの決断は, 所与の可能性のリストを提供し, それを受け入れる主体によって支えられている象徴秩序の機能を中断させる. 彼の「行為」は, それを不可能としているのが象徴秩序であることを暴露し, リ

ストには載らないものを指し示しているのである．ポイントは，それがたんなる拒絶に終っていないことである．「彼が言っていることは，それを行うことを欲しないではなく，それを行わないことを好む（欲する）のである．またこの拒絶の仕方こそ，否定することに寄生する「抵抗」や「異議申し立て」の政治から，覇権をめぐる場所取りとその否定の外にある新たな空間の可能性を開く政治への移行のあり方を示しているのである」（ジジェク 2008b：229）．

　行為が，ラカン派の重要な概念である「享楽」と深く結びついていることも確認しておこう．享楽は，現実界から提供されるものであり，「たんなる快楽ではなく，快感よりもむしろ痛みをもたらす暴力的な闖入である」（ジジェク 2008a：138）．行為は，バートルビーの行為がそうであったように，象徴的構造を覆すが，そこには同時に象徴的秩序が付与する地位を犠牲にすることが伴っている．そして，享楽は，その行為を動機づけているものである．「享楽は，快ではなく，苦の中の快であり，主体が耐え，我慢している失われた大義への過剰なこだわりである．享楽は，それを支配し，統制すべき主体の能力をつねに上回る．それは，社会的承認を犠牲にして生じる」（McGowan 2010：11）．バートルビーの行為は，まさにこの享楽によって駆動されていると言えるだろう．

▶キリスト教の倒錯的な核

　では，バディウと同じくキリスト教思想に強い関心を示しているジジェクは，そのどこに可能性の中心を見出しているのだろうか．

　ジジェクによれば，キリスト教以外のすべての宗教は，「善き生は，宇宙の調和にフィットすることを意味していると判断している点で，なお宇宙の正義という倫理に依存している」（Žižek 2010b：170）．われわれが与えられた役割を尊重し，受け入れ，それと同一化するとき，われわれは宇宙の正義に合致し，倫理的に正しい生を歩んでいるというわけだ．しかし，このような有機的な調和への執着こそが，ファシズムの定義ではなかっただろうか．ジジェクは，他の宗教が陥っている調和の倫理からの決定的な離脱に，キリスト教思想の可能性の中心を見ている．

　キリスト教神学において，キリストは，神の代理人ではなく，神そのものとされている．ジジェクは，ここにキリスト教のもっとも貴重な洞察があると考える．それが示しているのは，「神が根源的に分裂だ，ということである．神

の一部は，神が為していることを知らない．神性それ自体の中に，一種の非一貫性が存在している」（Žižek 2010b：174）ということなのである．

　キリスト教以外の宗教では，神は超越者である．これに対して，われわれ人間は罪にまみれた俗世に生きている．だから，罪から脱却し，自らを純化することが，神に近づき，神と結ばれるための道なのである．しかし，キリスト教では，キリスト・イエスが，「わたしを通らなければ，だれも父のもとに行くことができない」と告げる．つまり，キリストの位置を占めることが，キリストによって求められているのだ．ところで，キリストとは何者なのだろうか．ジジェクが重視するのは，十字架上でキリストが吐いた決定的な言葉――「父よ，なぜあなたはわたしを見捨てたのですか」――である．ジジェクは，これを，神であるキリスト自身が，一人の無神論者になった瞬間――懐疑の瞬間――と捉えている．「神は，神によって棄てられた」（Žižek 2010b：174）のである．ここに，キリスト教の比類のない特徴が示されている．「キリスト自身が，キリスト者にとって，究極的な罪であることにコミットしている．すなわち，信仰における動揺である．……他の宗教には，神を信じない人はいるが，神が自分自身を信じないのは，キリスト教においてだけなのである」（Žižek 2010b：175）．

　興味深い逆説がここにある．キリスト教においては，神との直接的な一体化の道は閉ざされている．かえって，私が神から切り離されているという経験をするとき，私は神に近づいているのだ．というのも，そのとき私は，神から見捨てられたキリストの位置を占めているのだから．「私は，神に捨てられた子なる神という特異な人物と自身が一体と見ることによってはじめて，自分を神と一体とするのである」（ジジェク 2003：156）．

▶ヨブという物語

　ヨブの物語にも，ジジェクは，同様の含意を読み取っている．こんな物語だ．神は，悪魔がヨブの信仰を試すことを許す．ヨブには，次々に苦難が襲う．ロバが奪われ，羊が奪われ，子どもたちまで奪われる．さらには，自らも重い皮膚病に罹患する．そこに三人の友人がやってきて，ヨブの苦難に神学的な解釈を与える．それらに共通するのは，ヨブの苦難には，表面的な苦難とは別のより深い意味があるに違いない，という見解である．最後に，神が現れて，ヨブにこう語りかける．「わたしが大地を据えたとき，お前はどこにいたのか．

知っていたというなら，理解していることを言ってみよ」．この神の言葉は，一般には，こう理解されている．「わたしが，創造者だ．お前は，わたしの超越性を受け入れるべきなのだ．わたしを理解できるなどとは考えてはならない」．つまり，こういうことだ．「確かに深い意味はある．しかし，人間にはそれを知る道は閉ざされている．わたしがその深い意味を知っていることを信頼しなさい」．

　しかし，このような読解は，キリスト教思想をその他の宗教と同じものにしてしまう凡庸なものだ，とジジェクは主張する．そうではなく，星，海，雲，大地，山羊，鹿，ロバといった多様な被造物の大パノラマを次から次へと繰り出してみせる神が示しているのは，自分の創り出したものに驚愕している神自身なのである．「ここでのポイントは，神がより深い意味を知っているということではなく，あたかも神自身が彼の創造の過剰さに圧倒されているということである」（Žižek 2010b：177）．

　ジジェクは，定型的な読解を反転してみせる．われわれの不安を鎮めてくれる世界の意味の最終的な保証者はいない．「神がヨブの物語の最後で否定しているのは，どこかに，ラカン派の精神分析理論が大文字の他者と呼ぶもの……が存在しているという考え」（Žižek 2010b：178）なのだ．十字架の上で死んだのは，大文字の他者としての神なのである．

▶絵の中の染みとしての悪

　神学者——キリスト教に限らず——が多用する一つのメタファーがある．それを，ジジェクは，「絵の中の染みとしての悪」と呼んでいる．近づきすぎると染みに見えてしまう点が，距離を置いて見るなら，絵全体に調和をもたらしている必要な要素であることわかる場合がある．同様に，われわれの限界のある視座からは，悪にしか見えないものも，神の限界のない視座からすれば，世界の調和に貢献している必要な要素だ，というわけだ．しかし，このようなメタファーを，ホロコーストやグラーグの経験に適用することができるだろうか．むしろ，ジジェクとともに，こう断言すべきだろう．「私は，どのような種類の調和が，ガス室の数百万の死に値するのかを知らない」．

　キリストが十字架の上で死んだのは，悪に高次の意味を発見しようとする——神ならば知っている高次の意味を想定しようとする——試みを拒絶するためだ，とジジェクは主張する．「私にとってのキリスト教の究極の意味は，正

確に一つである．それは，「われわれは，神を信じるべきであり，大きなものがわれわれとともにあるので，本当に悪いことは起こりえない」というものではない．それは，あまりに安易である．メッセージは，「われわれは神を信じる」というものではない．むしろ，メッセージは，「神はわれわれを信じている」というものなのである」(Žižek 2010b : 179)．

　信仰者の多くは，神に賭け金を積んでいる．われわれには事態の推移を見通すことはできないけれど，神がすべてをよく取り計らってくださると信じるのである．しかし，ジジェクにとって，キリストの死は，それとは正反対のことを意味している．「神は，われわれに賭け金を積んでいる．それは，実際，狂った賭け金なので，神はこう述べている．「私は，それをあなた方に委ねる．聖なる霊，信仰者の共同体，あなた方が，それを為さなければならない」」(Žižek 2010b : 179)．

　一見したところ，ジジェクは，ここで，神学を人間中心主義^{ヒューマニズム}に還元してしまっているように見える．しかし，そうではない．ジジェクがどこまでも現実界の思想家であることが忘れられてはならない．よく知られたパウロの言葉「生きているのは，もはやわたしではありません．キリストがわたしの内に生きておられるのです」になぞらえて言うなら，「行為しているのは，もはやわれわれではありません．現実界の力がわれわれを通して行為しておられるのです」と言うべきなのだ．なお神はある．しかし，その神は，すべての意味を保証してくれる大文字の他者としての神ではない．意味を確定するという重荷をわれわれに負わせる神，われわれを信じている神，このような神こそ，「キリスト教の倒錯的な核」とジジェクが呼ぶものである．「キリストが死ぬとき，彼とともに死ぬのは，「父よ，なぜあなたはわたしを見捨てたのですか」という言葉から読み取れる密かな希望，すなわち，わたしを見捨てた父は存在するという希望」(ジジェク 2004 : 256) なのである．

おわりに

▶二者択一を超えて

　ここまで，どちらかと言えば，バディウとジジェクの差異に力点を置きつつ，両者の議論を瞥見してきた．しかし，本書のテーマである「ユートピアのアクチュアリティ」という観点から見た場合に，見落されてはならないのは，キリ

スト教思想のポテンシャルを取り出すにあたっての両者の大枠での共通性である．最後に，その点を，もう一度，確認して，本章を終えることにしたい．長く引用する価値のある一節で，ジジェクはこう述べている．

> 私がここで参照しているのは，信仰者のラディカルな共同体という理念である．この理念は，互いに協働する盲目的な個人というリベラルの理念でもなければ，古い有機的で保守的な共同体でもない．それは，原初的なキリスト教共同体の線に沿った共同体なのである．すなわち，除け者たちの共同体なのだ．今日，われわれに必要なのは，これである．伝統的なヒエラルヒーの共同体でも，リベラルな多数性でもない信仰者の平等主義的な共同体というこの理念が必要なのである．これこそが，私や他の左派の哲学者──アラン・バディウやその他の──が，パウロの遺産を再読し，再生し，再利用することに強い関心を持っている理由なのである（Žižek 2010b：180）．

われわれが，本章を，政治的にはあからさまなリベラルであるドーキンスの平板なキリスト教批判から始めたのは，このことをはっきりさせるためでもあった．原理主義的なキリスト教か，「粗野なエゴイストのリベラリズム」か．われわれは，必ずしもこの二者択一の前で，途方に暮れている必要はないのである．

参照文献一覧

Agra, Kelly L R 2018 "The Event Divides into Two or the Parallax of Change: Badiou, Zizek, Bosteel, and Johnston," *International Journal of Žižek Studies*, Vol. 12, No. 2.

Hyman, Gavin 2012 "Dialectics or politics?," *Approaching Religion*, Vol. 2, No. 1.

Kesel, Marc de 2007 "Truth as Formal Catholicism-On Alain Badiou, Saint Paul: La foundation de l'universalisme," *International Journal of Žižek Studies*, Vol. 1, No. 2.

McGowan, Todd 2010 "Subject of the event, subject of the act: The difference between Badiou's and Žižek's systems of philosophy," *International Journal of Critical Psychology*, Vol. 3, No. 1.

―――― 2013 *Enjoying What We Don't Have*: University of Nebraska Press.

Moriarty, Michael 2001 "Žižek, religion and ideology," *Paragraph*, Vol. 24, No. 2.

Roberts, John. 2008 "The 'Returns to Religion': Messianism, Christianity and the Revolutionary Tradition. Part II: The Pauline Tradition," *Historical Materialism*, 16.

Žižek, Slavoj. 2010a "Paul and the Truth Event," in John Milbank, Slavoj Žižek and

Creston Davis, *Paul's New Moment*. Michigan: Brazos Press.

———— 2010b "A Meditation on Michelangelo's Christ on the Cross," in John Milbank, Slavoj Žižek and Creston Davis, *Paul's New Moment*. Michigan: Brazos Press.

イーグルトン，テリー　2010『宗教とは何か』大橋洋一，小林久美子訳，青土社.

大澤真幸　2016『可能なる革命』太田出版.

ジジェク，スラヴォイ　2003 松浦俊輔訳『信じるということ』松浦俊輔訳，産業図書.

———— 2004『操り人形と小人 キリスト教の倒錯的な核』中山徹訳，青土社.

———— 2005『厄介なる主体 1』鈴木俊弘・増田久美子訳，青土社.

———— 2008a『ラカンはこう読め！』鈴木晶訳，紀伊國屋書店.

———— 2008b『ロベスピエール／毛沢東』長原豊・松本潤一郎訳，河出書房新社［河出文庫］.

———— 2014『ジジェク，革命を語る』中山徹訳，青土社.

———— 2015『事件！』鈴木晶訳，河出書房新社.

テイラー，チャールズ　2020『世俗の時代 上』千葉眞監訳，名古屋大学出版会.

ドーキンス，リチャード　2007『神は妄想である 宗教との決別』垂水雄二訳，早川書房.

———— 2020『さらば，神よ 科学こそが道を作る』大田直子訳，早川書房.

バディウ，アラン　2004a『倫理〈悪〉の意識についての試論』長原豊・松本潤一郎訳，河出書房新社.

———— 2004b『哲学宣言』黒田昭信・遠藤健太訳，藤原書店.

———— 2004c『聖パウロ 普遍主義の基礎』長原豊・松本潤一郎訳，河出書房新社.

———— 2012『愛の世紀』市川崇訳，水声社.

———— 2019『存在と出来事』藤本一勇訳，藤原書店.

第9章　文学とユートピア
——ドイツ文学を中心に——

渡 辺 幸 子

は じ め に

　ユートピアは，ルネサンス期のヒューマニズムを背景として現れた，人間にとってより良き世界の夢に与えられた表現のひとつである．理想郷として，古来の黄金時代や千年王国などと並び称され，それらを包括するものとされることもあるが，それぞれを分類して定義づけようという試みも，これまでに数多くなされてきた．夢の分類を確定するのは易しくないが，宗教に由来する千年王国とは異なり，ユートピアが，その実現に関して必然性や予見性をもっていないということは広く認められている．語義からいっても「どこにもない場所」にすぎないユートピアは，実際問題としての実現可能性などは軽く飛び越えてしまっている．ユートピアの出発点は，宗教でも，たんなる無邪気な空想でもなく，常に現実である．リアリズムのように現実の再現をめざして現実を観察するのではないが，より良い理想の世界は，現実を体験し，熟知することによってのみ導き出せる．ユートピアは，実際には存在しないとはいえ，その時々のさまざまな人々によってそれぞれに表現された理想であって，そこにその本質と意義がある．「ユートピアの終焉」が言われる昨今であるが，現実そのものが終わるのでもない限り，ユートピアはこれからも多様なかたちであり続けることだろう．ユートピアは，文学のみならず絵画や建築，哲学や社会思想のなかにも概念として入り込んで，それらの主要なモチーフとして作用し続けている．

1 ユートピア文学と空想旅行記

文学形式としてユートピアを取り上げるときには，空想旅行記として定義されることが多い．こうしたスタイルを築き上げたのは，いうまでもなく T. モアである．モアの『ユートピア』(1516) は，この形式をそのまま受け継いだ T. カンパネッラの『太陽の都』(1623)，F. ベーコンの『ニュー・アトランティス』(1627) とあわせ，ルネサンス期の三大ユートピア作品をなす．これらはすべて，ユートピアを偶然に発見した旅行者に，その国の地理的状況から統治の状況に至るまでを詳しく報告させてみせ，そのなかに当時の政治や社会体制への批判を込めるという手法で書かれている．作中において，ユートピアは理想的な社会として，すでに完成された形で実在する．以来，こうした手法はユートピアに典型的なものとなって，空想旅行記（いわゆるロビンソン譚）として18世紀に最盛期を迎え，20世紀に至るまで生きている．

確かに，空想旅行記をそのままユートピア文学の形式としても不当ではない．だが，このような手法によって鮮明に浮かび上がってくるのは，理想というよりもむしろ，現実の社会への諷刺や批判の方だろう．つまり，想像の国という舞台は，夢を自由に表現する場というよりも，ときに強烈で急進的な社会批判のための隠れ蓑として使われる．このような形式をユートピア文学の条件とすると，それを満たすのは，主として政治思想の土台をもった国々の文学に限られてしまう．これまでのユートピア研究が，イギリスやフランスの場合についての考察が中心となってきたのは当然であろう．しかし，ユートピアは諷刺のための技巧ではなく，元来は定形をもたない概念である．社会批判を主目的に表現されたもののみをユートピアだとするならば，それは狭義のユートピアにしかならない．というのも，国や社会を描くまでには至らずとも，ユートピア的な志向をもった著作は，あまりにも多い．そして，この排除されてしまったものの多さは，かえって広義のユートピアを示すことになる．それは，すべての文学に，想像の世界の表現であることに変わりはないとして，一様にユートピアと称することを許容してしまう，フィクションとしてのユートピアである (Ueding).

しかし，ユートピアをこのような拡大解釈によってありふれた空想の産物におとしめてしまうのは適切ではない．ユートピアの定義は，より多様な形式を

認めながらも，問題の核心をとらえたものでなければならない．B. バチコは，「既存の秩序の正当性や合理性を問題視すること，その道徳的，社会的欠陥を診断し批判し，その改善を求めること，新しい秩序をめぐるさまざまな夢想」を，ユートピアの好むテーマとして列挙している（バチコ 1990：6）．この，「新しい秩序をめぐる夢想」こそが，固定した形式にはなりえない，概念としてのユートピアを中心に据えたものだといえる．必ずしも完全な世界を構成している必要はなく，新しい秩序を構想していくことそのものが，ユートピア的であるといえるのではないだろうか．

2　ドイツのユートピア

一方，これまでのユートピア研究において，通常ドイツは除外されてきた．マルクス，エンゲルスの名は当然のようにあげられるが，それはドイツという枠を超えて社会主義ユートピアの文脈のなかで言及されるのであり，そうでなければマルクーゼなどのフランクフルト学派の社会思想の例が指摘される程度である．こうした扱いの原因は，いわゆる典型的な形式をとったユートピア文学が，ドイツにおいては少なかったということにある．ドイツにおいて，ユートピアはやや異質な扱いを受けてきたのである．

ドイツの場合，空想旅行記の伝統からは比較的自由だったのであり，むしろユートピアは早くから形のない概念として文学にあらわれていた．たとえば，ユートピアとの密接な関係をもつものとしてはまず，個人と秩序とのかかわりを描く教養小説（Bildungsroman／発展小説ともいわれる）があげられる．教養小説はドイツ文学においてはゲーテ以来の伝統ともいわれ，主人公の青年の成長を描く．そのテーマは，「公の秩序への目を失うことなく，人間の主体性を魂の諸力が調和した全体性のなかで再生させるという問題」（Stockinger 1985：121）であり，理想的な社会と人間性のありかたにふれることにより，まさしくユートピアを志向している．またそれ以外にも，F. シラーの理論的著作や初期ロマン派の作品のなかには，「新しい秩序の夢想」としてのユートピアが現れている．ノヴァーリスの「黄金時代」や，F. シュレーゲルの「新しい神話」などは，表現はそれぞれに異なるものの，混乱する現実を問題視とすることから導かれた，紛れもなく新しい秩序の世界である．しかし，ユートピア研究においては，ドイツでも文学形式として狭義のユートピアの定義がそのまま踏襲さ

れた．ドイツにおけるユートピア研究の祖とされる R. v. モールは，そうした
形式をとるユートピアを特に「国家小説（Staatsroman）」と名付けて一括し，
文学的にも社会学的にも価値の低いものとして位置付けた．モールの説は現在
修正されている（Swales 1985, Reichert 1965）が，その影響から教養小説のユー
トピア志向がユートピア研究の対象にされることもなかった．教養小説やロマ
ン派におけるユートピア性を明らかにしたのは，個々の作品研究であった．そ
うして，空想旅行記の範疇にとどまる狭義のユートピアとは別に，概念として
のユートピアが導かれたのである．M. スヴァーレスは，「国家小説」と比較し
てみると，教養小説には主人公の現状認識からユートピアを求める契機が生じ
て，自己発見と自己実現を目指していくという特徴があると指摘している．そ
して教養小説は，基調をなす主人公の哲学的省察によって，「国家小説」より
も文学性が高まったと評価する（Swales 1985：221）．教養小説においては，夢
を実現させるというテーマのもとで，主人公の幸福が社会における役割とぶつ
かりあい，しだいに社会的に有用な人間となって市民的な満足を得られるよう
になっていく過程が描かれる．また，ロマン派の諸作品にあっても，ユートピ
アは作中でさまざまに夢想され，徐々につくりだされていくものとしてあり，
未完のままに残されることも少なくない．その過程では，教養小説と同じよう
に，理想をめぐっての現状認識と哲学的省察がくりかえしなされる．あるいは
また，文学的な考察ではないが，ドイツではユートピアが自由主義的・人道主
義的観念として内面化したと指摘する K. マンハイム（マンハイム 2006：229）や，
ドイツのユートピアを敬虔主義やドイツ観念論哲学によって大成された，「精
神的な意味での千年王国」として特色づける A. ドーレン（Doren 1924/25：164）
などの説もある．

　このような論調から浮かび上がってくるのは，ドイツのユートピアに特徴的
といえるのは，多くが精神的あるいは人道主義的で，具体的な国や社会として
の形態をとるまでには至らないということである．完成された理想社会が未知
の空間や未来，あるいは異次元におかれ，現実とは隔絶した世界として存在す
るのではなく，ドイツのユートピアは，既存の秩序は主人公や著者によって絶
えず批判的に検証されるものの，それが完全に否定されてしまうことはない．
彼らは現実にのみ身を置いており，異世界を知らない．つねに新しい秩序を模
索していく途上にあるものの，それが仮象としてすら確立されることもほとん
どないのである．そのため，強烈な社会批判にはならず，政治的意図も希薄に

ならざるをえない．国家や社会機構という外面的な要素を語るのではなく，個人の幸福そのものについて思いを巡らし，ユートピアの担い手としての人間のありかたが倫理的に問い直される．時空間に投影されることのないユートピアは，いうなれば内なるユートピアの文学として，政治的妥当性を離れ，人間の道徳的向上をはかるための条件や秩序を，あくまでの個々の社会生活のレベルで試行錯誤する．これは思考実験としてのユートピアに通じる．内向的ともいわれるドイツ文学だが，内なるユートピアは，早くに近代化を果たしたイギリスなどと比べて国家統一が遅く，公共性の観念が育ちにくかったというドイツ特有の歴史的背景から形成されたといえる（轡田：423）．そこには共産主義といった色付けはない．このような内なるユートピアは，必然的に個人的色彩を帯びているともいえるが，むしろ現代においてこそアクチュアリティをもつものではないだろうか．

3　可能性のユートピア

　R. ムージルの『特性のない男』は，このようなドイツ的ユートピアに彩られた小説のひとつである．主人公ウルリヒには，「現実にありうるであろうあらゆるものを考える能力，また現実に存在しているものを，現実に存在していないものよりも重視しない能力」（Musil 1978：16）が生まれつき備わっている．それが「可能性感覚」である．こうした態度が，既存の秩序の問題視から生じていることは明らかで，それはそのまま「意識的ユートピア主義」（Musil 1978：16）とも言い換えられる．ウルリヒは，まず自分が今現在，身をおいているその所与の現実を問題視し，常に虚構として扱って相対化してしまう．そうすることによって，世界を別のものにできるような，さまざまな可能性を考え出そうとする．可能性とは，混乱した現状を解消させるであろう，はるかな理想的未来を構築するための新しい秩序，すなわちユートピアをもたらすものと考えられている．

　　ユートピアとは，ほぼ可能性と同意義のものだ．可能性が現実でないということは，それが現在のところからみあっているさまざまな状況のために，現実になることを妨げられている，ということにほかならない．というのも，もしそうでなかったら，可能性はただの不能性と同じものになっ

てしまうからだ．可能性をその束縛から解放して，それを発展させれば，
ユートピアが現れる．この過程は，科学者が何らかの複合現象中の一元素
の変化を観察して，そこから推論を下す過程と似ている．ユートピアとは，
人生と呼ばれる，あの複合現象中で引き起されるような，一元素の可能な
変化とそのさまざまな作用とを観察する実験を意味する．（Musil 1978：
246)

　ウルリヒはこのような能力をもって，さまざまな可能性を探し出しては，さ
らにそれらを自ら実験にかけていく．この過程においては常に現状についての
容赦ない考察がなされ，この小説全体が，秩序や道徳の問題，そして時代の変
化についての分析に満ちている．ウルリヒが追求するのは「正しい生」であっ
て，「可能性感覚」はたんなる放縦や相対主義に陥ることもない．それは社会
的であると同時に哲学的である．そのようななかで，はじめは可能性と思われ
たものも不可能性にすぎないことが露呈したりする．導かれる可能性のなかに
は，技術革新による世界の変革をめざしてエンジニアを志すなど，イギリスや
フランスでみられたユートピアの，従来的なパターンすら見受けられる．しか
し，それが実現したり，完成された制度して表現されたりすることは一切ない．
そしてそのために，彼が導くさまざまな可能性とはまた別のユートピアまでも
が，さらにいくつも並行して入り込んでくるのである．
　そして，ウルリヒの可能性追求には，既存の秩序に関する問題だけが絡み合
うわけではない．現実を超越したユートピアが舞台ではないために，ユートピ
アを認めない人々も描かれているのである．主人公の父親をはじめとする多く
の人々は，既存の秩序を少しも疑わない．彼らは現実に存在しているものや，
現在の事実にのみ留意しようとする，現実感覚の要請に従って日々を過ごす．
彼らが求めるのは，秩序の範囲における成功や地位にとどまる．現実感覚とは
「可能性感覚」とは正反対のものだ．だがもちろん，このような生活態度こそ
が一般的なのである．だから，そうした対立項が多勢を占めるなかでなされる
ユートピア追求は，当然に現実的であるとともに困難になる．ただ，「可能性
感覚」は，現実を理解することができずに自分でつくりだした空想の世界へと
逃避してしまうことはない．また可能性は，現実を前提として生み出されるも
のであって，たんなる知的遊戯ではない．それにもかかわらず，ウルリヒの能
力には，必ずしも肯定的な評価はされない．「可能性感覚」は新しい意味や目

的を呼び覚ますことができるけれども，誤謬にも陥りやすい．この能力の所有者は，眼の前の自明なものを認めずに形にすらとらえられないようなものを考え，すばらしいものも虚偽とみなしてしまいかねない．つまり，今存在しているものを活用して利益を獲得しようとする本能が，このような人間には根本的に欠けてしまっている．彼は結局，非実用的なタイプの人間でしかないとされる．

　このような対立は，教養小説においてはその根底におかれるが（Swales 1985：223），従来の古典的ユートピアでは見ることができないものである．ウルリヒは従妹に次のように告白している．「足元には堅い大地があって，自分のまわりには固い皮膚があるという，たいていの人には当たり前だと思われているこの感情が，わたしの場合にはあまり強く発達していないのです」（Musil 1978：289）．現実を堅固なものとは考えられないために，彼は「現実に対しての一種の喜びを前提とする」（Musil 1978：18）固定した「特性」をもつこともできない．ここにはユートピア追求の消極的な面が見え隠れしている．ウルリヒは常に変転する現実と可能性のあいだを漂い続け，『特性のない男』もまた，著者の死によって未完に終わることになる．

4　SF のユートピア

　また，ドイツに限らないが，SF においても内なるユートピアの志向性が認められる．SF の場合においても，初期には空想旅行記を範とする J. ヴェルヌの一連の作品はあるが，20世紀後半には独自の発展が認められる．SF を空想科学小説（Science Fiction）というよりも，思弁小説（Speculative Fiction）の略称とする見方は，まさしく内なるユートピアとしての特質を明らかにしているといえよう．

　もともとの Science Fiction としての SF は，1920年代のアメリカに遡る．この語は『サイエンス・ワンダー・ストーリーズ』誌の創刊号に初めてあらわれ，H. ガーンズバックの発案とされる．1920年代から30年代のアメリカやイギリスにおいて，『アメイジング・ストーリーズ』誌，『テールズ・オブ・ワンダー』誌などが次々と創刊され，SF は雑誌媒体において隆盛した．A. アシモフ，R. ハインラインなどの巨星があらわれ，「科学的事象と予言的ヴィジョンが混ざりあった，胸躍るような虚構の物語」（ボドゥ 2011：12）と表現される楽

観的な未来を描いて関心を集めた．とりわけアメリカにおいては，SF のヒーローは，フロンティア精神を受け継いでいたり，発明家であったりするなど，一種の典型を形作った．しかしそこにおいて現実は，諷刺でも批判的対象でもなく，無自覚で無批判なままに再生産されるものであった．つまり，娯楽文学や大衆文学という位置づけ以上のものではなかったのである．核兵器の驚異があらわになり，戦後世界の支配原理が終焉すると，こうした楽観的な SF は停滞し，60年代に近代批判がされるようになると，イギリスにはじまるニューウェーヴ運動が確立されるなかで，SF は思弁小説として変容を遂げる．

　思弁小説について，J. メリルは「現実のある仮定上の近似値を検討するために，伝統的な "科学の方法"（観察，仮設，実験）を利用する方式——ある一組の（空想的または独創的な）変化を "既知の事実" の共通の背景に導入すること，作中人物の反応や知覚が，その創作物あるいは作中人物，あるいはその両方についてのなにものかを明らかにするような，そうした環境を作り出すこと」（メリル 1972：22）としている．つまり，社会・政治への批判が盛り込まれ，内省的で思弁的な特質をもつ作品によって，SF における方法が意識化されることになる．J. G. バラードが，「探求すべきは，外宇宙ではなく，「内」宇宙なのだ．真に未知なる唯一の惑星は地球だ」（バラード 2009：282）というとき，SF がプラトンのミクロコスモスにさえ通じていることを感じさせずにはおかない．

　バラードが描く風景は，たとえば次のようなものだ．

　　この地点で川は浚渫され，幅も広げられていた．さらに多くのランチや川を往来する小型艇が現れた．どれも砂の下に半ば埋もれていた．ランサムは足を止め，ほかの者たちを先に行かせると，取り残された船の群れを見つめた．真上から射す陽光のもとで，影のないそれらの船の丸みを帯びた姿は，当初のアイデンティティのかすかな名残りだけを残して，完全に侵蝕されつくしてしまっているように見えた．失われた時間の瀬に干上がったイメージだけが残る，遠い宇宙の亡霊たち．均質な光と，いっさいの動きの不在に，ランサムは，自分が今，"内なる景観（イナー・ランドスケープ）" の中を進みつづけているのだという感覚を覚えた．そこでは，未来を構成する要素が，静物画のオブジェクトのように，形も関係性もなく，彼を取り囲んでいるだけだった．（バラード 2021：258）

SF を，科学の要素を取り入れているのみならず，思弁小説として，人間存

在のありかたそのものを問う文学ととらえるとき，未来社会を展望するとともに，人間の幸せとは何かを考えさせるという，ユートピア文学の原点ともいうべき特徴があらわになる．SF はいわばディストピアの独壇場になっているようにも思われるが，それはまたこうしたことの証左でもあるだろう．

おわりに
——内なるユートピアの芸術性——

　ユートピアを芸術の本質とみなし，人間にとって必要不可欠なものとして擁護したのはエルンスト・ブロッホであった（ブロッホ 1997）．ブロッホのいうユートピアが，夢や希望と同等のものとして，語義が無制限に拡大されていることはいうまでもない．アドルノもまた次のように述べる．

　　芸術はユートピアであらねばならず，またそうなることを意図しているが，現実の機能連関によってユートピアとなることを遮られれば遮られるほど，ますます断固としてユートピアたらんと意図する．だが芸術は仮象や慰めにすぎないものとなってユートピアを裏切ることがないように，ユートピアとなることを禁止されている．こうした二律背反は今日のさまざまな二律背反のうちで，中心的な二律背反といってよい．芸術のユートピアがもし実現されるなら，その時芸術はこの世から消滅することになるだろう（アドルノ 1985：59）．

　先に取り上げた『特性のない男』において，主人公は妹とともに瞑想によるユートピア的境地に至る．それはほんの刹那の，静止という形で持続するユートピア的状態である．

　　時は止まり，一千年がまばたきをするときのように軽やかなものとなって，彼女は千年王国に到達し，おそらく神さえも感じられるようになっていた．そしてもはや時間は存在しなくなっていたとはいえ，彼女がそれを「次々に」感じている間に，また，空間ももはや存在していないように思われたのにもかかわらず，彼女がこのような夢の中で不安に悩まされないよう，兄が彼女の「傍らに」いる間に，世界は，こうした矛盾をものともせずに，あらゆる点で輝かしい変容で満たされていたのだった（Musil

1978：1233)．

　これがムージルの絶筆であった．これを20世紀特有の主観的，瞬間的ユート
ピアとみる向きもあるが（Bohler），まさに時空を超えた，内なるユートピアの
文学の終着点のひとつととらえることはできるだろう．しかしこれは，同時に
死の影がちらつき，また第二次世界大戦の戦火が迫るなかでこそ得られた一瞬
のユートピア的境地であった．内なるユートピアへの関心が，如何ともしがた
い過酷な現実社会のなかで，自己意識の変容に徹することを余儀なくされ，個
人的な幸福を実現させることにのみ向けられるのならば，それはおのずと全体
主義をも許容してしまいかねない危険性をはらむものとなる．実際，その後の
歴史的流れが全体主義へと突き進んでいったことを考えると，内なるユートピ
アにおける一種の限界が見えてくるようにも思われる．

　内なるユートピアが芸術性を高めていくとき，現実への批判的視線は必然的
に弱められ，批評精神の薄れたものとなる．苛烈な社会批判を伴わず，政治や
特定の社会制度とも結びつかない，個人レベルでの幸福追求のユートピアは，
かえって現代においてこそ主義主張を超えて共感を誘う．ここに内なるユート
ピアのアクチュアリティがある．だがユートピアを志向する精神が，現実に肉
薄する態度を失ったとき，社会の矛盾に真っ向から向き合うことを避け，所与
のものに自身のありかたをただ適合させることにもつながりかねない．ちょう
どディストピアの文学の主人公たちが，最初のうちは自らがおかれた社会の異
常さに無頓着で，すべてに満ち足りてさえいるように．内なるユートピアは，
個人がすすんで社会の歯車となり，いくらでも交換可能な部品に成り下がって
いる状態を，価値ある幸福と思い込むというような，いわば全体主義の陥穽と
も隣り合わせなのかもしれない．

参照文献一覧

Bohler, Karl Heinz 1985 Utopie »Kunstwerk«. In: Utopieforschung 3. Voßkamp, Wil-
　　helm（Hg.）. Suhrkamp, Frankfurt a.M. S. 303-332.

Bohler, Karl Heinz 1981 Utopie des »Augenblicks« und Fiktionalität. Die Subjekti-
　　vierung von Zeit in der modernen Literatur. In: Ders, Plötzlichkeit. Zum Augen-
　　blick des östhetischen Scheins. Frankfurt a.M. S. 180-227.

Doren, Alfred 1924/25 Wunschräume und Wunschzeiten. Vorträge der Bibliothek
　　Warburg.; Berlin 1927. In: Utopie. A. Neusüss（Hg.）Campus, Frankfurt/New
　　York, 1986.

Musil, Robert 1978 Der Mann ohne Eigenschaften. Roman. (2Bde) Adolf Frisé (Hg.) Rowohlt Verlag, Reinbek bei Hamburg.

Robert von Mohl 1845 Die Staatsromane. Ein Beiträge zur Literaturgeschichte der Staatswissenschaften. In: Zeitschrift für die gesammte Staatswissenschaft 2.

Reichert, Karl 1965 Utopie und Staatsroman. Ein Forschungsbericht. In: Deutsche Vierteljahrsschrift für Literaturwissenschaft und Geistesgeschichte 39. S. 259-287.

Stockinger, Ludwig 1985 Aspekte und Probleme der neueren Utopiediskussion in der deutschen Literaturwissenschaft. In: Utopieforschung 1. A.a.O., S. 218-226.

Swales, Martin 1985 Utopie und Bildungsroman. In: Utopieforschung 3. A.a.O., S. 218-226.

Ueding, Gert 1978 Literatur ist Utopie. In: Literatur ist Utopie. Ueding (Hg.) Suhrkamp, Frankfurt a. M. S. 7-14.

アドルノ，Th. W. 1985『美の理論』大久保健治訳，河出書房新社．

轡田収 1999「ドイツ・ユートピア小説試論」『ユートピア旅行記叢書 第8巻』岩波書店．

バチコ，ブロニスラフ 1990『革命とユートピア』森田伸子訳，新曜社．

バラード，J. G. 2009『J・G・バラードの千年王国ユーザーズガイド』木原善彦訳，白揚社．

—— 2021『旱魃世界』山田和子訳，早川書房［早川文庫］．

メリル，ジュディス 1972『SFに何ができるか』朝倉久志訳，晶文社．

ブロッホ，エルンスト 1997『ユートピアの精神』好村富士彦訳，白水社．

ボドゥ，ジャック 2011『SF文学』新島進訳，白水社．

マンハイム，カール 2006『イデオロギーとユートピア』高橋徹・徳永恂訳，中央公論新社［中公クラッシックス新書］．

第10章　政策とユートピア
――ベーシック・インカム――

奥田　恒

はじめに

　貧困や不平等，労働や余暇のあり方は，歴史を通じた重要課題でありつつ，人工知能（以下 AI）や新型コロナウイルスなどによって近年さらなる難しさを見せている．こうした課題への有望な処方箋として，すべての構成員への定期的な現金給付すなわちベーシック・インカム（以下 BI）がしばしば挙げられる．BI には，「働く必要のない「ユートピア」」として期待する声もあれば，不真面目あるいは不道徳な発想として非難する声もある．

　実際のところ，BI がいかなる構想であり，どのように評価できるかは難しい問題である．ひとつの理由が，BI 構想自体が多様なことである．BI の定義自体は，支給水準も，いかなる制度を代替するかも，政策目的も含まない．比較的現実味をもった提案として月に 7 - 10 万円程度の支給構想がある一方（小沢 2002；井上 2018），政治理論としては「経済的不安定からほど遠い生活を可能にするだけの十分に高い水準」を支持する議論がほとんどとも言われる（Bidadanure 2019：482）．ごく低水準の BI 導入とひきかえにほとんどの給付制度を廃止する，事実上の福祉削減と疑われかねない提案も，定義上は排除されない．

　BI 的な発想の起源も様々である．最初期の起源として，T. モア『ユートピア』が挙げられる．架空の国ユートピアは私有財産制を廃しており，生産物は納屋や倉庫に収められ，住民は必要なものを何でもそこから持っていってよい（モア 1957：111）．さらに，BI の代表的論者には，T. ペイン『土地をめぐる公正』を先駆的提案として強調する者も多い（井上 2018：40）．ペインの提案は，土地所有者から地代を集めて財源とした，すべての人への成人時の金銭給付で

ある（ペイン 2021）．E. ベラミーの社会主義ユートピア小説『顧みれば』も挙げられる．「国家があらゆる財の唯一の生産者となった」未来のアメリカ合衆国を舞台としており，政府は各国民にそれぞれの生産の分け前を割り当て，国民は「クレジット・カード」（仕組みとしてはデビットカードに近い）を用いて割り当て分の買い物ができる（伊藤 2011：116）．伊藤誠は，ペインを資本市場的 BI 論，ベラミーを社会主義的 BI 論の祖と位置づけ，BI 諸構想のイデオロギー的多様性を指摘する（Ibid：114-116）．

　本章の目的は，BI 構想の多様性を踏まえたうえで，BI を含む複雑な政策について有用な，「ユートピア像の提示」という政策発信のあり方を提案することにある．

　本章の構成は以下の通りである．まず，第一節では，「ユートピア像の提示」のアプローチと意義について説明し，BI 論との適合性を示す．第二節では BIの定義とその概要を紹介する．第三節では，複数のイデオロギー的立場から見た BI への諸論点を概観する．第四節では，社会経済的変化に対応する BI 構想として，AI 社会における構想を見る．

1　本章の狙いと意義

▶本章の狙い：「ユートピア像の提示」とは

　政策とは公共問題の解決を指し，問題解決とは「現実と理想のギャップを埋める」ことを指す．理想社会を構想しアプローチを試みるという意味で，政策とユートピアは切っても切り離せない関係にある．本章は「ユートピア像の提示」という政策発信のあり方を提案し，BI 諸構想の比較検討を通じてその実例を示していく．

　本章は，「ユートピア」という語を「理想的かつ具体的な社会構想」という広い意味で用いる（cf. 佐野 2018：207）．ここには，社会が向かうべき理想像を，具体的なイメージをもって提示する作品や構想が広く含まれる．政策関係者やメディア関係者は，そうしたイメージを用いた情報発信をしばしば行う．のちに述べるように，BI を支持する諸構想もこうした意味での「ユートピア」に当てはまる．以上のような関心と狙いは，政策目的や価値対立にかかわる合意形成や論点整理を目指す政策規範論に由来する（佐野 2013：74-75）．

　ある提案やビジョンを「ユートピアの観点から考察する」ことの利点として，

以下の四点を挙げる（佐野 2018：211-213）．第一に，現状批判の観点をもたらしてくれる．現在とは違う社会のあり方を構想することで，われわれが住む社会のあり方を相対化し，改善点を考える契機となる．第二に，現状批判や改革に一貫性をもたせてくれる．なんらかの理想像を参照することで，個別の政策の善し悪しを越えて政策全体がどのような社会を実現したいのかを問うことができる．そのようにして，一連の政策改善を長期的かつ一貫したものにできる．極端にいえば，BI自体を実現できなくとも，BIによって実現させたい様々な目的を一貫して実現に近づけられれば，その分理想社会に近づけるといえる（cf.齊藤 2012）．

第三に，ユートピアは社会全体を構想するため，個別の制度や政策の相互連関に目を向けさせてくれる（佐野 2018：212-213）．ユートピア的ビジョンは，「狭義の政治や経済のあり方にとどまらず，家庭やコミュニティのあり方，働き方や余暇の過ごし方，また人びとの性格特性や行動特性，さらにときには，服装や食事など，ひろい意味で文化にかかわるもの」を広く射程に含む（Ibid）．通常の政策分析は短期的な分析を得意とするものが多いため，長期かつ大規模な社会改善を論じられるのは重要な特徴である．

第四に，政策目的に賛否を表明する上でのハードルを下げられる．ユートピア的ビジョンは，具体的な「かたち」あるいは「イメージ」として表現される（Ibid）．政策パッケージを具体的イメージとして提示することで，広く社会の注目を集め，政策分析や規範的議論に習熟していない人々からも賛否を問えるという利点である．

以上，本章は「ユートピア像の提示」として，政策パッケージを，政策目的や理想社会像などを含む包括的イメージとして提示する政策発信のあり方を主題とする．

▶ユートピアの観点からBIを見る

本章のアプローチは，BIの提案や評価にとって特に有効である．理由は二つある．第一の理由はBI構想の多様性にある．冒頭で述べた通り，給付水準や既存の給付制度の改廃といった細部の設計でも，実現したい政策目的や理想社会像でも，BI諸構想は千差万別である．B.バリーは，細部を同定しないままBIそれ自体の是非を論じることについて，「トラとトラネコを区別しないままネコ科動物をペットにすることの是非を問うようなもの」と述べるほどで

ある（Barry 2000）．この点は本章の主題でもあるため，第二節以降で詳述する．

　第二の理由は，BIの持つ「中途半端さ」にある．ある特定の政策目的を効率よく達成するには，その目的が何であれ，BIは不向きである．T.フィッツパトリックによれば，BIがもたらす社会改善の実現を考えたとき，個別の目的に照らせばたいていの場合，より効果的な手段が存在する（Fitzpatrick 1999＝2005：44-46＝52-54）．例えば，低賃金労働者の賃上げが目的なら，もっとも効果的な達成方法は最低賃金の引上げであろう．それに対し，BIはありうる代替案のなかで，せいぜい中位に位置するにすぎない．しかし，BIは関連する一連の政策目的——失業率低下や失業者の所得上昇など——を，満遍なくほどほどの水準で改善するという．そのため，複数の目的をセットで考えた場合，BIはもっとも有利な可能性すらある（Ibid）．こうした性質ゆえ，個別の政策目的への寄与度を測る政策分析では，BIは評価を受けづらい（齊藤 2012：151）．

　このように考えると，BIを擁護したり批判したりするためには，「それはいかなるBI構想なのか」を確定させることが不可欠である．そうした基礎固めのためにも，より総合的なアプローチが求められる．本章が提案する「ユートピア像の提示」は，まさにそのような役割を担う．

2　ベーシック・インカムの概要

　本節ではBIの定義を示す．まず，広く合意の取れたBIの定義を見たのち，それが何を含意し，何を含意しないかを概観する．

▶BIの定義
　ベーシック・インカム地球ネットワーク（BIEN）によれば，BIとは「すべての人々に対して，個人ベースで，資力調査も就労要請もなしに，無条件で支われる，定期的な現金支給」である（Basic Income Earth Network）．この定義は，以下のような様々な含意をもつ．

▶定義の含意
支払の主体と受け手
　BIは，構成員すべてに対して支払われる．なお，のちの議論では触れられないが，「構成員」の範囲や属性による支給額の増減について，提案ごとに違

いがある（Parijs 2006＝2008：6-7＝4-6）．例えば，多くの BI 構想は永住権を持つ外国人居住者への給付を支持するが，当該国の国民のみに支給する構想もある．また，年齢により給付水準を変える構想もある．子どもや年金受給者の支給水準を低めたり，支給を行わず他の制度で代替したり，という具合である．犯罪などで収容されている人々に給付を行わない提案も多い．

BIEN の定義には含まれないが，支給の主体は基本的には政府である．多くの提案は国家を想定するが，州政府や超国家的機関による給付も構想されうる（Ibid：5-6＝3-4）．

個人ベースでの支給

支払が個人ベースで行われるのも BI の特徴である．つまり，世帯ごとの支給や一家の家長への支給は BI ではない（Ibid：8＝6）．そのため，BI は家族内の分権・平等化を促す一方，複数人の同居を促す効果ももつ．

給付条件：資力調査と就労要請

BI の給付は，受給者各世帯の所得を調べる資力調査なしで行なわれる（Ibid：8＝6-7）．通常の扶助給付制度は，世帯の類型ごとに所得水準の閾値を設定し，それを下回る世帯のみに給付を行う．それに対し，BI は資力調査を行わないため，所得水準を問わずに給付が行なわれ，富者であっても給付を受ける．

また，BI は対象者の就労状況とも無関係に給付される（Ibid：11-12＝6-7）．すなわち，対象者が労働に従事しているか否か，就労していない場合求職活動を行っているか否か，就労している場合でもどのような形態・給与水準で働いているかは問われない．

定期的な現金支給

BI は現金給付の制度であり，BI 受給者は各自の望むものを自由に購入できる（Bidadanure 2019：483-484）．また，BI の支給は週ごとや月ごと等，定期的に行われる．よって，人生で一度きりの支給は BI ではないが，制度設計次第で定期給付と一度きり給付は近似するため，重要な違いではないとも言われる（Parijs 2006＝2008：5＝3）．

現金給付の水準は BI の定義に含まれない．賃労働する必要がないほど高水準の給付が得られる構想もあれば，ある程度の生活水準を送るためにフルタイムでなくとも労働自体はせざるを得ない水準の構想もある（Fitzpatrick 1999＝2005：36＝42）．当初は低い支給水準の BI を導入するほかないものの，やがて

は給付を充実させて高水準の BI を目指すべきという論者も多い．ごく低水準の給付しか認めない構想も定義上は排除されず，実際，BI が福祉削減の口実として提案されうる点はしばしば指摘，警戒される．

なお，現金給付と区別される給付形態が，食料や無償教育などの現物給付や，食事や住宅のため等の使途を限定した金銭給付である．これらは当然 BI ではないが，BI は，現金と並行した現物給付を禁止するわけではない．むしろ，BI 擁護者の多くは BI のみで社会問題を解決できるとは考えず，現物主義的な制度での補完を支持する（Parijs 2006＝2008：5＝2-3）．

3　イデオロギーとベーシック・インカム諸構想

BI の定義に含まれないもののうち，本章の関心に照らして重要なのは，政策目的や理想社会像である．これらは，BI 構想がどのような政策パッケージとなるかを強く規定する．例えば，BI によって「働かなくてもよい社会」を実現したいのか，受給者を積極的に労働に向かわせたいのかは，前節の定義からは導かれない．望ましくないと考える場合には併せて導入される対処策が問題になるし，許容可能な副作用として対策を講じない構想もありうる．BI の給付水準や他の支給制度の改廃にも関わってくる．ここに，BI の検討を目的や具体的な提案内容とあわせたパッケージ単位で行う必要性がある．

ここで有用なのが，フィッツパトリックによる，様々なイデオロギー的立場からの BI 構想の紹介である（Fitzpatrick 1999＝2005）．それら諸構想は，それぞれ違う魅力を備えた理想像をもつ政策パッケージであり，「ユートピア像の提示」という性質を備えている．以下，BI の概要を紹介したのち，古典的な意味でのイデオロギー，つまり「急進右派」「福祉集合主義者」「社会主義者」の整理に沿った BI 構想を見ていく．

▶保険／扶助モデル批判
BI 論者の批判対象は，ほとんどの先進国が有する現行の給付制度である．この給付制度は「保険／扶助モデル」と呼ばれ，「保険給付」と「扶助給付」からなる（Ibid：3-4＝4）．保険給付は「就労時に保険料を払って受給資格を「獲得した」人が，稼得の喪失に直面したときに受け取る」給付である．日本の制度でいえば，年金や失業保険はこの側面が強いだろう．それに対し，扶助

給付は「十分に拠出しなかった人や保険の受給資格を失った人に支払われ」る給付である．保険給付と比べ，受給者に厳しい傾向がある．こちらの性質を色濃くもつのが生活保護である．

▶BI の最小限構想

次いで BI 擁護論に移る．最初に，各イデオロギーの BI 構想を整理するため，「BI の最小限モデル」と呼ばれる中心的論点を見ておく（Ibid：48-57＝58-68）．それが，以下の五つの利点である．①「働かない権利」の実質化，②勤労者への利点，③就職への誘因，④「全構成員への最低限の所得」の実現，⑤監視による市民生活への影響，である．

第一に「働かない自由」の実質化である．ほとんどすべての社会において，働かずにいると収入を得られず生活に窮するため，働かない自由は事実上保障されていない．それに対し，BI は無条件な定期的給付なので，労働を生活の中心として生きる「働き者（crazy）」と賃労働に従事しない「怠け者（lazy）」の間の選択を可能にする（Ibid：48-52＝58-62）．「働かない生き方」のなかには，何の活動もしない生活もあれば，ボランティア活動などに従事する生活も含まれる．

「働き者」と「怠け者」の中間として生きる選択もありうる．つまり，保険／扶助モデルのもとでは，労働者はもっぱらフルタイムで働くと想定され，そうでなければ失業や低賃金生活を強いられる．しかし，BI により生活水準を担保できれば，賃労働を短時間に抑え，空いた時間で別の活動ができる．このように，BI には働き方を柔軟化し，フルタイム労働者とそれ以外人々の境界を取り払うという期待もある（Wolff 2019：208-209）．

第二の利点は，勤労者へのものである（Fitzpatrick 1999＝2005：54＝64）．転退職や雇用へのハードルが低くなり，キャリア転換が容易になるという．BI による収入があることで，労働者は退職や転職，短時間勤務といった選択を行いやすくなり，教育や職業訓練を受ける機会が増える．同時に，使用者にとっては，賃金費用を下げることを容易にし，雇用にともなう負担が軽減されるという．

第三に，失業者に再就職の誘因を与える（Ibid：56＝66-67）．現行の給付制度には，給付受給中の失業者が収入を得るとその分給付額が下がったり止まったりするため，再就職の誘因を削ぐ面がある．BI は再就職の前後で給付額が変

わらないため，再就職への誘因が強くなり，失業者が「失業の罠」「貧困の罠」
から脱出する契機となる.

　第四に，「全員が最低限の所得を得られる」権利の実質化という論点がある
（Ibid : 56-57＝66）．保険／給付モデルのもとでは，受給のためにはみずから申請
を行う必要がある．その際，所得，資産，就労の意志・能力について厳しく問
われることに加え，役所の窓口で申請を断念させる「水際作戦」もしばしば行
われる．結果として，支給を得られない人や，申請を断念する人が出る．BI
であれば必ず全員に支給されるため，支給から抜け落ちる人はいなくなる.

　最後に，資力調査と労働調査の廃止によって，市民の監視にともなうスティ
グマやプライバシーの侵害を避けられる（Ibid : 52＝62）．保険／扶助モデルの
もとでは，受給者の所得や就労の有無を調査することが不可欠のため，行政は
不可避的に市民生活を監視し，しばしば隣人に密告を奨励する．こうした問題
は BI のもとでは起こらない.

　以上，「BI の最小限構想」を紹介した．ここで挙げた論点は，イデオロギー
ごとの BI 構想を紹介したのち，それらの整理のために参照されることになる.

▶急進右派の BI

　急進右派の BI 構想に移る．急進右派は，構成員に対し，市場においては自
由選択による自己利益の追求を求め，同時に，家族やコミュニティにおいては
無私性を発揮し道徳に従うことを求める（Ibid : 78＝92-93）．自由最大化を目指
すリバタリアニズムと，道徳的理由で権利を制限する権威主義の連合体あるい
は妥協の産物である．両者は，例えば同性婚について，前者が支持するのに対
し後者は批判的であるなど鋭く対立しうるが，ほとんどの急進右派は両者の折
衷的な立場をとるという.

　BI をめぐる論点として，市場の改善と競争参加，家族との同居促進，政府
への負担がある．まず，市場競争にかかわる論点である（Ibid : 84-87＝99-102）.
第一に，BI を導入すると，賃金と稼得能力が別問題となるため，賃金設定を
市場価格まで下げられるという．第二に，BI はワーキングプアを生み出すこ
となく低賃金の職を創出するため，資本主義が要求する，リスクを厭わない気
性や行動を促すという．市場の動きをより資本主義的にし，そこに人々を参加
させるという趣旨である．この観点からの BI への反対理由は，人々が本当に
労働に従事しなくなってしまう可能性があるというものである.

　次に，同居促進である（Ibid：86-88＝101-103）．BIのもとでは，複数人が同居
したとき，現行の支給と比べて世帯全体としての給付水準が上がる．つまり，
家族の同居を促す効果がある．ただし，より直接的・積極的に同居を促すべき
として，BIを批判する見解もありうる．以上，急進右派は人々を労働と家族
同居に向かわせたいと考えているが，それをBIがどれほど促進するかが問題
となっている．

　最後に政府への費用として，BIは非常に高い費用を要求するという批判が
ある（Ibid：87＝102）．この論点は，どのようなイデオロギー的立場であっても
問題となるが，「小さな政府」を志向する急進右派にはとりわけ重要かもしれ
ない．

　こうした論点を踏まえ，急進右派は，BIのかわりに「負の所得税（以下
NIT）」をより好むとされる（Ibid：88-91＝104-106）．NITは，一定水準の閾値を
下回る所得の人々に負の税を支払うことで，社会の全構成員に一定以上の所得
保証を行う構想である．生活保護などの扶助給付に比べ，他の所得を得た場合
の給付の減り方が緩やかなため，BIに似て失業者の再就職誘因をそれほど妨
げない．

　NITはBIの一種とみなされることもあるが，以下の点で明確に異なる
（Ibid：94-96＝110-112；Parijs 1992：4-6）．第一に，給付にあたっては資力調査が
必要であり，監視による市民生活への影響や行政費用の節約という利点は得ら
れない．第二に，NITの支給は資力調査の後でなされるため，受給者は支給
の可否をめぐって不安定な立場に置かれる．第三に，資力調査は通常世帯単位
で行われるため，支給も個人ベースではなくなる．以上の違いは，「BIの最小
限構想」からは否定的に捉えられるが，急進右派は肯定的もしくは許容可能と
評価する．

▶福祉集合主義者のBI

　次に福祉集合主義について扱う．「福祉集合主義」とは，中道イデオロギー
にもとづき戦後福祉国家を支持する立場を広く含む．この立場は，急進右派と
同じく市場の役割を認める（Fitzpatrick 1999＝2005：100-104＝117-121）．同時に，
すべての人々のベーシック・ニーズ（以下BN）を充足する権利を基底的な原理
に据え，形式的平等にとどまらない社会的公正や物質的平等を支持する．

　福祉集合主義者のBI支持理由は，BNの充足と，人々の市場参加促進の二

つである．まず，BN についてだが（Ibid：111-112＝129-130；114＝132），BI は無条件給付ゆえにほぼ100％の捕捉率を達成できる．ほかの給付制度では達成不可能な水準であり，網の目から漏れる人々を極力少なくできるのは大きな利点である．とはいえ，給付水準という点では，実現可能な BI では BN の充足には足りないという難点もある．

次いで，市場参加についてである（Ibid：112-115＝130-133）．第一に，人々の勤労意欲を引き上げ，有償労働へと向かわせることで「失業の罠」「貧困の罠」を解決する．第二に，BI は，労働者の転職や技能向上のための休職を，リスクを軽減して促す効果を持つ．ただし，この観点からの BI 反対理由も存在する．それが，BI は保険原理を放棄しているというものである．保険原理には，保険の払い手に受給資格を付与することで，労働などを通じた社会参加を促す機能がある．BI はそうした機能を失わせる．結果として，社会的分断が強化される可能性もある．このように，福祉集合主義者は，人々がボランティア等も含む何らかの労働に向かうことを望ましいと考えており，BI がそれを成功させられるのかを気にしている．

そのため，福祉集合主義者は「参加所得」をより好む可能性がある．参加所得とは，BI 給付を維持したまま，労働やボランティア活動の従事者に追加の給付を行う構想である（Ibid：115-116＝133-135）．有償労働のほか，教育・訓練への従事，ケア活動，ボランティア活動など無償の活動も追加支給の対象となる．ただし，参加所得のもとでは政府による就労調査が行われるため，市民生活への監視にかかわる利点の一部は失われる．

▶社会主義者の BI

最後に，社会主義者の BI 構想である．この立場は前二者と異なり，資本主義的なアプローチでは理想社会を目指せないと考える．それにかわって，「生産手段の平等な所有と統制，および政治共同体による経済システムの民主的統制」を志向し，それを通じた構成員の身分の平等を目指す（Ibid：123-125＝143-146）．

社会主義者が重視するのは，労働者の地位向上と，社会主義・共産主義社会の実現への寄与である．まず，労働者の地位向上についてである（Ibid：131-135＝152-157）．第一に，BI のもとでは，労働者は，有償労働と無償労働のいずれに従事するか自由に選択できるという．第二に，人気の低い職に就く労働者

が減少することで，それらの職種の賃金が引き上げられる．第三に，以上の利点と関連して，BIはすべての者の自律を高めて自由と平等の両立を達成させる．その反面，BIはフリーライダーを許容するため，事実上，非生産者による生産者への搾取となるという指摘がある．さらなる問題として，BIは労働者の交渉能力を改善しないため，社会的排除や二極化した労働市場の問題解決には役立たないという疑念もある．以上の議論は，労働者が働かない選択肢を持つことで実現するため，「働かない権利」という論点と相性がよい．とはいえ，社会主義者があくまで「労働者の地位向上」を目指す点で正当化理由が異なり，それゆえに若干の疑義も突きつけられている．

　もうひとつの論点が，ポスト資本主義社会や共産主義社会に道を開く可能性である（Ibid：133-137＝154-158）．賛成者は，共産主義社会やポスト資本主義社会への移行に寄与すると期待する．反対に，BIはそうした改革には無関係あるいは逆効果である，という見方も存在する．結論は論争的だが，フィッツパトリック自身は，政策提案と政治思想のつながりは作り出されるものだとして，両者が結びつく可能性を強調する．

　なお，社会主義者の理想社会像として，生産手段の共有と統制を挙げた．これは，ひらたく言えば，企業が国によって所有されている状態である．こうした理想社会像には根強い批判がある半面，社会主義者もさらなる再反論や予防策を展開している．この論争は本章の主題を大きく超えるため扱えないが，社会主義的BIの独自性を一点述べる．それは，BIの財源に公営企業の利益が当てられる点である．ここに「生産手段とBIの受給の結びつけ」という社会主義的BIの特徴がある（Ibid：149-150＝171-172）．

▶まとめ

　以上，三つのイデオロギー的立場を見てきた．以上の諸構想を，本節前半で紹介した「BIの最小限構想」のもとで整理したのが，**表10-1**である．この表は，フィッツパトリックの整理と同様に概観的なものであり，各イデオロギー内部でも異なる見解がありうる．

　本章では，上記整理について二点のみ言及したい．第一に，急進右派と福祉集合主義の比較である．両構想とも市場の機能を前提とした提案であり，利点・批判にも共通点が多い．まず，両者とも人々を労働に向かせる志向が強く，「働かない権利」については懐疑的である．同時に，勤労者のキャリア形成や

表10-1　イデオロギーごと BI 構想の論点整理

	急進右派	福祉集合主義	社会主義
働かない権利	×批判的	△なるべく労働させたいが，○ボランティア活動など選択肢が増える点は評価.	○相性はよいが，正当化理由が異なり全面的賛同ではない.
雇用と転退職の促進	◎肯定的	◎肯定的	
失業者の就職誘因	○利点を認めつつ，△本当に働かない可能性を懸念.	○利点を認めつつ，△社会から離脱する可能性を懸念.	
BN の充足		○抜け漏れなくカバーする点は評価するも，△支給水準が足りない.	
監視廃止と市民生活	×おそらく批判的	○監視のデメリットを認めつつ，△労働を促したい面もある.	
その他	○家族の同居を促進するかもしれないが，△不十分な可能性も.×財政負担が大きすぎる.		○ポスト資本主義社会，共産主義社会への変革を促す可能性も，△役立たない可能性も.

注：◎……肯定的な論点，○……論争的な中で肯定的な考え，△……論争的な中で批判的な考え，
　　×……批判的な論点
出典：Fitzpatrick（1999＝2005）をもとに筆者作成.

失業者の就業への誘因は高く評価する．BI からは「働かなくてよい社会」が連想されること多いが，賃労働やボランティア活動を促す BI 構想は意外と有力である.

　とはいえ，両構想には無視できない違いもある．まず，急進右派が有償労働のみを「労働」とみなすのに対し，福祉集合主義者はケア活動やボランティア活動も評価する．次に，急進右派が道徳にもとづき失業者を非難しがちなのに対し，福祉集合主義者はそのような選択を促す制度を問題視するという違いもある（Ibid：112＝130）．最後に，財政的負担のデメリットをどこに見るかという点も異なる．つまり，急進右派は政府の財政負担自体を問題視するのに対し，福祉集合主義者は，その結果として BI 支給水準が不十分になる可能性を心配する.

　本章は広いイデオロギー的立場を視野におさめることを目指したが，近い将来に向けた BI 構想を練る場合には，上記二つに焦点を当て，より詳細に検討

するアプローチも有望だろう．また，もし BI 導入の名のもとに福祉削減を試みる構想があるなら，本章のアプローチのもと，その細部や政策目的を剔抉し評価することが必要だろう．その際にも，上記二つの BI 構想の比較は有望である．

　二点目が，資本主義経済を前提とする前二者と社会主義的 BI の比較である．伊藤は，社会主義的な BI 構想の存在を指摘しつつ，日本の BI 構想が資本主義経済を前提とするものに偏っていると問題視した（伊藤 2011：118-119）．たしかに，フィッツパトリックの分類でも社会主義的 BI に議論が割かれ，「労働者の立場」に焦点を当てる，前二者には希薄な論点が提起されていた．

　とはいえ，生産手段の共有は，仮に実現可能としても BI 以上の大改革を必要とするだろう．加えて，BI の導入による生産手段共有の促進という展望は，社会主義者の間でも論争的であった．BI 構想に社会主義的な系譜が含まれることは確かだとしても，現行の社会経済的状況からの距離は，資本主義を前提とした提案のほうがだいぶ近いといえる．それゆえ，日本における BI 擁護者が資本主義経済との相性のよさを強調してきたとしても，一定の理は認められるように思われる．

　これは社会主義的 BI の重要性が低いという意味ではない．そもそも，「ユートピアの観点」から政策発信を行う狙いのひとつは，長期的かつ大きな社会改善を射程に入れることであった．フィッツパトリックも，「政治思想と政策提案の結びつき」は，あらかじめ存在するわけではなく，「理論的／イデオロギー的な思索によって結びつけられる」と述べる（Fitzpatrick 1999＝2005：150＝173）．加えて，第二節で述べたように，個別の社会政策をひとつひとつ改革することで，社会主義的 BI 構想に漸近する方針もありうる．そうした意味で，社会主義的 BI 構想も現状批判や改革の方向づけにかかわる意義を有する．

4　社会経済的変化とベーシック・インカム

　社会や政策は，イデオロギー的多様性だけでなく，技術革新などにともなう社会経済的変化にも影響を受ける．本節では，そうした変化に対応する BI 構想を見る．特に，われわれの働き方に大きな変化をもたらすと予想される AI の影響に焦点を当てる．

▶人工知能の発達と仕事

2010年代には AI の性能が飛躍的に上昇した．現在実現しているのは，あらかじめ定められた機能を果たす「特化型 AI」のみであり，人間のような問題処理を行う「汎用 AI」は，実現可能性もいまだ論争中である（井上 2019：148-149）．とはいえ，特化型 AI であっても様々な事務作業を自動化できるため，今後，多くの職業で人間の労働者に取ってかわると予測されている（ブレグマン 2017；Frey and Osborn 2013）．

AI が長期的に人間の雇用を奪うという予測については，「労働塊の誤謬」を犯しているという反論がある（井上 2019：180；*The Economist* 2021）．これは，世の中の仕事量を一定とする想定で，多くの経済学者によって誤りとされている．仮にこの想定が正しければ，AI が仕事を担うようになると人間の仕事は純減する．しかし実際には，AI を含む技術革新は新たな仕事を創出する面をもつため，長期的には雇用が増える可能性もある．これは，蒸気機関や電気といった過去の技術革新においても起こったことである．

とはいえ，AI による自動化の動きはあまりに早く，それゆえ，雇用全体が劇的に低下するとの予測もある（Frey and Osborn 2013）．例えば，D. サスキンドは，「労働塊の誤謬の誤謬」を指摘している．仕事の量が可変的なのは確かだとしても，「増えた仕事は人間によってもっともよく担われる」という想定は誤りだというのがサスキンドの議論である（Susskind 2020：126）．AI が新たな仕事を創出したとしても，その仕事もまた AI によってこなされてしまうため，人間が仕事を担えるとはいえないという指摘である．

本章がこうした論争に見通しをつけることはできない．ほとんどの BI 擁護者も同様であり，予測の限界を認めつつ，AI による長期的失業に備えて各々の BI 構想を練っている．

▶AI 失業と BI

J. ウルフは，自動化による長期的失業とそれが引き起こす購買力低下を，可能性が低くとも深刻な社会変化を引き起こす「潜在的な危機」と見る（Wolff 2019：206）．宇佐美誠も，AI 失業の可能性はもはや杞憂とはいえず，それに備えた再分配構想を練るべきと述べる（宇佐美 2020：88-94）．両者とも，こうした将来において，BI をひとつの有益な提案と考える．以下では，まず，より具体的な宇佐美の提案を概観したのち，AI 時代の BI 構想の特徴を見る．

　宇佐美の提案は，運平等主義にもとづく補償主義と，支給水準の高い十分主義（保障主義）の組み合わせである（Ibid：104）．運平等主義は，自然運による失業者への給付を支持する半面，労働者が自ら選択した失業の責任は本人に帰し，給付を支持しない．AI 教育へのアクセスが安価かつ容易になれば，AI の発達で失われやすい職種に就いていたことは本人の責任ともみなされうるが，AI 発達による大量失業の責任をすべて失業者に帰することはあまりに過酷でもある．そこで併せて，保障主義にもとづく，あらゆる人々に対する「品位レベルを上回る水準の BI」が提案される（Ibid：102-106）．

　宇佐美の提案を前節の言葉で整理すると，保険／扶助モデルを基本としつつ，「扶助給付」の部分を BI で代替する構想といえる．まず，補償主義とは勤労者が在職中に納めたものを失業時に受け取る失業保険などであり，保険原理にもとづくといえる（Ibid：101）．それに対して，保障主義は，「健康に生きてゆけるという生存レベル」を超えて「子どもの養育や初等・中等教育，余暇などのニーズ」を満たす BI 水準を求める（Ibid：103）．保険原理の維持と BI だけで生活可能な支給水準という点で，前節でいう「福祉集合主義の BI 構想」に分類できる．

　AI 社会の BI 構想は，前節の諸構想とどう異なるだろうか．簡単だが，支給水準の問題と「働かない権利」にかかわる論点の二点を指摘する．

　第一に，宇佐美の提案は，保険給付を維持したまま品位レベル以上の支給水準を目指すため，前節の構想に比べて支給水準が高い．当然多額の費用が予想されるが，宇佐美は以下の三点を指摘して見通しをつける（Ibid：107-108）．第一に AI を通じた生産性向上，第二に巨大 IT 企業への課税，第三に AI の発達による生活必需品等の価格低下である．前節では，福祉社会主義の BI 構想への懸念——BN 充足を目指すがそれだけの支給水準は困難である——を確認したが，その懸念が解消されるという見通しである．このように，前節の整理に照らすと，宇佐美の提案は，技術革新と社会経済的変化による実現可能性の議論に支えられているともいえる．

　二点目が，「働かない権利」をめぐる論争への含意である．BI に向けられる重要な批判のひとつが，「働く意思のない人への給付は問題である」というものであった．しかし，仮に AI の発達が長期的な大量失業を招くとすれば，働く機会自体が希少になり，上記批判は重要でなくなる可能性がある（Wolff 2019：209-210）．

その半面，われわれは働くことで社会とのつながりや自身の存在意義を確認できるため，働くことは，むしろ労働者個人にとって望ましいという指摘もある（百木 2021：131）．そうであれば，短時間でも労働機会を用意したり，より積極的に労働を促したりする仕組みが求められるかもしれない．これは，BIに反対する根拠にもなりうるし，就労を促す仕組みを備えたBI構想を支持する理由にもなりうる．例えば，ウルフは，BIは失業とフルタイムの労働の中間的な働き方を可能にするため，むしろ短時間の就労を促しうると指摘する（Wolff 2019：209-211）．AI社会においても，BIと労働のあり方がどのような形を取るかについては複数の可能性がありえ，それぞれが異なる魅力と問題点をもつものと思われる．

　以上，二つの論点から，BIは，AIのもたらす危機への対応策であると同時に，AIによってより現実的になりうる構想でもあることがわかる．大きな社会変動下では，普段は自明あるいは所与と受け入れられている社会的諸条件と制度・政策の結びつき方も再考される可能性がある．AI社会においてBI構想を練ることは，まさにそうした実践の一例である．

おわりに

　以上，BIとその擁護論を，その多様性を強調しながら，全体的かつ具体性をともなう「ユートピアの観点」として見てきた．イデオロギー的立場にもとづくBI諸構想とAI失業への対応策としてのBI構想の双方に見られたように，それぞれの提案は，それぞれ異なる理想的社会像，それに即したBIへの注文，社会経済面での仮定や予測を備えていた．

　本章は，左右のイデオロギー的立場を広く取り，ときに長期的変化も念頭に置いた社会像の提示という面を強調してきた．その半面，本文中で触れたように，より短期的な構想のみに焦点を絞った「ユートピアの観点」アプローチも行われうる．いずれにせよ，個別の政策改善の方向性を視野に納めた大きなビジョンの検討は，政策分析や政策規範論の基礎を精査し，それらのいっそうの彫琢に寄与するだろう．

[謝辞]
　本章執筆過程では，元となる原稿を，第25回日本公共政策学会研究大会にて報告

させていただきました．清水唯一朗先生に司会，奥井克美先生に討論者をお務めいただき，フロアから足立幸男先生にコメントをいただきました．また，原稿提出に先立ち，香月悠希さん，高橋京子さん，元野寧々さんから有益なコメントをいただきました．記してお礼申し上げます．

［付記］

　本章はJSPS科研費若手研究（21K13226）および金沢大学秀峰プロジェクト助成の成果の一部である．

参照文献一覧

Bidadanure, Juliana Uhuru 2019 "The Political Theory of Universal Basic Income", *Annual Review of Political Science*, Vol. 22, pp. 481-501.

Barry, Brian 2000 "A Basic Income for All: UBI and the Work Ethic", *Boston Review*, Oct. 1.

Basic Income Earth Network, "About Basic Income" (https://basicincome.org/about-basic-income/ 2021/10/30 アクセス).

Frey, Carl Benedikt, and Michael A. Osborne 2013 *The Future of Employment: How Susceptable are Jobs to Computerisation ?*, (https://www.oxfordmartin.ox.ac.uk/downloads/academic/The_Future_of_Employment.pdf 2021/10/30 アクセス).

Fitzpatrick, Tony 1999 *Freedom and Security: An Introduction to the Basic Income Debate*, Palgrave Macmillan（武川正吾，菊池英明訳　2005　『自由と保障』勁草書房）.

Parijs, Philippe Van（eds.）1992 *Arguing for Basic Income: Ethical Foundations For A Radical Reform*, Verso Books.

———— 2006 "Basic Income: A simple and powerful idea for the 21st century", Bruce Ackerman, Anne Alstott, Philippe Van Parijs（eds.）, *Redesigning Distribution: Basic Income and Stakeholder Grants as Cornerstones for an Egalitarian Capitalism*, Verso Books（齊藤拓，後藤玲子訳「ベーシックインカム——21世紀を彩る簡潔で力強い観念」『社会政策研究』8号，pp. 87-129）.

Susskind, Daniel 2020 *A World Without Work: Technology, Automation and How We Should Respond*, Metropolitan Books.

The Economist 2021 "Robots threaten jobs less than fearmongers claim", April 10th 2021 edition.

Wolff, Jonathan 2019 *Ethics and Public Policy Second Edition*, Routledge.

伊藤誠　2011「ベーシック・インカムの思想と理論」『日本學士院紀要』65巻2号，pp. 109-135.

井上智洋　2018『AI時代の新・ベーシックインカム論』光文社.

———— 2019『純粋機械化経済』日本経済新聞出版.

宇佐美誠　2020「AI・技術的失業・分配的正義」宇佐美誠編『AIで変わる法と社会』岩波書店，pp. 86-112.

小沢修司　2002『福祉社会と社会保障改革——ベーシック・インカム構想の新地平』高菅出版.

齊藤拓　2012「政策目的としてのBI」『Core Ethics』第8号，pp. 149-159.

佐野亘　2013「規範的政策分析の確立に向けて」『公共政策研究』第13号，pp. 65-80.

————　2018「方法としての「ユートピア」：非理想理論の観点から」『社会システム研究』第21号，pp. 207-221.

ブレグマン，ルトガー　2017『隷属なき道』野中香方子訳，文藝春秋.

ペイン，トマス　2021『土地をめぐる公正』山形浩生訳（https://genpaku.org/paine/agrarianjustice/PaineAgrarianJustice_jp.pdf 2021/10/30アクセス）.

モア，トマス　1957『ユートピア』平井正穂訳，岩波書店.

百木漠　2021「労働と余暇の未来——ケインズの未来社会論を手掛かりに」西條辰義，宮田晃碩，松葉類編『フューチャー・デザインと哲学——世代を超えた対話』勁草書房，pp. 119-142.

第11章　法とユートピア
——クロッカーのディストピア憲法論と
タシュネットのユートピア憲法論——

見崎史拓

はじめに

　よく知られているように，ユートピアとは，16世紀に T. モアが生み出した造語であり，〈どこにもない場所〉を意味している．P. リクールによれば，こうした〈どこにもない〉という性質こそが，「家族とは何か，消費とは何か，権威とは何か，宗教とは何か等々を根源的に再考する」という「根本的機能」をユートピア概念に付与する，「中心的観念」なのである（リクール 2011：65）．

　以上のようなユートピアの性質は，法とユートピアの積極的関係を論じることを困難にする．なぜなら，法は決して〈どこにもない〉ものではなく，現にこの社会に存在し，確固たる指針として機能しているものだからである．

　そうした困難は，法（学）の中でも最もユートピア論に親和的に思われる憲法（学）についても同様である．実際，近年の我が国を見るに，憲法学者の石川健治や評論家の柄谷行人などが，散見的にユートピア概念の憲法（学）における積極的意義を論じているにとどまり（石川 2011：13-17；柄谷 2018），十分に体系的な形で論じられてはいない．

　それでは，法とユートピアの積極的な関係は不可能なのか．本章では，憲法（学）に的を絞り，それがありうるということを，アメリカ憲法学の一部を参照することによって主張したい．より具体的に述べれば，〈ディストピア憲法論〉と〈ユートピア憲法論〉という二つの理念型を，T. クロッカーと M. タシュネットという二人の議論に着目して抽出し，比較・検討する，というのが本章でおこなう作業である．

　本論に入る前に，ありうる疑問について答えておこう．ディストピア憲法論も併せて見るというが，ディストピアはユートピアと正反対のものであり，本章の目的にそぐわないのではないか．また，ディストピアを併せて論じる本章の方向性は，ユートピア概念を精緻化するのとは逆に曖昧なものとしてしまい，その十全な理解を妨げてしまうことになるのではないか．

　しかしながら，ディストピアとユートピアは，相反する概念ではなく，むしろ離れがたく混じり合うようにして存在しているのが常である．たとえば，モアのユートピアの中には奴隷が存在し，逃亡を図れば死刑となるが（モア 1978：86），これは現在から見ればディストピアそのものではないだろうか．両者を切り離して論じることは，むしろユートピア概念の理解を不十分なものとしてしまうだろう．

　なお，ユートピア憲法論について，人権とユートピア概念を近年結び付けて論じている J. ハーバーマスを中心に構成する可能性もあった．しかしながら，既に関連する翻訳もありアクセシビリティが高いこと（e.g. ハーバーマス 2019），筆者以外に明らかに適任がいることに鑑み，筆者の専門に近い論者を取り上げることにした．

　以下，次のような構成で議論を進める．まず，クロッカーのディストピア憲法論とタシュネットのユートピア憲法論が共通して持つ理論的前提を明らかにする（1）．続いて，クロッカーのディストピア憲法論，タシュネットのユートピア憲法論をそれぞれ概観する（2〜3）．最後に，両者を比較・検討し，それらの特徴をより明確にした上で，憲法とユートピアを結びつけて論じることの意義を示す（4）．

1　共通の基盤
——法解釈におけるヴィジョンの分離不可能性——

　クロッカーのディストピア憲法論と，タシュネットのユートピア憲法論を比較する前に，比較の基盤をなすものとして，両者の共通点について確認する．その共通点とは，法解釈は解釈者の世界観や価値観から切り離すことができない，という認識である．すなわち，彼らによれば，憲法解釈は，単に条文を眺めて，文章を論理的・中立的・客観的に解釈することではない．そこには，必ず解釈者の持つ世界観や価値観が入り込んでくると彼らは考える．

　クロッカーは，「ヴィジョン（vision）」という概念を用いてそれを説明しようとする．クロッカーは，「ヴィジョンとは，特定の憲法問題に注意を向けさせる枠組みであり，メタファーである」と定義する（Crocker 2007：3）．

　なぜヴィジョンという視覚的メタファーが選ばれたのかが，ここでは重要である．クロッカーが強調するのは，何かに焦点を当てないことによってこそ，行為が可能となるという逆説である（Crocker 2017：63）．

　我々は何かものを見るとき，全てを見てはいない．いま私は PC に向かって原稿を執筆しているが，PC の特定の部分にのみ注意を向けており，傍らにある食べかけのカップ麺は視野に入っているとしてもほとんど気にしていない．なぜ気にしないのかと問われれば，カップ麺はいまの作業には無関係だからだと答えるだろう．何かに目を向け，同時に何かに目を向けないからこそ，私は論文執筆という作業に取り組める．

　クロッカーによれば，これは憲法解釈においても同じである．クロッカーはいくつもの事例を挙げているが，最も分かりやすいのは，人種差別に関連する諸判決について述べた箇所であろう（Crocker 2007：38）．「分離すれども平等」という法理を確立し，黒人の一定範囲での分離を合憲とした Plessy v. Ferguson 判決の反対意見の中で，J. ハーラン判事は，「我々の憲法〔＝合衆国憲法〕は有色人種か否かを識別することはない」と述べた（Plessy v. Ferguson, 163 U. S. 537, 559（1896）（Harlan, dissenting））．それに対し，Gratz v. Bollinger 判決において，R. ギンズバーグ判事は，その反対意見の中で，憲法は有色人種がどうかを問題にする場合としない場合両方があり，「差別が永続化することを防ぐ，そして過去の差別の影響を消し去るためには，色について意識する」ことが必須であると判示した（Gratz v. Bollinger, 539 U. S. 244, 302（2003）（Ginsburg, dissenting））．法の下の平等を規定する合衆国憲法修正第14条という条文を眺めても，何に重きを置いて「見る」べきか――先の判決で言えば肌の「色」――は書かれていない．結局のところ，何が法解釈にあたって重要となるかは，法解釈者の持つヴィジョンによって決まるのである．

　なお誤解の無いように補足しておくが，ここでクロッカーが主張したいのは，全てを視野に収めたヴィジョンこそ素晴らしい，ということではない．ヴィジョンは視覚的なものであり，何かに焦点を当てている以上，全てを考慮することはできない．有色人種であることを憲法解釈上で考慮するとしても，そこからは必ず何かが抜け落ちているのであり，だからこそ法解釈は可能となるの

である.

　さて，こうしたヴィジョンは，解釈者個人が独自にゼロから作り上げるものではない．解釈の主たる担い手たる法律家が養成される教育課程で，意識的にせよ無意識的にせよ，共通のヴィジョンが教え込まれるのが常である．だからこそ，安定性や予測可能性が一定程度担保されるのであるが，そうした安定性や予測可能性を客観性や中立性と取り違えることを問題視し，批判したのが，タシュネットの属する「批判法学（critical legal studies）」である.

　批判法学は，1970年代半ばにアメリカで勃興した学派・運動であり，その批判は法学全体に及ぶが，タシュネットは，とりわけ憲法学の領域において中心的な役割を果たしてきた（タシュネット自身による批判法学のサーベイとして，Tushnet（2005））．タシュネットはヴィジョンという言葉を重用するわけではないが，その主張の基本的方向性はクロッカーと同じである．タシュネットによれば，従来の憲法学は，自律的で合理的な個人像を前提とし，法，そしてその番人たる裁判所が，諸個人の選好からは独立に中立的な枠組みとして機能することで，彼らの自由を最大化するという，「リベラル・リーガリズム（liberal legalism）」に依拠した視座に基づいている．しかしながら，リベラル・リーガリズムは，実際には内的な矛盾を抱えており完璧なものとは到底言えないし，また唯一のものというわけではない（e.g. Tushnet 1983）．実際，「憲法秩序（constitutional order）は徐々に形成され，そして変革されるもの」であり，同じ憲法典の下であっても，一つの普遍的・不変的な憲法枠組みが存在するというわけではないのである（Tushnet 2003：2）．タシュネットは，初期にはマルクス主義に依拠し，そして近年は「人民立憲主義（popular constitutionalism）」といった議論に依拠することで，リベラルな憲法学に代わる憲法学の提唱を試みてきた（本章と読解や評価を異にするが，タシュネットの主張を概観したものとして，大河内（2010））.

　このようにクロッカーとタシュネットは，共にクロッカーが言うところのヴィジョンと憲法解釈が切り離せないと考えるという点で一致している．両者を分かつのは，そのヴィジョンの中身である．すなわち，クロッカーは，解釈の背後にあるヴィジョンとしてディストピアを選んだのであり，タシュネットはユートピアを選んだのである．それでは続いて，順に彼らの主張を見ていこう.

2　ディストピア憲法論
——法の中の『1984年』——

　クロッカーがディストピアを自らのヴィジョンとして選んだのは，彼が主要に取り組んできたテーマが，インターネットなどの情報技術の発展による政府権力の増大や，〈緊急事態〉を盾にした権力の暴走をいかに憲法的に規制するか，といったものであるという事実に無関係ではないだろう（e.g. Crocker 2013, 2020）．彼がその名も「ディストピア憲法論（Dystopian Constitutionalism）」と題する論文の冒頭で引用するのは，オバマ政権下でのアメリカ国家安全保障局による監視政策とそれに対する識者らの批判であり，令状なしに GPS 装置を用いて個人を継続的に監視したことの合憲性が問われた United States v. Jones 判決である（United States v. Jones, 132 S. Ct. 945（2012））．そして，そこで彼が着目するのは，この判決において六度にわたって G. オーウェルの小説『1984年（*Nineteen Eighty-Four*）』が言及されているという事実である．そして関連する諸研究や文献を見れば，そうした言及はさらに顕著であるとクロッカーは言う（Crocker 2015：593-8）．

　オーウェルの『1984年』は，1949年に刊行された，言わずと知れたディストピア小説であり，一党独裁体制による強力な言論統制の下，市民を24時間監視する技術が発達した近未来における社会を批判的に描いたものである（オーウェル 2009）．いわゆる〈ネタバレ〉を避けるため，具体的内容には踏み込まないが，本章の関心に沿って言えば，オーウェルは，科学技術の高度化，そして利便性・快楽の追求というユートピア的目標とその実現が，容易にディストピアへと反転するということをこの作品の中で見事に描き出したのである．

　もちろん，クロッカーは，自らのヴィジョンとして，積極的にこのディストピア社会を推し進めていこうとするのではない．以下で見ていくように，クロッカーが主張したいのは，具体像を持った積極的なヴィジョンではなく，こうした避けるべき，ネガとしての憲法ヴィジョンを我々（アメリカ）は共有してきたし，共有すべきなのだ，ということである．

　なぜクロッカーは，敢えてユートピアではなく，ディストピアを語るべきであるというのだろうか．その理由は，ユートピアを語ることの危険性ゆえである．ユートピアは，そのいまだ存在しない理想を実現するために，暴力的・強

制的な手段を正当化してしまうという傾向がある．そして，そうした手段を正当化しない場合であっても，ユートピアが，結局のところ，人間には完全に実現することができない理想であるがゆえに，人々に諦めや絶望感をもたらしてしまう．また，ユートピア憲法論は全てを包括的に説明できるような唯一の憲法像を求めるが，しかしそれについて人々が一致できる可能性は非常に低いと言わねばならない（Crocker 2015：604-5, 634）．

　それに対して，ディストピアが示すのは，避けるべき世界像のみである．それゆえに，何かを実現するために革命的で暴力的な動員がおこなわれる可能性は至って低く，地に足のついた議論が可能であろう．また，何がユートピアかという積極的な世界像について我々は一致できないかもしれないが，何を目指すべきではないかについては相対的によく一致できるだろう．ただし，ディストピア憲法論はあらゆる価値を捨て去るわけではない．ユートピアに依拠せずとも，尊厳や自由といった価値を一定の形で論じることは可能である（Crocker 2015：605-6, 648-54）．これが，クロッカーが語るディストピア憲法論の魅力である．

　では，憲法解釈においてディストピア憲法論はどう機能するか．クロッカーは，ディストピア憲法論の法解釈は，避けるべきだと皆が合意するであろう状況——これは社会的事実であることもあれば，完全なフィクションであることもある——を明らかにし，そうした状況を実現しないためにどういったルールや法原理を避け，あるいは洗練し適用しなければならないかを同定する，という行程を辿ると述べ，そこで〈すべり坂論法〉の理論的再評価などをおこなっているが（Crocker 2015：606-17），彼の挙げる具体例を見た方がより分かりやすいだろう．

　United States v. Alvarez では，軍に所属し受勲経験があるという詐称の発言をしたアルバレツ氏に対して，武勲盗用法（the Stolen Valor Act of 2005）に基づく罰則を科すことが，表現の自由を保護する修正第1条に違反するのではないかが問題となった．政府側は，虚偽表現に対しては表現の自由の保護は及ばないと主張した．これに対し，連邦最高裁は，厳格審査を適用し，当該法の目的——武勲の価値の保持——には合理性を認めつつも，虚偽表現に罰則を科すという手段を問題視し，政府側の主張を退けた．ここでクロッカーが注目するのは，当該判決（相対多数意見）における次の一節である（Crocker 2015：619）．

政府にこのスピーチを犯罪と認定することを許してしまうことは，屋上からの叫びにせよ，かろうじて聞こえる程度のささやきにせよ，どの虚偽の陳述を罰しうるのかについての対象のリストを作成する権限を，政府に対して認めてしまうことになる．そうした政府の権限に制限をかける明確な法原則は存在しない．〔しかしながら，〕私たちの憲法上の伝統は，オセアニア真実省〔＝『1984年』に登場する言論統制を司る省庁〕が必要だという考えに反対しているのである．（United States v. Alvarez, 132 S. Ct. 2537, 2547（2012））

　敷衍すれば以下のようになろう．この判決は相対多数意見，すなわち結果については裁判官の過半数の同意が得られたものの，その理由付けについては過半数の同意が得られていないものであり，加えて三人の裁判官が反対に回っていることから，いわゆる〈ハード・ケース〉に該当する．それゆえに，相対多数意見は，ありうる複数の法解釈の中から一つを選び取ったのだ，と考えることができる．すなわち，相対多数意見は，『1984年』的な世界をディストピア，すなわち避けるべき状況として措定し，それを確実に回避するであろう法解釈を選択したのである．本件のスピーチの規制のみが問題とされるならば，それほど大きな危険は無いかもしれない．しかし相対多数意見は，この避けるべきヴィジョンに基づいて，すべり坂論法に暗黙裏に依拠しつつ，判断を下したのである．そして実際その判断は，意見の一致が難しい本件において，積極的な理想を不問とするがゆえに，多数を占めることができたのである．これがディストピア憲法論の具体的な姿である．

　こうしたディストピア憲法論が，先のクロッカーのヴィジョンについての議論と連続していることは明白であろう．ディストピア憲法論を採用する解釈者は，ディストピア的な要素を事件の中に〈見る〉ことで，あるべき法解釈を導き出したのである．

　ただし，着目しようとするものがディストピアという否定的・消極的なものであるがゆえに，ディストピア憲法論は，憲法解釈についての包括的な理論とはなり得ず，部分的なものとならざるを得ない．また，共有されたディストピアのイメージがある特定の文脈や地域に限定される——クロッカーの議論内で言えばアメリカの法学界——という点でも部分的である．しかし，クロッカーによれば，こうした部分性こそが，現実に合意を取り付け，解釈を導き出し，

一つの憲法の下に生きる我々のアイデンティティを強化するという意味で，逆に強みとなるのである（Crocker 2015：654-5）．

3　ユートピア憲法論
——革新派の長期的理想——

　それでは続いて，ディストピア憲法論と対になる，タシュネットの主張について見ていくことにしよう．タシュネットは，近年，「革新派立憲主義者のためのユートピア的思考（Utopian Thinking for Progressive Constitutionalists）」(2018)と題する論考を執筆するに至った．タシュネットは，なぜいまユートピア的であることが革新派に求められていると主張するのだろうか．

　この答えを探るにあたり，タシュネットがこの論考でユートピアをどのような意味で用いているのかを確認することが有用であろう．タシュネットは，実現が不可能な夢物語という意味で，ユートピアを用いてはいない．タシュネットは，「よき社会のための憲法ルールを模索するという積極的な意味」でユートピア的たれと言っているのであり，「個々人の心理を大きく変革すること」を条件としない「政治哲学者らが言うところの『現実主義的ユートピア（realistic utopia）』」を念頭に置いているという（現実主義的ユートピアについては，田中将人執筆の本書第12章も参照されたい）．そしてこれに対置されるのが，現状の裁判所と立法府において可能な範囲の小さな勝利を重ねていこうとするあり方であり，現在の革新派は，短期的な勝利の戦略と長期的なベストの探求が異なることを理解すべきだとタシュネットは主張する（Tushnet 2018：233）．以上から分かるように，タシュネットは，革新派にとってのよき社会を描き出し，そしてそれを如何に実現していくかを長期的な視点を持って考えるために，ユートピア的でなければならないと論じているのである．

　そうした長期的な観点から見た理想としてのユートピアへと漸進していくにあたり，タシュネットは，裁判所（とりわけ連邦最高裁）の判断こそが憲法の意味するところであり，そうであるのが正しいという，従来の考え方をやめるべきであると主張する．近年の革新派の法律家は，この従来の考え方に基づき，訴訟での勝利を主たる目標としてきた．しかしながら，裁判所が実際の制度設計を十分な能力を持っておこなえるかには疑問があり，訴訟での勝利は必ずしも革新派の理想の実現には繋がらない．加えて，裁判所の権威は保守派の中で

実際には失われ，都合の良いときに言及されるレトリックと化しており，たとえば同性婚禁止が違憲だという判決が出たとしても，少なくない保守派はそれを無視して独自の憲法解釈を展開している．革新派は，立法府での活動や社会運動など，裁判所の外に，革新派の擁護する権利を実現する可能性を探究していかねばならないのである（Tushnet 2018：236-40）．

　この裁判所中心主義的な憲法学からの脱却という主張は，「人民立憲主義」を大々的に主張して以来，一貫したものである．しかし，とここで多くの読者は疑問に思われるかもしれない．裁判所は野球における審判のようなものであって，敵あるいは味方として理解すべきものではないのではないか．また，裁判所の判断は，ごく限られた範囲の紛争についてのものであり，保守—革新の闘争において，もともとそれほど重要だと言えないものなのではないか．

　近著『憲法を取り戻す（*Taking Back the Constitution*）』に基づいて，この二つの疑問に答えておこう．まず一つ目についてであるが，タシュネットは敢えてこの（野球の）「審判」という比喩に乗った上で言う——実際にストライク—ボールの判定が試合を大きく左右することは周知の事実であり，「野球を知っている者なら誰でも，審判が一定の裁量を持つということを知っている」と（Tushnet 2020：3）．これは法についても同じなのである．そして，誰も審判を見に野球観戦には行かないだろう，という主張を引用しつつ，タシュネットは，それは全くの誤りであると断じ，少なくとも裁判所には人々が足を運び，判決の結果のみならずその理由付けに注目していることに注意を促す．彼らがそうするのは，野球選手が野球をプレイするように，裁判所が法を実行する（doing law）ということを知っているからである．タシュネットによれば，そうした一定の裁量を伴う法実践の中で，一種の技芸として，裁判官らが政治的選好を実現することは，なんら阻害されていないのである（Tushnet 2020：16-7）．こうして裁判官は，能動的なプレイヤーとなるのであり，受動的な法裁定者という，通俗的な裁判官像は虚像にすぎないということになる．

　続いて，二つ目の疑問についてであるが，確かに裁判所に大きな裁量が存在するとしても，そうした裁量を利用する機会は少ないかもしれないし，そうした裁量の幅は大きくないかもしれない．しかし，タシュネットの見るところ，司法の裁量は大きく，国全体の政治的状況に多大な影響を与えうるし，実際に与えているのである．たとえば，損害賠償額の算定が大企業にとって有利な形に判例変更されること，あるいは，労働組合敗訴率の上昇で革新派の資金源が

圧迫されると同時に保守派の資金源が増えることが，保革の勢力図に与える影響は明白だろう．また，国を右と左に二分する，同性愛や堕胎といった問題について判決が決定的な力を持つこともいまや常識である．加えて，ある特定の人々，たとえば囚人の選挙権の付与／剥奪が合憲／違憲となるかによって，あるいは選挙区割りの変更が合憲／違憲となるかによって，どの党が議席をどの程度獲得できるかも大きく変容しうる（Tushnet 2020：59-65, 88-107, 117-9）．タシュネットは，以上のような司法中心の現状を変えるためにも，裁判所から「憲法を取り戻す」必要があると主張しているのだ．

さて最後に，タシュネットが裁判所外の立憲主義として，具体的に現在どのようなものを思い描いているかに触れ，本節を締めくくることにしたい．タシュネットが依拠しようとする「人民立憲主義」は，文字どおり法のエリート（裁判所）に限られない人民に憲法を委ねることを特徴の一つとするものであるが，これは同時に人民の代表機関である議会もまた憲法の担い手となることを意味する．このように裁判所以外の部門に憲法解釈権を認める考え方は，通常「ディパートメンタリズム（departmentalism）」と呼ばれるが，タシュネットによれば，人民立憲主義の一つの顕れとして整理することができるという（Tushnet 2020：254）．

この点，興味深いのは，憲法条項を直接に変えるのではない実質的な憲法改正，とりわけ近年の直接民主主義的な技法の発展をタシュネットが高く評価している点である．そこで取り上げられているのは，インターネット上のタウンミーティングであり，討論型世論調査であり，アイスランドでの，無作為に選ばれた市民による憲法改正案の作成という事例である．これらの取り組みはいまだ政府主導的なものであることが多いが，NGO といった草の根の団体が主導的役割を担うようになるということは十分に考えられるのであり，このとき人民立憲主義（の一つの形態）が立ち現れることになる．確かにこうした取り組みは，必ずしも直接的に憲法の条文に関係しないものであるように思われる．しかし，法とは公務員その他の人々がいかに集団的に行為するかによって表現できるものだとすれば，こうした一見法の外に思われる取り組みが，人々の行為を変えるという意味で，まさに法的な取り組みとなる．こうした意味でも，憲法は〈政治〉と切り離すことができないものなのである（Tushnet 2020：264-70）．

4　検　　討

▶両憲法論の対比・小括

以上，クロッカー及びタシュネットの議論から，ディストピア憲法論とユートピア憲法論がどのようなものとなるか，抽出を試みてきた．両者を対比的に整理し直せば，**表11-1**のようになるだろう．

ディストピア憲法論は，理想追求に伴う危険を警戒するがゆえに，大きく社会を変革しようとする憲法解釈や（実質的な）改正を押しとどめようとし，また準じて短期的な漸進を是とすることが多い．中心となる問いは，我々は何を回避したいと思うか，であり，理想についての合意は不要な部分的なものとなるから，人々の間での合意は取り付けやすい．憲法の主たる担い手として考えられているのは裁判所である．そして，『1984年』といった近未来小説の世界が念頭にあることから，高度に発達した技術がもたらす新たな支配を恐れ，技術の発展を手放しに喜ぶことはない．

それに対し，ユートピア憲法論は，現在の革新主義が，長期的な理想を描き，それを追うことができなくなっているという認識から始める．それゆえに，主眼となるのは，革新派の長期的な包括的ヴィジョンを描き出し，それをいかに実現するか，である．その具体的内容はいまだ判然としないところがあるが，憲法の中心が裁判所の判決の中にあるという狭い考え方を斥け，草の根の直接民主主義を含めたより広い政治的文脈に憲法を位置付けることで，革新派の理想を形成しようとするものだと考えることができる．また，それほど明確に主張されているわけではないが，もともとインターネットなどの技術の発展がこ

表11-1　両憲法論の対比

	ディストピア憲法論	ユートピア憲法論
保守／革新	保　守	革　新
主　眼	危険の回避	理想の追求
視　野	短期的	長期的
範　囲	部分的	包括的
主　体	裁判所	人　民
技術発展	警　戒	楽観的

出所：筆者作成.

うした直接民主主義の見直しにつながっていることに鑑みれば（e.g. バッジ 2000），ユートピア憲法論は，技術の発展についてディストピア憲法論に比して楽観的に考えていると言えるだろう.

▶真理は中間にあり？

さて，両者は一種の理念型であり，その間には様々な中間的形態を考えうる. ではよく言われるように，真理は中間にあり，とするべきだろうか.

近年翻訳が出版された A. ヴァーミュールの『リスクの立憲主義（*The Constitution of Risk*）』は，本章と重なる分析を提示しつつ，まさにそうした方向性を打ち出す. すなわち，彼によれば，政府の暴走というリスクに過剰に敏感となる，従来型の「予防的立憲主義（precautionary constitutionalism）」でも，最善のケースばかりに目を向け危険性を軽んじる「ユートピア的立憲主義（utopian constitutionalism）」でもない，幅広くリスクを考慮した「最適化立憲主義（optimizing constitutionalism）」こそが，我々の目指すべき立憲主義の在り方なのである（ヴァーミュール 2019）.

しかしながら，ここで二点指摘しておきたい. 第一に，ディストピア憲法論にせよユートピア憲法論にせよ，そうしたバランスの取れた議論が存在することは重々承知の上で，展開されているであろうということである. ディストピア憲法論からは，リスクの最適計算の困難さゆえに，部分的一致を特徴とするディストピア憲法論の優位が説かれるであろうし，またそもそもリスクなるものは世界観によって左右されるものであるということが指摘されるであろう. ユートピア憲法論からは，リスク計算なるものによって我々はがんじがらめにされ，計算の届かない長期的な未来の理想像について語ることができなくなっていることの問題点が指摘されるであろう.

第二に，ヴァーミュールのような議論には，バランスの取れた中道こそ最良であるという前提があるように思われるが，しかし誰にとっての最良なのか，という問題がある. 本章冒頭で見たように，ユートピアとディストピアは容易に反転しうるのであるが，それと同様に，ある人から中道かつ最良に見えるものも，ある人にとってはそうではない. 実際，ヴァーミュールの構想に対しては，かなり多くの批判がなされている（紹介・検討として，吉良（2021））.

以上のように考えられるならば，真理は中間にあり，と主張するのは，実のところ非常に困難であると言えるだろう.

▶**憲法内闘争としてのユートピア**

　本章では，ディストピア憲法論とユートピア憲法論のどちらが優れているか
は問わない．代わって，ディストピア憲法論とユートピア憲法論のようなある
種の極端な主張もまた，憲法論の中へと吸収されていくという事実とその意義
について，注意を喚起することにしたい．

　この点につき，少し文脈は異なるが，石川健治の次の発言は示唆的である．

　　たとえば，日本を美しい国だ，と語る narrative はあってよいが，またそ
　　れが単一の narrative として支配してはならない，ということがあると思
　　う．また，戦後，八月革命によって日本の新しい体制ができたんだ，とい
　　う narrative はあってよいし，なくてはならないんですが，それが単一の
　　narrative として他を制圧するということがあってはならない，というこ
　　とになる．つまり，同じ国の constitution を語る際に，さまざまな解釈コ
　　ミュニティーがありえて当然だろう，ということです．(笹倉他 2009：189-
　　90（石川発言))

　クロッカーの用語で言えば，憲法は様々な人あるいは集団が持つ様々なヴィ
ジョンに基づいて解釈されるものである．こうしたヴィジョンの相違は，場合
によっては文字どおりの殺し合いに発展しかねない．理想の衝突や全体主義化
が予想されるユートピア論に限らず，これは，一見したところ安全なディスト
ピア論に基づく議論においても（危険度はもちろん異なるだろうが）同じである．
なぜなら，先に述べたとおり，ディストピアとユートピアは反転しうるもので
あるし，またディストピアという合意を形成するためには，妥協することなく
理想を追求する人々を無視できるほど少数にする必要があるからである．ディ
ストピア論それ自体にも，暴力を加速する可能性がある．

　しかしながら，それらは憲法論へと吸収されることで，〈我々〉の制度構築
の問題として，（非殺戮的な）政治というゲームの問題へと転換される．憲法が，
諸ヴィジョンにとっての〈希望〉となることで，剥き出しの，生身の闘争は回
避されるのである．敵対性は，あくまで憲法秩序の中での闘争となる．これは，
「立憲主義的な自由―民主主義的枠組みの内部で，新しいヘゲモニー秩序を打
ち立てることを求め」ようとする，「闘技民主主義（agonistic democracy)」の論
者として著名な C. ムフの主張にも呼応するもの，あるいは具体化だと言える
だろう（ムフ 2019：67)．石川の用語で言えば，ディストピア憲法論もユートピ

ア憲法論も，「narrative」たりえる資格を持つはずである．

　そうであるならば，ディストピア憲法論やユートピア憲法論という，分かりよい〈中道〉には収まらないある種の極端な憲法論が生まれること自体が，憲法の力を証明しているのだと言えるのではないか．憲法学あるいは憲法論は，狭い学者内の精緻な議論であることに満足するのではなく，より広く様々なヴィジョンについて論じていくものとして理解されることになるだろう．

　これは，憲法論にとってのみならず，広くユートピア論やディストピア論にとっても利益のあることである．ユートピアは，〈どこにもない場所〉であるがゆえに，単なる空想へと堕する可能性がある．ユートピアは，憲法と結びつくことによって，制度批判・構想としての実践的な意義を獲得するのである．

　また，ディストピアはそれ自体がいわば〈ネガ〉であって，社会制度を構築する力は弱い．それゆえに，既に具体的な社会制度が基盤として存在していることが前提とされている議論であると言える．現実に社会を形作ってきた憲法の存在は，そうした基盤として機能し，ディストピア論と相補的な関係を築きうるだろう．

お わ り に

　リクールは，「当然と考えられてきた秩序が，突然，異常かつ偶然的なものであるように見えてくる」，すなわち「秩序が偶然性をもつことを経験する」ことこそが，「ユートピアの主要な価値であ」り，それゆえにユートピアという概念は「批判の武器」たりえることを強調した（リクール 2011：432）．ディストピアもまた，理想に溢れるはずのユートピアを「異常かつ偶然的なもの」へと転化させるという意味で，ユートピアと密接に結びつきつつ，類似した機能を持っていると言えよう．

　このような秩序を異化する機能を組み込むことは，確かに危険を伴うものである．しかしながら，憲法は，こうした異化機能をも内包することにより，暴力的な無秩序へと陥ることを避けつつ，制度構築の問いへと向かうことを我々に可能にする．そして，ユートピア及びディストピアは，単なる空想であることをやめ，実践的な意味で「批判の武器」たりえるようになる．憲法とユートピアの積極的関係は，リスクを伴うとしても，追求に値するものなのである．

参照文献一覧

Crocker, Thomas 2007 "Envisioning the Constitution," 57 *American University Law Review* 1.

————— 2013 "Order, Technology, and the Constitutional Meanings of Criminal Procedure," 103 *Journal of Criminal Law and Criminology* 685.

————— 2015 "Dystopian Constitutionalism," 18 *University of Pennsylvania Journal of Constitutional Law* 593.

————— 2017 "Constitutive Visions: Sovereignty, Necessity, and Saramago's Blindness," 24 *Constellations* 63.

————— 2020 *Overcoming Necessity: Emergency, Constraint, and the Meanings of American Constitutionalism*（Yale University Press）.

Tushnet, Mark 1983 "Following the Rules Laid Down: A Critique of Interpretivism and Neutral Principles," 96 *Harvard Law Review* 781.

————— 2003 *The New Constitutional Order*（Princeton University Press）.

————— 2005 "Survey Article: Critical Legal Theory (without Modifiers) in the United States," 13 *Journal of Political Philosophy* 99.

————— 2018 "Utopian Thinking for Progressive Constitutionalists," 93 *Indiana Law Journal* 233.

————— 2020 *Taking Back the Constitution: Activist Judges and the Next Age of American Law*（Yale University Press）.

石川健治　2011「アプレ・ゲール，アヴァン・ゲール——コードとしての『戦後』」辻村みよ子他編『憲法理論の再創造』日本評論社.

ヴァーミュール，エイドリアン　2019『リスクの立憲主義——権力を縛るだけでなく，生かす憲法へ』吉良貴之訳，勁草書房.

大河内美紀　2010「マーク・タシュネット——批判法学最後の雄？」駒村圭吾他編『アメリカ憲法の群像——理論家編』尚学社.

オーウェル，ジョージ　2009『一九八四年』高橋和久訳，早川書房.

柄谷行人　2018「日本のユートピア」フレドリック・ジェイムソン他『アメリカのユートピア——二重権力と国民皆兵制』田尻芳樹他訳，書肆心水.

吉良貴之　2021「行政国家と行政立憲主義の法原理—— A. ヴァーミュールの統治機構論と憲法解釈論の接続」『法の理論』39号.

笹倉秀夫他　2009「全体討論　自由概念の比較史とその現代的位相」『比較法学』42巻2号.

ハーバーマス，ユルゲン　2019『ヨーロッパ憲法論』三島憲一他訳，法政大学出版局.

バッジ，イアン　2000『直接民主政の挑戦——電子ネットワークが政治を変える』杉田敦他訳，新曜社.

ムフ，シャンタル　2019『左派ポピュリズムのために』山本圭他訳，明石書店.

モア，トマス　1978『改版　ユートピア』澤田昭夫訳，中央公論新社.

リクール，ポール　2011『イデオロギーとユートピア——社会的想像力をめぐる講義』川﨑惣一訳，新曜社.

第12章　リベラリズムとユートピア
——ロールズ，ノージック，コーエン——

田中将人

はじめに
——リベラリズムとユートピアはいかなる関係でありえるか——

　リベラリズム（自由主義）は多義的・多層的な思想であり容易な説明を許さない（フリーデン 2021）．話を現代リベラリズム——大まかにいって二〇世紀半ば以降のそれ——に限定しても，ユートピアとの関係性につき，対照的な二つのスタンスが見出される．

　ひとつには，近年の研究史において，冷戦リベラリズムと名指される潮流が存在する（Müller 2008）．I. バーリン，R. アロン，K. ポパーといったその代表的論者たちは，多大な暴力を伴った大戦と革命を導いた各種のユートピア思想に，冷徹なまなざしを向けた．彼らにとって，政治とは最善の世界ではなく，より少ない悪（lesser evil）を目指す試みだった．こうしたリベラリズムの捉え方からすれば，ユートピアは退けられるべき考えとなる．

　J. シュクラーのデビュー作『アフター・ユートピア』は，そうした状況にも幾分呼応するかたちで，啓蒙主義から同時代に至るまでの歴史を，〈ユートピアなき時代〉への変遷（没落史）として描いた思想史的考察である．彼女もまた，必要なのは合理的懐疑であることを説く．だが，シュクラーはユートピアの意義を認めていなかったわけではない．「正義を考察するにあたってせめて僅かのユートピア主義が要求される．……このユートピア主義は今日不在なのである」（シュクラー 1967：277）．つまり本作は〈ユートピアへの希求〉を示唆するものでもあった．

　ヨーロッパからアメリカへと亡命したシュクラーの軌跡に対応するかのよう

に，この新世界において，リベラリズムとユートピアは積極的に切り結ぶことになる．本章では，このもうひとつの潮流に注目したい．彼女の用語でいえば，それは〈恐怖のリベラリズム〉ではなく〈希望のリベラリズム〉に対応する．たとえば，R. ノージックはメタ・ユートピア論をヴィジョンとして提示した．彼にとってユートピアはなお嚮導理念であった．現代リベラリズムの代表的論者，J. ロールズについても同様である．

　本章の目的は，ロールズが強調した〈現実主義的ユートピア〉の観念を手がかりとして，リベラリズムとユートピアとのありうべき関係性を考察することである．構成は以下の通りである．まず，〈現実主義的ユートピア〉の内実を確認し，それをひとつとして含む，ユートピア／ディストピアの四類型を整理する（第二節）．つづいて，リベラルなユートピアを目指す試みが対処せねばならない〈反転化問題〉と〈自閉化問題〉について検討する（三・四節）．そのうえで，ユートピアとリベラリズムの関係についてあらためて考察する（第五節）．本章の主張を簡潔に述べればこうなる．——ユートピアはリベラリズムを欠くべきではないし，リベラリズムもまたユートピアを必要とする．

1　ユートピア／ディストピアの四類型

　ロールズは，正義原理によって統制された〈秩序だった社会〉の理念を一貫して追求してきたが，晩年の著作ではそれを〈現実主義的ユートピア〉ともよぶ（齋藤・田中 2021：152）．これは一見したところ語義矛盾に思われるかもしれない．なぜなら，ユートピアの語源は「どこにもない場所」であり，現実から隔たった理想社会を通例は意味するからである．

　いかなる意味で，ユートピアと現実主義とは接合可能とされるのだろうか．ロールズによれば，この社会像は，「人間をあるがままの姿で，法をありうべき姿でとりあげる」（『社会契約論』第一篇冒頭）というルソーの着想に倣っているとされる（ロールズ 2006：18）．つまりそれは，一方で理想的制度の実現を目指すものだが，他方であくまでも現実的な人間像や社会法則に基づいたものでなければならない．

　この構想は，『正義論』の〈正義の情況〉という考えを引き継ぐものだ（ロールズ 2010：§22）．これは，そもそもなぜ分配的正義の観念が必要・可能になるのかを説明する想定であり，大きくは以下の二つからなる．

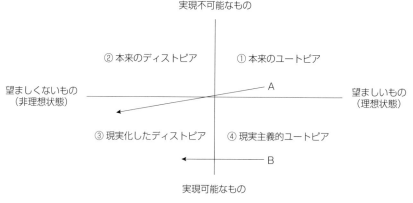

図12-1　ユートピア／ディストピアの四類型

出所：筆者作成.

客観的条件：財の適度な希少性，諸個人の知力・体力の大まかな平等
主観的条件：基礎的ニーズの類似性，価値観の多様性，限られた利他心

　簡単にいえば，この世界は天国でも地獄でもなく，私たちは天使でも悪魔でもない．だからこそ，その条件下で達成可能な，最も正義に適った社会のあり方を考察することが意義をもつ．ゆえにこの社会像は，「私たちが可能であれば達成すべき正義にかなった社会の構想」を示す〈理想理論〉の範疇に属すと同時に（ロールズ 2010：§39），どこにもない場所ではなく，この世界において実現可能（少なくとも接近可能）であることを志向する（田中 2017：32）．

　〈現実主義的ユートピア〉は理想的であるとともに現実的な側面をもつ．この実践的性格はユートピアとしては論争の余地があるかもしれない．だが，評価はひとまず措くとして，そこで踏まえられている，理想的／非理想的，実現可能／実現不可能という二つの区別は，様々なユートピア（ディストピア）を整理するにあたって有益だと考えられる．図式化すると図12-1になる．

　縦軸は，実現不可能なもの／実現可能なものという対立軸である．これについては，先にみた〈正義の情況〉を受け入れないか・受け入れるか，という点で区別したい．横軸は，望ましいもの／望ましくないものという対立軸である．両者を区別する指標には色々なものを想定できるが，リベラリズムを主題とする本章では，〈基本的人権の尊重〉〈幅広い生活様式の肯定〉という二点に注目したい．また，基本的に念頭におくのは政治社会というユニットだが，各種の

小集団についても以下の分析は一定の有効性をもつだろう.

　①は, T.モアの『ユートピア』のような, 実際にはありえない理想状態の描写であり, 現実社会への批判的視座の参照点となるものだ (ここでは両者の隔たりが風刺される). 様々な宗教で語られる楽園の類もこのカテゴリーに含めて考えることができる (千年王国のようなものをユートピアと見做せるかについては論争があるが, 本章では広義のユートピアに分類可能だと考える).

　②は, G.オーウェルの『1984』や『動物牧場』のような, 実際にはありえない非理想状態の描写であり, 現実社会にたいする批判的視座の参照点となるものだ (ここでは両者の近しさが警告される). いわゆるディストピア小説が代表的な担い手である. また, 各種の説話にも同様の機能が認められる.

　③は, 実際の歴史上しばしば生じた非理想的な社会のことである. ただし, その度合いには程度の差があり, 不正義が残存するもののひとまずは生活できるような社会から, かつての全体主義のような非常に苛烈な社会までを列挙できる.

　④は, 実現可能な正義に適った社会のことである. 立場や論者によって細かな違いはあるが, 現代リベラリズムの秩序構想は基本的にここに属する. 理想の度合いにはやはり程度の差があるが, 本章では, 〈基本的人権の尊重〉と〈幅広い生活様式の肯定〉がよりよく満たされるに応じて, 一層望ましい状態に接近すると想定する.

　つづいて, AとB, 二本の矢印について説明したい. これらはいずれも, ユートピアが孕む問題にかかわる.

- A:ユートピアの反転化——①を目指す試みが意に反して③に著しく転化してしまうこと
- B:ユートピアの自閉化——④を目指す試みが頽落して③に接近・移行してしまうこと

　まず, Aについて. ユートピアへの熱意が却ってディストピアをもたらすことは歴史的に認められる. しかもそれは, 時に著しく非理想的な社会をもたらしてしまう. たとえば, ナチズムとスターリニズムという全体主義の背後には(いかにグロテスクなものであれ)特定の理想状態をめざすイデオロギーが存在した. また, 強固な信念によって排他的に結合したセクトが, 凄惨な内ゲバやテロを引き起こす集団にしばしば転化することも, よく知られた事実だろう. こ

れを〈反転化問題〉とよびたい．

　次に，Bについて．実現可能なものを目指す試みは，時として現状の当然視に帰結してしまう．たとえば，今日一般的なライフスタイルの多くはせいぜいこの数十年の産物であるはずなのに，私たちはそれを自明視しがちである．とりわけ，そうした受動的態度が一種の宿命論と癒着するとき——この道しかない——他にもありえた可能性は失われ，是正できたはずの社会的抑圧は放置される．これを〈自閉化問題〉とよびたい．

　二本の矢印の長さが異なるのは，それぞれの性質からして，非理想状態への転落の程度に違いがあることを意味している．すなわち，反転化したユートピアが時に凄惨なディストピアと化すのにたいして，自閉化したユートピアがそこまで行き着くことは通例ない．以下では，リベラリズムの観点から〈反転化問題〉と〈自閉化問題〉について検討する．

2　ユートピアと〈反転化問題〉

　本節では，まず，〈反転化問題〉の原因が，〈本来のユートピア〉実現を目指す運動が孕む変型的・預言者的性格にあることを論じる．そのうえで，リベラリズムからの応答として，ロールズの〈現実主義的ユートピア〉とノージックのメタ・ユートピアがそれぞれ異なった仕方で示す，人格の尊重に基づいた社会構想を提示する．

　それではなぜ，〈反転化問題〉が生じてしまうのだろうか．その最たる理由は，目指されるべき〈本来のユートピア〉が理想的であればあるほど，人間や社会についての実現不可能な想定が持ち込まれやすいからだと考えられる．この世界においてそうした理想を実現しようとするならば，人間や社会の変型（transformation）を伴わざるをえない．それは多分に強制的な性格をもつ．さらに，実現化へのスパンが短いものである場合，この変型のプロセスは一層苛烈なものとなる．

　このような試みは莫大なエネルギーを要するため，実際になされることは多くない．自然の摂理に反するようなものであればなおさらのはずだ．逆にいえば，〈反転化問題〉は特殊な結合関係にもとづく社会や集団内部において生じる．典型的には，その主導者は預言者〔プロフェット〕として君臨し，残りの大多数は信者として従うか異端者として排斥される（いうまでもなく，このような機制は狭義の宗教集

団に限定されるものではない）．つまり，〈反転化問題〉を生じさせるような言説や
行為は，非対称的な関係性を当然視する態度によって支えられている．

　そしてこれは，〈本来のディストピア〉というお伽噺としてのみならず，〈現
実化したディストピア〉として実際にも生じた事態にほかならない．リベラリ
ズムの目的のひとつは，まさしく〈基本的人権の尊重〉によって，こうした暴
政——正統な法ではなく倒錯した熱情が支配する世界——を防ぐことにある．

　現代リベラリズムの代表的思想家であるロールズとノージックは，さらに，
暴政からの自由にとどまらず，それぞれのユートピア論によって代替的なヴィ
ジョンをも提示している．その根底にあるのは〈人格の尊重〉の理念であり，
それは，ロールズの場合〈共有可能な価値に基づく正義に適った社会的協働〉，
ノージックの場合〈可能なかぎり非抑圧的な仕方での各価値観の併存〉という
かたちをとる．以下，順にみていきたい．

　ロールズの〈現実主義的ユートピア〉は，先述したように〈正義の情況〉を
踏まえるものであった．これによって，〈反転化問題〉を生じさせるような変
型の試みは挫かれることになる．社会を変革する試みは，コンセンサスのえら
れた一般的な事実や考慮事項を踏まえるものでなければならないからだ（ロー
ルズ 2010：§24）．たとえば，一部の人にしか通じない教義や学説に基づいて政
治を運営することは認められない．

　また，既存の社会制度が一定の不具合をもつとしても，その抜本的改革が著
しい困難をもたらすような場合，そうした試みは支持されない．たとえば，機
会の平等だけを考えるならば，家族という仕組みは充分に公平なものではない．
実際，プラトン『国家』をはじめとして，家族の解体は〈本来のユートピア〉
の代表的主張であった．しかし，仮にそれを実行してしまえば，私たちがもつ
重要な価値の一部は失われてしまうだろう．よって，求められるべきは家族制
度の廃止ではなく改善となる（ロールズ 2010：§77）．

　このように，〈現実主義的ユートピア〉が想定する「実現可能性」とは，た
んに技術的な意味のみならず，人々が相互に受け入れ可能であり，それに向
かって動機づけられることをも意味する．D. ミラーはこの点を適切に捉えて
いる．「ロールズの（そして私の）立場は，民主的社会における政治哲学は一般
市民に向けられるべきであり，彼らが自らの制度や慣習を支持したり変えたり
するときに従う原理を提供すべきであるというものである」（ミラー 2011：60）．

　〈現実主義的ユートピア〉の名宛人は対等な市民である．これは，〈本来の

ユートピア〉の預言者／信者という関係性とは明白なコントラストをなす．そして，この対等な関係性に基づく社会的協働のヴィジョンこそ，ロールズが提示する〈人格の尊重〉なのだ．それは，腐敗や堕落の温床となる非対照的な関係性や，善意や熱意に偽装した支配欲や傲慢を挫くことによって，社会の長期的な安定性に資するものだと考えられる（付言すれば，〈本来のユートピア〉においても対等な関係性が成立しうることを私は否定するつもりはない．だがそれは，安定性に乏しいだろう）．

　ノージックの議論に移りたい．彼は『アナーキー・国家・ユートピア』において独自のユートピア論を展開した（ノージック 1995：10章）．その基本的発想は，〈すべての人が共通して暮らす最善の社会〉ではなく，〈各人それぞれが望ましいと考える多様なコミュニティを提供するプラットフォーム〉を，ユートピアとして設定することにある．

　彼によれば，ユートピアとは複数のコミュニティの共通基盤となる〈枠 組〉なのだ．イメージとしては，ネット上の様々なコンテンツやフォーラムがわかりやすいかもしれない．そこで私たちは同じ趣味や考えをもった人たちと交流できる．だが，そうした価値を共有しない人と無理をしてまで付き合う必要はない．多様なコミュニティを併存可能にするプラットフォームとしての〈枠組〉はメタ・ユートピアとよばれる．そのうえで，ノージックは三つのユートピア主義を区別する．

- 帝国主義的ユートピア主義：全員が特定コミュニティに住むことへの強制に賛同する．
- 伝道的ユートピア主義：特定コミュニティの素晴らしさを信じており，自分たち以外の人々に説得もするが，強制まではしない．
- 実存的ユートピア主義：特定コミュニティが実際に存在することを望むが，それが万人に妥当するとは考えない．望む人々だけがそのような生き方を選択すればよい．

　これらとメタ・ユートピアとの関係はいかなるものだろうか．まず，帝国主義的ユートピアは〈枠組〉を受け入れることができない．なぜならそれは，自らと異なった価値観を存立させるものになるからだ．このユートピア主義にとって〈枠組〉は夾雑物にすぎない．これはまさに，〈反転化問題〉を生じさせがちな類のユートピアだといえるだろう．

　次に，伝統的ユートピア主義は〈枠組〉を受け入れることができる．なぜならそれは，異なった価値観をもつ人々が自らのコミュニティに加わるのを望むが，その際，自発的な支持が重要だと考えるからである．ただし，多様なコミュニティが存在すること自体の価値は評価されない．その意味で，このユートピア主義の〈枠組〉への支持は消極的なものにとどまる．

　最後に，実存的ユートピア主義は〈枠組〉を心底から支持することができる．なぜならそれは，多様なコミュニティの存在自体を積極的に評価するからである．というより，このユートピア主義にとって，最善の社会（より慎重にいえば，最も望ましい社会）は〈枠組〉によってのみ可能となる．またこれは，先の**図12－1**では〈現実主義的ユートピア〉に分類可能だろう．

　ノージックのシンパシーは明らかに最後のものにある．そして彼によれば，〈枠組〉への積極的支持こそが，私たちが相互に〈人格への尊重〉を示す作法なのだ．とくにそこでは，相異なった価値観を（それらが他者の権利を侵害しないかぎりで）抑圧しないという魅力的なヴィジョンが提示されている．これはさらに，理想的には，多様なコミュニティならびに参入離脱可能性の確保・増大をつうじて，〈反転化問題〉につながる抑圧を極小化するものだと考えられる．

　以上，本節ではロールズとノージックのユートピア論をつうじて，〈反転化問題〉への対処を論じた．一言でいえば，ユートピアはリベラリズムを欠くべきではないのである．

3　ユートピアと〈自閉化問題〉

　ロールズとノージックのユートピア論は魅力的な構想であった．だが，あらゆる難点から免れているわけではない．理論と実践が逐一対応するわけではもちろんないが，実際のところ，それらを育んだアメリカ社会は窮境に今日みまわれている．格差の増大，社会的分断の亢進，ポピュリスト的指導者の登場．これらは他の社会にも共通する病理といえよう．そうした潮流に抗す動きもみられるとはいえ，大勢はそれを受動的に受け入れているようにも思われる．こうして閉塞感が堆積すると，社会は硬直化し，抑圧は放置される．

　本節では，この〈自閉化問題〉に即して，両者のユートピア論を批判的に検討する．リベラリズムは〈幅広い生活様式の肯定〉を目指すものだが，ともするとその目的を見失ってしまう．ロールズについては現状維持バイアスの問題，

ノージックについては私化（privatization）の問題を取り上げたい．

ロールズの〈現状主義的ユートピア〉は，可能なものの条件下での理想をめ
ざすものであった．よって彼は，コンセンサスのえられた一般的事実に基づい
て理論を組み立てている．実際，『正義論』には抽象的な論拠のみならず，政
治学・経済学・法学・心理学といった様々な分野の知見がふんだんに織り込ま
れている．それが本書の魅力にもなっている．

だが，見方を変えれば，『正義論』は特定時代——今から半世紀以上も昔
——の常識に縛られているともいえる．学問は日進月歩であるし，それ以上に
環境や問題は変化しているだろう．だとすれば，今日の私たちにとって，『正
義論』は指針を示すというよりもむしろ目を閉ざすものになっているのではな
いだろうか．

K.フォレスターは，『正義論』の形成史・受容史の研究をつうじて，まさし
くそうした異議や批判を提起している（Forrester 2019）．一言でいえば，ロー
ルズ理論は現状維持バイアスを多分に有しているという批判である．同様の問
題意識から，G. A.コーエンも厳しいロールズ批判を行なっている（Cohen 2008）.
分析的マルクス主義の旗手としても有名な彼は，社会主義の理念にコミットす
る者として，〈正義の情況〉で想定されている人間本性論に異議をとなえた．
以下，コーエンの主張を中心にみていきたい．

ロールズは，複雑化した社会において市場メカニズムを媒介とした分業が必
須だと考える．その際，社会制度が正義に適ったものだとすれば，たくさん働
いた人や評価される技能をもった人が，より多くの取り分を受け取ることは是
認される．このことは，格差原理が命じる財の分配が，〈最も不遇な人々の暮
らし向きが（可能な制度編成中で）できるだけ改善される状態〉という意味での
平等であることにも反映されている．なぜ一律水準で分配しないかといえば，
そうしてしまえば社会全体のパイが減り，結果として最も不遇な人々がより困
窮するだろうからである．つまりロールズは，労働インセンティブを一般的事
実として認めている．

しかし，コーエンからすると，これは完全に正義に適った状態ではない．た
しかにそこでも恵まれた人々は多額の税金を払うだろう．だが，彼らの手元に
は結構な財や所得が残っているはずだ．そしてこのことは，『正義論』が謳う
平等主義の理念と緊張関係にあるのではないか．ロールズの想定する人間本性
論はこの資本主義社会の現実に譲歩しているのではないか．彼はそう批判する．

正義のエートスをもつ平等主義者なら，インセンティブとは無関係に，能力に応じて働き，必要に応じてその成果を等しく分かち合うべきではないか？

さらにコーエンは，こうした主張を規範理論の方法論にも敷衍し，ロールズは一般的事実を前提とするために，〈現実世界で実行可能な正義の構想〉と〈純粋な正義の理念〉を分節化できておらず，両者を混同してしまっていると批判する（コーエン 2006：7-12）．彼によれば，規範理論がまずもって照準すべきなのは後者にほかならない．「私の立場からの帰結はこうなる．正義とは達成不能（にもかかわらず指導的）な理念なのである」（Cohen 2008：254）．

本章では詳述できないが，コーエンの立論はロールズへの内在的批判としては必ずしも成功していないし，それ自体としても難点をもつ（ミラー 2011：44-54）．だとしても，ともすれば現状維持バイアスを孕む理論にたいして，批判的視座を確保することの意義は小さくない．まさしくこの点で，コーエンの理論は〈本来のユートピア〉に分類することができる（ゆえにそれは，単純に実践されれば〈反転化問題〉をもたらすだろうけれども）．

もっとも，次節でみるように，ロールズの〈現実主義的ユートピア〉はむしろ現状維持から距離をとろうとする側面も有している．また，この数十年あまりの社会の閉塞感に問題を限定すると，その大きな要因は，市場重視のイデオロギーに裏打ちされた格差の増大だと考えられる．だとすれば，今日の〈自閉化問題〉に一層関連するのはノージックの方かもしれない．以下，私化の問題の観点から，彼のユートピア論を批判的にみていきたい．

最初に補足しておくと，これまではノージックの議論を広義のリベラリズムだとしてきた．だが，ロールズが経済的自由の制約（＝政府による分配）を是認するのにたいして，個人の所有権や自発的決定を重視するノージックは，公権力の領域を必要最小限——暴力・窃盗・詐欺からの保護，契約の執行など——にとどめようとする．こうした，経済的自由をできるだけ肯定するタイプのリベラリズムは，リバタリアニズムとよばれる．それはいわゆる古典的自由主義に近い（だが後述するように，実のところ両者は別物である）．

彼によれば，求められるべきはこうした〈最小国家〉であり，それを越える〈拡張国家〉は個々人の自発的選択を損ねるゆえに棄却される．そして，この〈最小国家〉こそが先述したユートピアの〈枠組〉に等しい，というのが彼の積極的な主張となる．すなわち，そこでは公権力の領域が誰もが受け入れ可能な必要最小限なものに限定されており，各人はそれを共通基盤として，多様な

コミュニティに自発的に参加することができるからだ.

　ノージックは, 平等主義的なロールズのコミュニティや, 一層その程度が強いコーエンのそれを否定しないだろう. ただし, あくまでもそれらが自発的な集まりであるかぎりにおいて. 仮にそうしたコミュニティが社会全域に広がれば〈拡張国家〉となってしまうからだ. また, 実力行使によってそうした拡張が行われれば, それは帝国主義的ユートピア主義の悪しき実例ということにもなるだろう.

　彼のメタ・ユートピア論は, 理論上はロールズやコーエンのコミュニティを包摂可能であり, 〈幅広い生活様式の肯定〉の観点からしても, すこぶる魅力的である. だが問題は, それは机上の空論ではないかということだ. 以下, 彼のユートピア論それ自体, その基盤となるリバタリアニズム, 二つの水準で検討したい.

　まず, メタ・ユートピアがそのポテンシャルを発揮できるかは, 多種多様な生活の実験 (J. S. ミル) が実際に試みられるかにかかっている (ミル 2020 : 3章). ノージックの議論は, 実際, 他者の抑圧の最小化を試みることによって, これを後押しするようにも思われる. いわばそれは, 既得権益や因習から免れたユートピアの自由市場を目指すものだからだ. たしかにそこでは, さもなければ禁止されていた交流が可能となるだろう. さらに, 様々な創意工夫によるイノベーションも期待できる. これらはまさに自由市場がもたらす利点である.

　だが同時に, 自由市場は時として失敗する. 制約なき自由競争は寡占や独占に行き着き, むしろ多様性を阻害してしまう. そしてこれは, 実際にも生じている事態ではないだろうか. 第二節では, メタ・ユートピアの例として, ネット上の様々なコンテンツやフォーラムをあげた. たしかにこれらが私たちの生活を豊かにしてくれていることは疑いえない. しかしながら, そうしたコミュニティ同士はともすれば没交渉となり, 支持者の少ないそれは淘汰される傾向がある. タコツボ化や島宇宙化がすすめば, そこから帰結するのはむしろ多様性の減少である (稲葉 2007 : 4章).

　こうした私化にかかわる論点は, リバタリアニズムに注目すると一層問題含みなものとなってあらわれる. ノージックの分配的正義論は, 権原理論という独自の考え方に基づく. 単純化していえば, 人や企業が有する財産は, ① 不正に取得されたものではなく (初期状態の正しさ), ② 自発的に取引されたものである (移転の正しさ) という, 二つの手続的条件を満たせば正当化される. そ

れゆえ，格差や不平等はどれほど大きくなろうとも，それ自体としては必ずし
も不正なものではない．

　リバタリアニズムが反対するのは政府による徴税なので，もちろん，富者が
自発的に慈善活動することは否定されない．それは美徳ですらあるだろう．だ
が，強制力をもった再分配の仕組みを欠けば，貧富の格差は容易に拡大する．
実際，デファクトの資本主義においては，資本収益率が経済成長率を上回ると
いう有力なエビデンスも示されている（ピケティ 2014）．

　フロンティアに満ちた右肩上がりの時代や場所なら，ノージック的な議論は
有効だろう．だが，そうした条件は常に成立するわけではない．逆に，社会全
体のパイが減少するような局面では，リバタリアニズムは既得権益に有利に働
きやすい．そこでは，格差が一層広がり，生活様式の幅が減少するのみならず，
経済的不平等が政治的不平等に転化する問題も生じてしまう．

　ふたたびメタ・ユートピアに即して考えてみよう．権原理論からすると，仮
に物理的強制力や暴力を伴わない仕方でコミュティの寡占・独占が生じた場合，
それは魅力的ではないが不正とはいえない，ということになる．不正ではない
ゆえに，一旦落ち込めば政府はそれ以上の手を打つことができない．せいぜい
なしうるのは気持ちの表明くらいだろう．

　つまり，リバタリアニズムは原理的に私化の問題に対抗できない．S. フ
リーマンによれば，リバタリアニズムは〈政治権力とは共通善のために公平に
行使されるべき公共的権力である〉という考えを欠いており，私的契約のみを
重視する点でむしろ封建主義に接近している（Freeman 2018：63）．ゆえにそれ
は，表面上の近しさにもかかわらず，共通善への一定の配慮をもつ古典的自由
主義とは異質な，より論争的な考えなのである．

　こうした批判は，ノージック的なリバタリアニズムのみならず，彼の手を離
れ，しばしばネオ・リベラリズムと称される通俗的な市場万能主義には一層妥
当するだろう（ノージックも後年，こうした考えへの違和感を示している）．もちろん
市場メカニズムは多くの利点を有している．だが，共通のインフラ＝コモンズ
を支える積極的な手立てを欠くとすれば，メタ・ユートピアは没落してしまう
だろう．

　こうした文脈に照らしてみると，先にみたコーエンが，社会主義の理念を
テーマとした著作において，上下関係のない平等なコミュニティの魅力を説い
ていることは興味深い（Cohen 2009）．そこで彼は，〈キャンプ旅行〉というア

ナロジーを用いて，あえて市場主義とは切り離された平等の構想を検討している．そのアナクロニズムや実現可能性を批判することはたやすい．しかしそうした試みは，やはり〈本来のユートピア〉として，現実への批判的視座を確保する意義をもつのである．この見方からすると，規範理論は必ずしも実践可能性に縛られる必要はない，という理論的立場をとることもできる（Estlund 2019）．

　以上，本節では〈自閉化問題〉について論じた．現代リベラリズムは自由市場を与件とするが，その特定の構想を自明視すべきではない．真摯なリベラリズムの再検討にとって〈本来のユートピア〉は依然として必要なのである．

4　ユートピアとリベラリズム

　本章では，〈現実主義的ユートピア〉を中心にして，その魅力ならびに〈反転化問題〉と〈自閉化問題〉について考察してきた．簡単にまとめるならば，現代リベラリズムは〈現実主義的ユートピア〉に定位するが，それが有意義なものでありつづけられるかは，〈本来のユートピア〉との実り豊かな緊張関係を維持できるかにかかっている．そうした関係性は，両者の親和性を強調する方向性と，異質性を強調する方向性に大別できる．以下，それぞれについて検討することで締めくくりたい．

　前者の路線を代表するのは，ロールズである．ここでは，彼がリベラルな社会主義の可能性を認めていたことに注目したい（ロールズ 2020：§42）．これは，立憲デモクラシーと自由市場を前提とするが，労働者による企業の経営参加や，生産手段と天然資源のより平等な分配を目指すレジームである．彼の理論は一般に受け入れ可能な事実や前提から出発するため，ともすれば現状維持に陥ると批判されていた．だが，ロールズの考えは，今日の現実社会で優勢な潮流と一点を画すものでもある（齋藤・田中 2021：117-118）．

　彼はもちろん経済成長の意義を否定しない．だが，際限なき資本蓄積については批判的であり，J. S. ミルのいう定常状態を肯定的に捉えている（ロールズ 2020：§49）．こうした状態の実現可能性が排除されていないとすれば，それに応じて，来るべき社会の構想もまた開かれていなければならない．

　　「リベラルな社会主義政体のほうが正義の二原理を実現する上で，ずっと
　　うまくやれるのかどうかを問わなければならない．もしもリベラルな社会

主義政体がその点でうまくやれることになれば，〈公正としての正義〉の観点からリベラルな社会主義の支持論拠が与えられる．しかし，ここでわれわれは，ある構想の理念を別の構想の現実性（アクチュアリティ）と比較するのではなく，むしろ現実性と現実性を比較するように，それもわれわれの特殊な歴史的状況のなかで比較するように注意しなければならない」（ロールズ 2020：§52，348-349）

　定常状態はごく近い将来に実現することはないかもしれない．だが，その長期的な実現可能性への信念やコミットは，翻って，現実にも影響を及ぼす．「ここでの問題は，可能なものの限界は現実的なものによって定められるのではないということだ．というのは，私たちは，政治的・社会的制度やその他多くのものを多かれ少なかれ変更できるからである」（ロールズ 2020：§1，9）．
　リベラルな社会主義についても同様である．この構想が完全に実現することはないかもしれない．だが，その背後にある平等へのエートスや非対称的な権力関係への対抗を育んでいくことは重要だし可能でもある．規範理論に限定しても，実際すでに，ステイクホルダー・デモクラシー論や職場環境の正義論として，そのような試みは始められている．
　この意味で，〈現実主義的ユートピア〉の探究は，人びとに自由度をもたらす選択肢を検討することで，実現可能な理想社会への方向性を指し示すものとなる．一種の閉塞感に溢れた社会においても，それは依然として私たちを動機づけることが可能だろう（田中 2017：304-314）．
　後者の路線については，前節で扱ったコーエンの名前をあげることもできるが（もっとも彼は自分の構想は実現可能だと反論するかもしれない），ここではもっと対象を広くとりたい．いうまでもなく〈本来のユートピア〉を第一義的に担ってきたのは，様々なかたちのフィクション——神話・説話・叙事詩・小説・漫画・アニメ——であった．そうしたフィクションを形作る想像力は，規範理論にとっても示唆的なものでありうる（佐野 2018）．
　もっとも，さまざまなヴィジョンとリベラリズムがつねに順接するわけではない．むしろその多くはリベラリズムに異質な内容をもっているだろう．そして，その隔たりゆえに意味をもつ．だが逆説的に，そうしたフィクションはリベラルな社会においてのみ充全に語り継がれることができる．なぜなら，〈本来のユートピア〉は既存の社会規範を相対化する機能をもつゆえに，表現の自

由を欠けば，その担い手は容易に弾圧の対象となるからだ．

　このことは，歴史に埋もれた無数の名もなきユートピア論がおそらく存在したことを示唆する．ただしそれらの中には，いわば集合的な記憶の原型となって，現存するフィクションに痕跡をとどめているものもあるだろう．ノージックは示唆的なことを述べている．

> 「人々の歴史的な記憶と記録を前提にすれば，〈枠組〉は，すでに否定されたオルタナティブ（または少し修正したもの）を試し直すことができる，という側面を持つことになる．　おそらくは，新たな条件や変化した条件が今やそれらをより有望・適切なものにしたのだから．これは，条件が変化したとしても以前に否定された変異種を容易によびもどすことのできない，生物学的進化とは異なる点である」（ノージック 1995：514）

　多種多様なフィクション＝ユートピア論が，時間と空間に縛られることなしに，紡がれ，伝達され，時に忘却され，再発見され，紡ぎなおされていくこと．それはまさしく字義通りのメタ・ユートピアなのであり，リベラルな社会においてのみ完全に実現可能となるトポスなのである．

おわりに

　本章で簡単にスケッチした現代リベラリズムのユートピア論も，おおまかには〈現実主義的ユートピア〉の特徴を共有しつつも，その内部で様々な対立点を抱えている．無論それは否定的に捉えられるべき事態ではない．規範理論もまた，さらなるひとつの言論によるユートピアを構想しようとする試みなのだから．あらためて結論しよう．ユートピアはリベラリズムを欠くべきではないし，リベラリズムもまたユートピアを必要とするのである．

参照文献一覧

Cohen, G. A. 2008 *Rescuing Justice and Equality*, Harvard University Press.

——— 2009 *Why not Socialism?*, Princeton University Press.

Estlund, David. 2019 *Utopophobia: On the Limits（If Any）of Political Philosophy*, Princeton University Press.

Forrester, Katrina. 2019 *In the Shadow of Justice: Postwar Liberalism and the Remaking of Political Philosophy*, Princeton University Press.

Freeman, Samuel. 2018 *Liberalism and Distributive Justice,* Oxford University Press.

Müller, Jan-Werner. 2008 Fear and Freedom On 'Cold War Liberalism,' in *European Journal of Political Theory,* vol. 7, no. 1, pp. 45-64.

稲葉振一郎　2007『「公共性」論』NTT 出版.

コーエン，G. A.　2006『あなたが平等主義者なら，どうしてそんなにお金持ちなのですか』渡辺雅男・佐山圭司訳，こぶし書房.

齋藤純一・田中将人　2021『ジョン・ロールズ——社会正義の探究者』中央公論新社.

佐野亘　2018「方法としての「ユートピア」——非理想理論の観点から」『社会システム研究』21号，207-221頁.

シュクラー，J. N.　1967『ユートピア以後——政治思想の没落』奈良和重訳，紀伊国屋書店.

田中将人　2017『ロールズの政治哲学——差異の神義論＝正義論』風行社.

ノージック，ロバート　1995『アナーキー・国家・ユートピア』木鐸社.

ピケティ，トマ　2014『21世紀の資本』山形浩生・守岡桜・森本正史訳，みすず書房.

フリーデン，マイケル　2021『リベラリズムとは何か』山岡龍一監訳，寺尾範野・森達也訳，筑摩書房［ちくま学芸文庫］.

ミラー，デイヴィッド　2011「地球人のための政治哲学」デイヴィッド・レオポルド，マーク・スティアーズ編『政治理論入門——方法とアプローチ』山岡龍一・松元雅和監訳，慶應義塾大学出版会，41-68頁.

ミル，J. S.　2020『自由論』関口正司訳，岩波書店［岩波文庫］.

ロールズ，ジョン　2006『万民の法』中山竜一訳，岩波書店.

————　2010『正義論 改訂版』川本隆史・福間聡・神島裕子訳，紀伊国屋書店.

————　2020『公正としての正義　再説』田中成明・亀本洋・平井亮輔訳，岩波書店［岩波現代文庫］.

あとがき

1989年の冷戦体制の崩壊は，資本主義経済システムに対する現実のオルタナティヴの決定的な消失であった．それ以降，資本主義経済システムの盤石性は──何度かの危機的な状況がありはしたが──，揺るぎないもののように見える．それは，われわれのユートピア的想像力を限界づける不可疑のアーキテクチャとなっているかのようなのである．サッチャー首相の有名なスローガンを借りるなら，「選択肢はありません」というわけだ．

そうした見方を典型的に示している著作として，B. ミラノヴィッチの『資本主義だけが残った』（みすず書房，2021年）を挙げておくことができるだろう．ミラノヴィッチによれば，資本主義には，二つの類型がある．一つは，約200年の時間をかけて，欧米で次第に発展してきた「リベラルな能力主義的資本主義」であり，もう一つは，中国に代表される「政治的資本主義」である．ミラノヴィッチの議論が興味深いのは，後者における共産主義の位置づけである．「共産主義とは，後進の被植民地国が封建制を廃止し，経済的政治的独立を回復し，固有の資本主義を築くことを可能にする社会システム」だと言うのである．つまり，ミラノヴィッチの見るところでは，共産主義とは，封建制から資本主義への移行を支える過渡的なシステムに過ぎないのだ．しかし，そこにたどり着く経路は違っても，資本主義が，われわれの持ちうるただ一つの社会経済システムであることは揺るがない．もちろんミラノヴィッチも，資本主義を手放しで礼賛しているわけではなく，「超商業化資本主義」の成功は，「個人の内にある最も利己的で貪欲な行動を刺激することにかかっている」ため，道徳観念の腐食が避けられないことをはっきりと認めている．しかし，最終的に，サッチャーと同様，こう結論づけるのである．「もしそうなら，超商業化資本主義社会を捨てて，何か代わりになるシステムに移行すべきではないか．この一見理にかなっていそうな主張の問題点は，超商業化資本主義の代わりになりそうなものがなにもないことだ」．

しかし，このようなミラノヴィッチの諦念を共有する前に，われわれが確認しておくべきは，資本主義経済システムも，それが，人間が構築したシステムである以上，フィクションによって支えられているということではないだろうか．Y. N. ハラリは，『サピエンス全史』（河出書房新社，2016年）の中で，フィク

ションを創り出す能力こそが，人間を人間にしたことを，説得力のある仕方で，解き明かしている．人間が獲得した言語が持つ比類ない特徴は，現実の事物についての情報を伝達する能力ではない．「見たことも，触れたことも，匂いを嗅いだこともない，ありとあらゆる種類の存在について話す能力」なのである．そして，言語を用いて，フィクションを創り上げ，それを共有することが，「大勢で柔軟に協力するという空前の能力を」人間に与えることになった．だから，人間は，二重の現実の中に暮らしているのだとハラリは述べる．「一方には，川や木やライオンといった客観的現実が存在し，もう一方には，神や国民や法人といった想像上の現実が存在する」のである．人間にとっての現実は，実はフィクションによって支えられている．この視点は，次のような可能性を，われわれに開いてくれるはずである．「人間どうしの大規模な協力は神話に基づいているので，人々の協力の仕方は，その神話を変えること，つまり別の物語を語ることによって，変更可能なのだ」．

　それだけではない．われわれが，ミラノヴィッチの諦念に留まってはいられないことには，実は，いっそう切羽詰まった事情もあるのだ．われわれが暮らす地球環境それ自体の生態学的なカタストロフの予想がそれである．流行語になった「人新世」にも，単に地質学的な年代区分というだけでなく，とりわけ産業革命以降の人間の経済活動が，地球環境に決定的な負の影響を及ぼしている時代という暗い含意が伴っていたはずである．こうした事態に対処するために，「SDGs（持続可能な開発目標）」といった提案がなされてはいる．技術革新の加速化と持続可能なインフラへの投資を通じて，環境危機への対応と経済成長を両立させようという提案である．しかし，斎藤幸平は，『人新世の「資本論」』（集英社，2020年）の中で，それは，「「人新世」の危機の本質」を見誤った延命策に過ぎないと断じている．なぜだろうか．斎藤によれば，資本主義とは，「価値増殖と資本蓄積のために，さらなる市場を絶えず開拓していくシステム」なのであり，その本質は，利潤を増やすための際限のない経済成長の追求にある．ところが，「資本は無限の価値増殖を目指す」ということと，「地球は有限である」ということとは，最終的に両立不可能だからである．斎藤の議論全体の成否については様々な意見があるだろうが，SDGs の提案が，われわれの想像力に足枷をはめ，問い直しがシステムの深部にまで及ぶことを防ぐ一種の「大衆のアヘン」として機能しているという診断は正しいと言わなければならない．

　だが，潮目は変わりつつあるようにも見える．近年，社会をラディカルに再

設計する様々なオルタナティヴの提示が意欲的になされてきているのは，その現れではないだろうか．詳しい紹介をする紙幅はないが，市民全員が，中央銀行から「積立」「相続」「配当」の三つの資金口座から成る「パーキャプ」と呼ばれる口座を与えられるパラレルワールドを描いた Y. バルファキスの『クソったれ資本主義が倒れたあとの，もう一つの世界』（講談社，2021年）や，「市場は社会をうまく調整する最善の方法」であるという前提に立ちながら，「私有財産は真に自由な市場を実現する障害」になっているとして，「あらゆるものがいつもオークションにかけられている」社会を構想した E. A. ポズナー／E. G. ワイルの『脱・私有財産の世紀』（東洋経済新報社，2019年）は，その代表的な例と言えるだろう．

　本書も，そのような新たな潮流に掉さそうとしている．しかし，すぐさま新たなオルタナティヴの提示に向かう前に，まずはユートピア的想像力の豊かな歴史と遺産に学び，足元をしっかりと固めておこうとしたのが，本書の第 I 部「ユートピアの思想史」である．そして，第 II 部の「現代のユートピア」では，現代の様々な学問領域に見出すことのできるユートピア的想像力の多様な発現形態を紹介しようとしている．

　この種の論集を編むにあたっては，「ユートピア」という概念を，編者の方で，予め定義し，その枠の中で書いてもらうというのが通例であるのかもしれない．しかし，編者たちは，そのようなやり方をとらなかった．それは，統一性がいくぶん犠牲になるとしても，できる限り各執筆者のユートピア的想像力を解放してもらいたいと考えたからである．「家族的類似」によってゆるやかに結びついた諸論考が，ユートピア的想像力の豊饒性を示してくれていることを編者たちは願っている．そのため，各章は，どこから読まれても良い，かなりの程度の独立性を持つことになった．読者は，興味のおもむくままに，関心の持てそうな章からお読みいただいてかまわない．ご自身のユートピア的想像力を羽ばたかせるための思考の道具箱として，本書を存分にご活用いただければ幸いである．

　最後になったが，今回の企画に最初に目を留めてくださった晃洋書房編集部の井上芳郎さん，原稿提出が遅延気味だったにもかかわらず，的確かつ迅速な編集作業で，予定通りの刊行へと導いてくださった徳重伸さんに深く感謝したい．

　2022年2月

有賀　誠

人名索引

〈ア 行〉

赤坂憲雄　156
アギナルド　18
アグラ，K. L. R.　175
浅香年木　144
アジェンデ，S.　20
アシモフ，A.　191
厚見恵一郎　54
天草四郎　144
アーミテイジ，D.　12
アメリゴ・ヴェスプッチ　47-48
アリストテレス　29, 30, 31-34, 38, 40, 41, 42, 54
アルタクセルクセス2世　34
アルバレツ　220
アルベルティ，L. B.　54
アレント，H.　2-3, 6, 16-17, 21, 46
アロン，R.　231
安藤昌益　139, 149
アンドレイア，J. V.　56
イエイツ，F.　56
イエス・キリスト　3, 173-175, 179-180
イーグルトン，T.　165, 168
石井洋二郎　101
石川健治　215, 227
イソクラテス　40
伊藤誠　198
伊藤祐吏　155
井上悦夫　145
井上ひさし　156
今村啓爾　142
今村仁司　145
イラーズマス，C. J.　24
イレート，R. C.　18
ヴァイデマイヤー，J.　91
ヴァイトリング，W.　79-94
ヴァーミュール，A.　226
ウィトゲンシュタイン，L. J. J.　171
ヴィネ，A.　114

ウィリアムズ，E.　8
ウェーバー，M.　9-10, 20, 108, 112
ヴェルヌ，J.　191
ウォルツァー，M.　11
宇佐美誠　210-211
梅原猛　141
ウルフ，J.　210, 212
エラスムス，D.　47, 49
エリザベス女王　8
エンゲルス，F.　4, 46, 60, 71, 79, 80-81, 82-84, 90, 98, 100, 101, 103, 107, 119-127, 135, 187
オーウェル，G.　219, 234
オウエン，R.　59, 60-76, 87, 90, 98, 101, 112, 119, 122, 152
大澤真幸　163-164
大塚久雄　9
大室幹雄　137, 138
岡田康博　142
織田信長　144, 146
尾本恵市　141
オタンゲ　87

〈カ 行〉

海部陽介　143
笠井潔　20
笠原一男　145
片山杜秀　153
ガタリ，F.　57
金子堅太郎　152
カベ，E.　87
柄谷行人　215
ガリレオ　55
河原宏　145
ガーンズバック，H.　191
カンパネッラ，T.　45, 46, 54, 55, 57, 186
菊池秀明　138
菊池理夫　29-30
キケロ　54
鬼頭宏　148

ギンズバーグ，R.　217

陸羯南　155

クセノポン　29, 30, 34-43

クライン，N.　19-20, 21-22

クラストル，P.　141

クリステセン，P.　38

グリュロス　40

グレーバー，D.　22-23

クロッカー，T.　215, 216-221, 225

クロムウェル，O.　8, 10, 11, 12

ゲゼル，S.　92-93

ゲーテ，J. W. v.　187

洪秀全　138

孝明天皇　154

康有為　138

コーエン，G. A.　239-242, 244

小島晋治　138

子安宣邦　153

コロンブス　47

コーン，N.　5

〈サ　行〉

斎藤公子　154

相楽総三　154

櫻井正一郎　8

サスキンド，D.　210

サーリンズ，M.　141

サン＝シモン　87, 88-90, 98, 101, 102-109,
　110, 111, 112, 119

サンダース，B.　2

サンデル，M.　9, 20

ジェイムソン，F.　164

ジェファーソン，T.　17

ジジェク，S.　164, 170, 173, 175, 176-182

篠田謙一　143

シーボルト，A. v.　148

ジャクソン大統領　18

周作人　138

シュクラー，J.　231

シュタイン，R.　79

シュレーゲル，F.　187

小キュロス　34, 37-39

昭和天皇　156

シラー，F.　187

親鸞　145, 146

スヴァーレス，M.　188

菅江真澄　139, 146-148, 149, 150

スターリン，J.　6, 126

ソクラテス　31, 32, 33, 39

ソルニット，R.　22

ソレル，G.　7

ソロー，H. D.　91

〈タ　行〉

ダーウィン，C.　138, 166

高木俊輔　154

高野清弘　10, 11

高橋武智　139, 156

高橋富雄　143

高良留美子　141

竹内弘行　137, 138

タシュネット，M.　215, 216, 218, 222-225

谷川健一　140

タプリン，C.　39

タミオラキ，M.　39

千葉眞　10-11

千葉卓三郎　153

デイヴィス，J.　92

テイラー，C.　167

勅使河原彰　142

デュー，B.　43

デュラン，R.　57

デューリング，E.　101

デュルケム，E.　102

戸井田道三　154

陶淵明　138

ドゥルーズ，G.　57

富樫政親　144

ドーキンス，R.　165-168, 169, 183

トランプ，D.　20-21

ドレイク，E.　8

ドーレン，A.　188

トンプソン，W.　63

〈ナ　行〉

中沢新一　140

中沼郁　　154
中沼了三　　154
新島淳良　　150-151
ニーチェ，F. W.　　169
ニュートン，I.　　105, 110
ノヴァーリス　　187
ノージック，R.　　232, 235-245
ノーマン，E. H.　　149

〈ハ　行〉

ハイエク，F.　　6-7, 8, 9, 13-16, 18, 21, 100
ハインライン，R.　　191
パウロ　　173-174, 175, 182, 183
芳賀徹　　139, 152
バクーニン，M.　　90
橋川文三　　154
バチコ，B.　　187
バディウ，A.　　164, 170-175, 176, 177, 178,
　　179, 182, 183
バード，I.　　139, 147-148, 150, 155
ハーバーマス，J.　　216
バブーフ，F. N.　　4, 57
バラード，J. G.　　192
ハラリ，Y. N.　　141
ハーラン，J.　　217
バリー，B.　　199
バーリン，I.　　231
ピケティ，T.　　14, 242
ビーチャー，J.　　114
ヒッチンス，C.　　165
ヒトラー，A.　　6, 19
ピノチェト，A.　　19-20
ビーン，J.　　92
ピンカー，S.　　141, 142
ファーガソン，J.　　31
フィッツパトリック，T.　　200, 202, 207, 209
フォイエルバッハ，L. A.　　100
フォレスター，K.　　239
フクヤマ，F.　　1, 164
フーコー，M.　　52
藤永茂　　17-18
藤本強　　143
プラトン　　2, 29, 30, 31-34, 37, 38, 39, 41, 42,

43, 50, 51, 54, 55, 192, 236
ブランキ，A.　　90
フーリエ，C.　　87, 88-90, 92, 98, 101, 102, 103,
　　109-113, 119, 120, 123
フリードマン，M.　　18-19
フリーマン，S.　　242
プルードン，P. J.　　82, 84, 87, 89, 90, 92, 93,
　　94, 101, 112
古谷旬　　16
ブロッホ，E.　　193
ペイン，T.　　197-198
ベーコン，F.　　45, 56-57, 186
ヘーゲル，G. W. F.　　133, 135, 136
ヘス，M.　　80
ベーベル，A.　　82
ベラミー，E.　　138, 198
ベルニュ，j.=F.　　57
ベルネリ，M.　　99, 101
ベルブルッガー　　114
ベンサム，J.　　65
ヘンリー7世　　52
ホーキンズ，J.　　8-9
ポパー，K. R.　　2-3, 6, 7, 21, 46, 100, 122, 135,
　　231
ホメロス　　31

〈マ　行〉

前田速夫　　152
マキアヴェッリ，N.　　9
マクゴーワン，T.　　169
松木武彦　　142
マリタン J.　　11
マルクス，K.　　9, 12-13, 50, 60, 61, 62-63, 71,
　　80-81, 82, 89, 90, 91, 98, 100, 103, 117-134,
　　135, 187
マルクーゼ，H.　　187
マルサス，T. R.　　61, 63
丸山眞男　　10, 155
萬田悦生　　16
マンハイム，K.　　3, 46, 100, 188
三浦周行　　144
三石善吉　　46, 139
ミード，W. R.　　12

源頼朝　143
三宅正彦　149-150
宮沢賢治　156
宮田登　139
ミュンツァー，T.　3, 4-5, 46
ミラー，D.　236
ミル，J. S.　6, 61, 63, 241, 243
武者小路実篤　139, 151-152, 156
ムージル，R.　189-191, 194
ムッソリーニ，B.　7
武藤郁子　140
ムフ，C.　227
明治天皇　152, 156
メリル，J.　192
メルヴィル，H.　178
メルシェ，L. S.　5
モア，T.　3-4, 29, 30, 33, 45-54, 57, 59-61, 63
　　-76, 97, 99, 151, 186, 197, 215, 216, 234
毛沢東　46, 138, 139, 151
モリス，W.　122
モール，R. v.　188

〈ヤ　行〉

安田喜憲　142-143
安永壽延　139, 149-150
安丸良夫　140
山折哲雄　145
山極寿一　141
山下裕一　140
山田康弘　142
山田優　16
由利公正　152
横井小楠　152-153

吉本隆明　145
ヨブ　180

〈ラ　行〉

ラカン，J.　176-178
ラトゥーシュ，S.　23
ラファエル・ヒュトロダエウス　47-48, 49
ラファルグ，P.　114
ラフィット　87
リオタール，J.=F.　1
リカードウ，D.　63
リクール，P.　100-102, 108, 215, 228
リュクルゴス　35-38
リンゼイ，A. D.　10-11
ルキアノス　47, 49
ルソー，J. J.　84, 89, 90, 92, 232
ルター M.　4, 46
ルルー，P.　114
レーガン大統領　12, 20
レーニン，V.　7, 45, 118, 126
レーボー，L.　103
蓮如　145, 146
魯迅　138
ロスチャイルド　87
ロールズ，J.　232, 235-244

〈ワ　行〉

ワシントン，G.　153
渡辺京二　148
渡辺尚志　148
渡辺浩　149, 153
ワット，J.　9
ワルラス，L.　69

《執筆者紹介》（執筆順，＊は編著者）

＊菊 池 理 夫（きくち　まさお）［序章，第2章，第7章］

　　1948年　弘前市生まれ
　　1975年　慶応義塾大学大学院法学研究科博士課程単位取得退学
　　1988年　慶応義塾大学大学院法学研究科，博士（法学）
　　　　　　三重中京大学名誉教授

主要業績

　　『現代のコミュニタリアニズムと「第三の道」』（風行社，2004年）
　　『共通善の政治学——コミュニティをめぐる政治思想』（勁草書房，2010年）
　　『ユートピア学の再構築のために——「リーマン・ショック」と「三・一一」を契機として』（風行
　　　　社，2013年）
　　『社会契約論を問いなおす——現代コミュニタリアニズムの視座』（ミネルヴァ書房，2018年）

近 藤 和 貴（こんどう　かずたか）［第1章］

　　1978年　群馬県生まれ
　　2011年　Boston College, Graduate School of Arts & Sciences（Political Science）, Ph. D.（Political
　　　　　　Science）
　　現　在　拓殖大学政経学部准教授

主要業績

　　"Reputation and Virtue: The Rhetorical Achievement of Socrates in Xenophon's *Apology*"（*In-
　　　　terpretation: A Journal of Political Philosophy,* Vol. 42, No. 2, 2015）
　　『権利の哲学入門』（共著，社会評論社，2017年）
　　「歴史家と歴史を超えるもの——シュトラウスはトゥキュディデスをどう読んだか？」（『ひらく』第
　　　　4号，エイアンドエフ，2020年）

結 城 剛 志（ゆうき　つよし）［第3章］

　　1977年　山形県生まれ
　　2008年　東京大学大学院経済学研究科博士課程（経済理論専攻）単位取得退学
　　2010年　東京大学大学院経済学研究科，博士（経済学）
　　現　在　埼玉大学大学院人文社会科学研究科教授

主要業績

　　『これからの経済原論』（共著，ぱる出版，2019年）
　　『マルクス経済学　市場理論の構造と転回』（共著，桜井書店，2021年）
　　Socialism, Markets, and the Critique of Money: The Theory of "Labor Notes"（Palgrave Mac-
　　　　millan, 2021）

石 塚 正 英（いしづか　まさひで）［第4章］

　　1949年　新潟県生まれ
　　1981年　立正大学大学院文学研究科史学専攻博士後期課程満期退学
　　2001年　立正大学大学院文学研究科哲学専攻，論文博士（文学）
　　　　　　東京電機大学名誉教授

主要業績

　　『叛徒と革命——ブランキ・ヴァイトリンク・ノート』（イザラ書房，1975年）
　　『革命職人ヴァイトリング——コミューンからアソシエーションへ』（社会評論社，2016年）
　　『価値転倒の思索者群像——ビブロスのフィロンからギニアビサウのカブラルまで』（柘植書房新社，
　　　　2022年）

杉 本 隆 司（すぎもと　たかし）[第5章]

　　　1972年　神奈川県生まれ
　　　2008年　一橋大学大学院社会学研究科博士後期課程修了，博士（社会学）
　　　現　在　明治大学政治経済学部専任講師
　　　主要業績
　　　『共和国か宗教か，それとも──十九世紀フランスの光と闇』（共著，白水社，2015年）
　　　『危機に対峙する思考』（共著，梓出版社，2016年）
　　　『民衆と司祭の社会学──近代フランス〈異教〉思想史』（白水社，2017年）

＊田 上 孝 一（たがみ　こういち）[第6章]

　　　1967年　東京都生まれ
　　　1991年　立正大学大学院文学研究科修士課程修了
　　　2000年　立正大学大学院文学研究科，博士（文学）
　　　現　在　社会主義理論学会事務局長・立正大学人文科学研究所研究員
　　　主要業績
　　　『はじめての動物倫理学』（集英社［集英社新書］，2021年）
　　　『99％のためのマルクス入門』（晶文社，2021年）
　　　『平等の哲学入門』（共編著，社会評論社，2021年）

＊有 賀　　誠（ありが　まこと）[第8章，あとがき]

　　　1960年　大阪府生まれ
　　　1990年　慶応義塾大学大学院法学研究科博士課程単位取得退学
　　　現　在　防衛大学校人文社会科学群公共政策学科教授
　　　主要業績
　　　ヤニス・スタヴラカキス『ラカンと政治的なもの』（翻訳，吉夏社，2003年）
　　　『岩波講座　政治哲学6　政治哲学と現代』（共著，岩波書店，2014年）
　　　『臨界点の政治学』（晃洋書房，2018年）

渡 辺 幸 子（わたなべ　ゆきこ）[第9章]

　　　1971年　東京都生まれ
　　　2000年　東京都立大学大学院人文科学研究科博士課程単位取得退学
　　　現　在　明治大学非常勤講師
　　　主要業績
　　　「窓ガラスの内と外──ムージルにおける「子供」について」（『オーストリア文学』第17号，2001
　　　年）
　　　カール・コリーノ『ムージル伝記』全3分冊（共訳，法政大学出版局，2009-2015年）

奥 田　　恒（おくだ　ひさし）[第10章]

　　　1985年　埼玉県生まれ
　　　2019年　京都大学大学院人間・環境学研究科博士後期課程修了，博士（人間・環境学）
　　　現　在　金沢大学人間社会研究域経済学経営学系講師
　　　主要業績
　　　「ナッジ政策による公共問題解決のアプローチ」（『政策情報学会誌』第11号1巻，2017年）
　　　『支配の政治理論』（共著，社会評論社，2018年）
　　　「政策デザインにおける問題の再定義」（共著，『公共政策研究』第20号，2020年）

見 崎 史 拓 （みさき　ふみひろ）［第11章］

　　1990年　愛知県豊田市生まれ
　　2020年　名古屋大学大学院法学研究科博士後期課程修了，博士（法学）
　　現　在　岡山商科大学法学部講師
主要業績
　「批判法学の不確定テーゼとその可能性（1）（2）（3・完）──法解釈とラディカルな社会変革は
　　　いかに結合するか」（『名古屋大学法政論集』276・278・279号，2018年）
　「憲法的機能は国家のみに見出せるのか？（1）（2・完）──シウリ，トイプナーの社会的立憲主
　　　義」（『名古屋大学法政論集』281・282号，2019年）
　「実験主義と法的安定性──あるべきバランスに向けての整理」（『法律時報』93巻8号，2021年）

田 中 将 人 （たなか　まさと）［第12章］

　　1982年　広島県府中市生まれ
　　2013年　早稲田大学大学院政治学研究科博士課程修了，博士（政治学）
　　現　在　高崎経済大学・拓殖大学・早稲田大学非常勤講師
主要業績
　『ロールズの政治哲学──差異の神義論＝正義論』（風行社，2017年）
　『ジョン・ロールズ──社会正義の探究者』（共著，中央公論新社，2021年）

ユートピアのアクチュアリティ
——政治的想像力の復権——

2022年4月20日　初版第1刷発行　　＊定価はカバーに
　　　　　　　　　　　　　　　　　表示してあります

　　　　　　　　　　　　菊　池　理　夫
　　　　編著者　　　　　有　賀　　　誠 ©
　　　　　　　　　　　　田　上　孝　一
　　　　発行者　　　　　萩　原　淳　平
　　　　印刷者　　　　　江　戸　孝　典

発行所　株式会社　晃　洋　書　房
　〒615-0026　京都市右京区西院北矢掛町7番地
　　　　　　電話　075（312）0788番代
　　　　　　振替口座　01040-6-32280

装丁　神田昇和　　　　　印刷・製本　共同印刷工業㈱
　　　　　ISBN978-4-7710-3624-6